高等职业教育新形态系列教材

大学生职业生涯规划与就业指导

主　　编　戴春平　谭剑音　张谦明

副 主 编　江　君　麦智杰　王　卓　崔丽净
　　　　　何平月　倪东梅　郑雅媗　何丹丽
　　　　　于　佳

参编人员　李　珍　仝月红　冯杰新　王志健

北京理工大学出版社
BEIJING INSTITUTE OF TECHNOLOGY PRESS

内容简介

本书依据教育部办公厅关于印发《大学生职业发展与就业指导课程教学要求》的通知进行编写，内容对接《高校毕业生就业指导服务规范》（GB/T 33667—2017），内容主要包括“走进大学：学业规划与职业起航”“认识工作：职业探索与定位”“认识自我：自我探索与完善”“决策行动：绘制职业蓝图”“求职准备：抢占就业先机”“求职策略：赢得就业机会”“签约入职：了解维权路径”“逐梦前行：开启职场新篇”“实践试练：全国大学生职业规划大赛”。全书内容系统全面，通俗易懂，以项目式模块对内容进行划分，每个模块由系列阶梯任务联结起来，形成更具科学性与实用性的统一有序整体。本书适合作为高等院校职业生涯规划和就业指导课程的教材，也可以作为高等院校相关教职人员的参考书，还可供有志于确立自己职业生涯发展路径和提高自己就业能力的广大青年朋友及相关社会人员阅读。

图书在版编目（CIP）数据

大学生职业生涯规划与就业指导 / 戴春平，谭剑音，张谦明主编. --北京：北京理工大学出版社，2025. 6（2025.8重印）.

ISBN 978-7-5763-5547-5

Ⅰ. G647.38

中国国家版本馆CIP数据核字第20258CY150号

责任编辑：徐艳君　　**文案编辑**：徐艳君

责任校对：周瑞红　　**责任印制**：李志强

出版发行 / 北京理工大学出版社有限责任公司

社　　址 / 北京市丰台区四合庄路 6 号

邮　　编 / 100070

电　　话 /（010）68914026（教材售后服务热线）

（010）63726648（课件资源服务热线）

网　　址 / http: // www.bitpress.com.cn

版 印 次 / 2025 年 8 月第 1 版第 2 次印刷

印　　刷 / 唐山富达印务有限公司

开　　本 / 787 mm × 1092 mm　1/16

印　　张 / 15

字　　数 / 349 千字

定　　价 / 45. 80 元

职业发展与就业指导作为高等教育体系中不可或缺的重要组成部分，不仅是帮助大学生明确职业方向、提升就业能力、实现个人价值与社会价值统一的关键环节，更是新时代职业教育体系中培养学生综合素质、推动经济社会高质量发展的重要支撑。

党的二十大报告明确指出，“实施就业优先战略，强化就业优先政策，健全就业公共服务体系，加强职业技能培训，完善促进创业带动就业的保障制度，使人人都有通过勤奋劳动实现自身发展的机会”。与此同时，《关于推动现代职业教育高质量发展的意见》也进一步强调，“职业教育要对接科技发展趋势和市场需求，完善职业教育和培训体系，深化产教融合、校企合作，培养更多高素质技术技能人才、能工巧匠、大国工匠”。此外，《“十四五”职业技能培训规划》更是从国家战略层面提出，“要健全终身职业技能培训制度，提升劳动者职业素养和就业创业能力，为经济社会高质量发展提供有力的人才支撑”。这些重要论述和政策文件不仅为职业发展与就业指导工作指明了方向，更为编写这本教材提供了坚实的理论依据和实践指导。

因此，在教育实践中，我们坚持以学生为中心、以职业能力培养为核心，从职业认知、职业规划、职业素养、就业技能和创业能力等五个维度出发，结合高职院校学生的特点和专业需求，创新教学方法，优化课程内容，形成了“一校一策、一院一品”的职业发展与就业指导教育体系。其目的在于帮助学生在理论学习中树立正确的职业观和就业观，在实践过程中掌握职业规划的方法和就业技能，培养创新精神、实践能力和职业素养。因为只有通过系统的理论学习和实践锻炼，学生才能真正理解职业发展的内涵和价值，从而在未来的职场中具备竞争力。正如教育学家杜威所指出的，“教育本身并不是目的，而是实现个人与社会和谐发展的手段”，职业发展与就业指导正是这一理念的具体体现。

本教材旨在通过系统的理论阐述和实践指导，引导学生深入理解职业发展的内涵和价值，树立正确的职业观念，掌握基本的职业技能，培养良好的职业习惯。希望通过本教材的学习，学生能够在职业规划中明确方向，在就业过程中增强信心，在职业发展中实现自我价值，为实现中华民族伟大复兴的中国梦贡献青春力量。为了实现这一目标，我们在编写过程中注重体现时代性、科学性、实用性和针对性相结合的原则。教材内容紧扣时代主题，反映社会发展的最新成果，注重理论与实践相结合，引导学生理性认识职业发展的规律和趋势。同时，结合学生实际，设计丰富多彩的实践活动，让学生在亲身参与中感受职业发展的挑战与机遇，激发学生不断创新职业发展路径、提升就业竞争力的活力，成为适应新时代需求的高素质技术技能人才。

在具体的编写过程中，我们采用了模块化设计与案例驱动相结合的编写思路，即通过理论阐述与实践案例的有机结合，帮助学生在理解职业发展理论的同时，能够将理论知识转化为实际操作能力。例如，在职业规划部分，我们不仅详细介绍了职业规划的基本理论和方法，还通过引入知名企业的人才选拔标准和职业发展路径，帮助学生更好地理解职业规划的实际应用。与此同时，我们还特别注重培养学生的批判性思维和创新能力，因为这些能力是学生在未来职场中脱颖而出的关键。正如《关于推动现代职业教育高质量发展的意见》中所指出的，“职业教育不仅要注重知识和技能的传授，更要注重学生综合素质的培养，特别是创新能力和实践能力的提升”。

本教材由戴春平、谭剑音、张谦明担任主编，具体章节分工如下：项目一由何平月、戴春平编写，项目二由王卓编写，项目三由倪东梅编写，项目四由谭剑音、崔丽净、李珍编写，项目五由郑雅媗编写，项目六由何丹丽、仝月红编写，项目七由麦智杰、王志健编写，项目八由江君、冯杰新编写，项目九由于佳编写。在此，特别感谢广州贤杰企业管理咨询有限公司联合创始人仝月红、广州市圣然国医馆有限公司营运总监冯杰新、广东法制盛邦律师事务所专职律师王志健等多位行业专家为本教材提供了丰富的实践案例和技术指导，并参与了教材的编写工作。因为他们的参与，教材内容更加贴近实际，更具实用性和指导性。正如德国职业教育学家瓦根舍因所指出的，“理论与实践的结合是职业教育的核心”，我们希望通过这种多方协作的编写模式，为学生提供更加全面和实用的职业发展指导。

“路漫漫其修远兮，吾将上下而求索。”此次教材的编写工作只是一个起点，我们将继续探索，精益求精，努力完善教材内容。只有通过不断的实践和反思，才能使教材更加符合教育规律和学生需求。真诚欢迎广大读者提出宝贵建议和意见，共同推动职业发展与就业指导教育事业不断向前发展。

编　者
2025 年 4 月 6 日

目
Contents
录

项目一　走进大学：学业规划与职业起航

在这个充满无限可能的时代，每一步都至关重要。学业规划就像学海无涯中的“指南针”，指引你穿越知识的海洋，向着梦想的彼岸前行。职业规划就像职业道路上的“北斗星”，在茫茫的社会大洋中为你“导航”。生涯规划就像人生旅行中的“导航仪”，需要提前规划好路线，才能顺利到达成功的彼岸。规划的意义就在于架起理想与现实之间的桥梁。

学习目标

知识目标：

1. 了解当前大学生学业、职业及生涯规划中存在的主要问题及其应对策略。
2. 掌握学业规划、职业规划和生涯规划的基本概念、步骤和流程。
3. 了解大健康产业的发展现状和未来趋势对个人职业选择的影响。

能力目标：

1. 具备自我分析、目标设定和路径规划的能力，能够合理规划自己的学业和职业生涯。
2. 拥有自我认知和自我管理能力，增强自主学习意识和能力。
3. 具备分析和解决问题的能力，能够根据实际情况调整和完善自己的规划。

素质目标：

1. 具备职业生涯规划意识、求真务实的作风，培养吃苦耐劳的拼搏精神。
2. 具备正确的职业发展态度，拥有自信、自强的心态。
3. 具备社会责任感和使命感，将个人发展与社会需求相结合。

翱翔之翼

学业规划不仅是个人学习路径的设计，更是将个人成长与国家发展紧密结合的重要环节。大学生在学业规划中培养自主学习和终身学习意识，这不仅有助于个人成长，也符合社会对创新人才的需求。将个人职业理想与国家发展相结合，努力成为有理想、有担当、有责任感的高素质人才，为实现个人梦想和国家发展贡献力量。

案例导入

小李在高考时选择了计算机专业，因为父母告诉他“这个行业前景好”。然而大学三年过去了，他发现自己对编程毫无兴趣，学得吃力，还对未来的职业充满恐惧。他感叹道：“专业决定了我未来的路，但这条路，我并不想走。”

启示：

一是专业选择的盲目性：进入大学后才发现，选择的专业自己并不感兴趣，仅仅是为了满足父母的期待或社会“期待”等。缺乏兴趣导致学习中丧失热情，逐渐对未来感到迷茫。

二是社会期待与现实的脱节：大学生普遍背负着家庭和社会高期待的“双重压力”，期待毕业后找到高薪工作，成为家族的骄傲。然而，就业市场的现实却极为残酷。每年毕业生人数屡创新高，而对应的岗位需求却增长缓慢，出现“供过于求”的现象。迷茫的背后，是个体与社会共同的命题。大学生的迷茫，不仅需要教育和社会的调整，更需要大学生自己主动拥抱变化。社会应给予大学生更多的宽容与理解，让他们有时间和空间去寻找答案，而不是急于求成。

任务一　学业规划　梦想启航

“迷茫”成了大学生群体的高频词汇。无论是在课堂、社交平台，还是在个人对话中，常听到大学生感叹“找不到方向”“不知道未来做什么”。大学生被迷茫所困扰是普遍现象。想象一下，没有目标地漫步在图书馆的书架间，是不是会有些迷茫？迷茫并非坏事，它是自我探索的必经阶段，是发现真正热爱的开始。每个人人生轨迹都是独一无二的，大学生应学会接纳迷茫，并积极尝试找到方向。找到了方向，明确了目标，有了清晰的学业规划，就像手中握有一张详尽的“路线图”，每一步都清晰可见，让你在学习旅途中更加自信与坚定。它帮助你设定短期与长期目标，合理安排时间，避免无效努力，让学习之路更加高效顺畅。

你为什么要上大学？罗列出上大学的10个理由，将其写在本任务最后的“体验活动”中的表格内，并与同学互相交流。

体验活动

进入大学的你正在经历或曾经遇到过哪些迷茫？

你的迷茫1	
你的迷茫2	
你的迷茫3	
……	

学业规划和职业规划是每个大学生都要面对的问题。在求学过程中，大学生应该有一个明确的学业目标，并制订相应的学习计划。而职业规划也是大学生要面临的挑战，需要提前做好准备。因此，掌握如何制订合理的学业规划和职业规划是必要且必需的。

一、大学生涯的认知

（一）大学是什么

1. 大学是一个舞台，让你展示自己

大学让你第一次独立地参与社团和社会生活，展现自己的聪明才智；最后一次以很低的

机会成本，不断探索自己将来的职业发展。

2. 大学是一面镜子，让你认识自己

大学让你第一次开始追逐自己的理想、兴趣，在实践中认识自己；最后一次拥有较高的可塑性，实现自我的成长历程。

3. 大学是一个超市，让人各取所需

大学让你第一次有足够的自由处置生活和学习，支配自己的时间、金钱，可以按照自己的想法，支配自己的大学生活；最后一次可以置身于相对宽容的环境，学习为人处世之道。

4. 大学是一个宝矿，等待你去开采

大学让你第一次有机会在学习理论的同时，亲身实践；最后一次可以将大段的时间用于学习，接受系统教育，能够集中精力全面建立你的知识体系。

（二）大学生学业存在的问题

1. 学习目标缺失

（1）没有目标。虽然平时好像很忙碌，但由于缺少具体的学习目标，会陷入“有事则忙，无事则闲”的状态，真正所学并不多。

（2）目标不明确。学习中表现盲从，人云亦云，别人干什么就跟着干什么，有盲目跟风倾向。

（3）目标不切实际。目标脱离实际，过大且空洞，没有实施方案和实施步骤，无法发挥导向作用。

2. 学习动机功利化

校园里常见“逃课族”，呈现一定的“功利性”。比如说，他们认为公共必修课对他们未来没有明显帮助，于是逃课去学英语、计算机和用人单位要求的各种资格证考试所需的内容。很多学生学习的动机和目的就是将来找一个报酬高、待遇好的工作，把对自己将来工作是否有用作为去不去上课的标准，觉得有用就肯学、想学、苦学、乐学，没有用就不肯学、不想学、少学、厌学甚至逃学。

3. 学习习惯和学习方法不当

很多学生学习习惯和学习方法不当，不能做到课前预习、课后复习，也没有养成做读书笔记的习惯，考前突击的现象很普遍。从可利用的资源来看，很多学生对大学图书馆的利用率很低，而真正利用网络来学习的学生也不是很多。

4. 自制力差

大学里各种诱惑让人眼花缭乱，有谈恋爱的，有玩游戏的，有打台球的，有吸烟酗酒的，更有逃课忙着赚外快的……其实很多学生都是盲从，看见别人这样做，自己抵不住诱惑也这样做，最后发现其实自己是盲目的。

（三）原因分析及解决对策

如何防范和克服学业不良问题？大学生应该在学业管理上狠下功夫。

1. 树立自主学习理念

大学学习是一种高层次的、需要充分发挥主动性的学习，学生自己安排自习阅读、钻研学问的时间，学会独立思考、融会贯通、举一反三，这就是自主学习。自主学习在大学生学

习中占有重要地位，因此，培养大学生的自主学习意识和能力是当务之急。

2. 培养学习兴趣

在知识学习中，总有一些枯燥无味、很难引起大学生兴趣的内容，大学生要学会将有趣的学习内容与枯燥的内容交叉进行学习，合理安排学习内容，并巧妙地把枯燥乏味的东西变得津津有味。心理学告诉我们，学习内容过深或过浅，都会降低学习兴趣，只有所学内容新颖且陌生才能激发好奇心，激活求知欲。当然，学习兴趣的培养更主要的还是应该与树立崇高远大的理想结合起来，使学习兴趣深深扎根于人生理想的沃土，变兴趣为志趣。

3. 学会计划管理

一天做什么？一周做什么？每个月如何度过？每个学期如何度过？在大学学习生活中既然制订了严格的作息时间表，大学生就应该养成在规定的时间内做规定事情的好习惯，力戒茫无头绪，力戒四面出击，力戒虚度时光，力戒拖延磨蹭。

4. 苦练意志品质

大量的学习实践及成才经历证明，坚持、恒心、毅力等意志品质是最终取得成功的决定性因素。具有良好学习心理品质的大学生，在学习上往往具有高度的自觉性，能以坚强的毅力战胜学习上的各种困难，较好地控制自己的情绪，自觉抵御各种不健康因素的诱惑，承受和应对学习上的挫折，从而取得骄人的成绩。如果已经受到学业不顺的困扰，应该注意不良情绪的排除，克服焦虑与恐惧心理，避免由于连续的学业失败对学习失去信心；同时，也不要夸大学习中的困难，过低地估计自己的能力，努力改变对学习无能为力的心理状态。

体验活动

制订你的作息时间表。

周一						
周二						
周三						
周四						
周五						
周六						
周日						

二、大学生学业规划

学生的天职是学习，大学是学习的天堂。学业是大学生的立身之本，也是未来职业之基，大学生应当努力掌握知识，培养能力，完成学业。大学时光如白驹过隙，大学生必须做好学业规划。

（一）大学学业规划的内涵

大学学业规划，就是大学生根据自身情况，结合专业学习和未来职业发展需要，为自己确立大学期间的学习目标以及为实现学业目标而采取的行动方案。换言之，大学学业规划，就是大学生通过解决为什么学、为谁学、学什么、怎么学等问题，以确保自身顺利完成学业，为成功就业或开辟事业打好基础。只有及早制订学业规划，明确自己的学业目标，才有可能在激烈的竞争中把握机会，获得成功。

（二）树立正确的学业观

观念是行动的先导，要完成好大学学业规划，首先必须树立正确的学业观。所谓学业观，就是对所学专业、课业的态度和观念，它在很大程度上影响着大学生的学习、生活及人生前景。当代大学生在学业问题上存在着种种误区：对学业的理解过窄（以为主要是学好功课），过分强调热门专业及个人兴趣（忽略社会需要或轻视专业学习），对学业角色定位不准（依靠教师和家长的督促、引导来学习），对未来职业期望过高（期望在收入高或工作条件好的单位工作）等。正确做法应该是把自己的兴趣爱好、能力特长同专业学习和社会需要结合起来，把个体想干什么、能干什么与社会要求干什么有机地结合起来。

（三）如何进行学业规划

1. 自我探索

深入了解自己的兴趣、优势及未来想从事的领域。根据你的专业要求和兴趣，合理规划你的课程表。确保课程之间的衔接性，避免时间冲突，并留出足够的时间来复习和预习。针对不同的学科和课程内容，制订适合自己的学习策略，包括预习、复习、做笔记、参加讨论、寻求帮助等方法。兴趣是最好的老师，它能激发你无尽的动力。

2. 设定目标

明确自己的学习目标，基于自我认知，设定清晰、具体、可衡量的学习目标，可以是长期的目标（如毕业后的职业规划），也可以是短期的目标（如本学期的学习成绩目标，掌握某项技能或考取某个证书）。每个学生都应该有清晰的学习目标，明确自己想要取得的学业成绩，这有助于学生更好地规划自己的学习计划，提高学习的效果。明确的目标能够为学生提供方向，激发其学习动力。

3. 制订计划

根据学习目标，制订相应的学习计划，将大目标分解为小步骤。合理安排学习时间，科学分配学习任务，避免拖延和压力过大的情况发生。充分利用图书馆、网络、学习小组等资源，获取更多的学习资料和信息。与老师和同学建立良好的关系，以便在需要时获得帮助和支持。记得要留出应对突发情况的时间，保持计划的灵活性。

4. 执行与调整

付诸实践，并定期评估进度。学习方法的选择也是学业规划中非常重要的一环。每个学生都应该找到适合自己的学习方法，提高学习效率，并养成良好的学习习惯。定期对自己的学习情况进行自我评估，检查是否达到了预期的目标。如果发现偏差或不足，及时进行调整和优化。遇到挑战时，不要害怕调整计划，要灵活应对。

5. 保持动力

在追求学业成就的同时，不要忽视身心健康。保持良好的作息习惯，适量运动，合理饮食，以及进行必要的心理调适，都是学业规划不可或缺的一部分。与志同道合的朋友相互激励，设立奖励机制，让学习之旅充满乐趣与成就感。

通过综合考虑以上方面，你可以制订出一个全面而有效的学业规划，帮助你更好地应对学习挑战，实现自己的学业目标。

（四）学业规划的意义

（1）提升效率：明确的目标和计划让大学生更加专注，减少拖延。良好的学业规划能够提高大学生的学习兴趣和动力，有助于激发学生的学习潜力。

（2）增强自信：大学生不仅要有扎实的专业知识积累、还要有良好的社会实践表现，不仅要注重课堂学习，还要增强实践能力，为未来打下坚实基础。每达成一个小目标，都是对自己能力的一次肯定，自信心随之增强。

（3）明确方向：清晰的学业规划帮助大学生更好地理解自己的职业路径，为未来打下坚实基础，是职业市场中的核心竞争力，作用不可忽视。

（4）全面发展：学业规划还有助于培养大学生的自我管理能力和终身学习意识，为职业发展奠定坚实的基础。在追求学业的同时，大学生也应不忘培养兴趣爱好，实现个人能力的全面提升。

现在就行动起来，为自己绘制一张通往梦想的学业蓝图吧！记住，每一个伟大的梦想都始于一个勇敢的开始。

体验活动

以小组为单位，探究如何处理好学业与专业、学业与职业、学业与就业、学业与事业的关系。

学业与专业	
学业与职业	
学业与就业	
学业与事业	

◆◆◆ 经典案例

李开复：大学四年应该这样度过（节选）

大学是人一生中最为关键的阶段。从入学的第一天起，你就应当对大学四年有一个正确的认识和规划。为了在学习中享受到最大的快乐，为了在毕业时找到自己最喜爱的工作，每一个刚进入大学校园的人都应当学习七项内容：自修之道、基础知识、实践贯通、兴趣培养、积极主动、掌控时间、为人处世。

自修之道：从举一反三到无师自通

自学能力必须在大学期间开始培养。许多同学总是抱怨老师教得不好，课程安排也不合理。我通常会劝这些学生说："与其诅咒黑暗，不如点亮蜡烛。"大学生不应该只会跟在老师的身后亦步亦趋，而应当主动走在老师的前面。例如，大学老师在一个课时里讲授的通常要涵盖课本中几十页的信息内容，仅仅通过课堂听讲是无法把所有知识学通、学透的。最好的学习方法是在老师讲课之前就把课本中的相关问题琢磨清楚，然后在课堂上对照老师的讲解弥补自己在理解和认识上的不足之处。

基础知识：数学、英语、信息技术、专业基础课

如果说大学是一个学习和进步的平台，那么，这个平台的地基就是大学里的基础课程。在大学期间，同学们一定要学好基础知识（数学、英语、计算机和互联网的使用，以及本专业要求的基础课程，如商学院的财务、经济等课程）。在科技发展日新月异的今天，应用领域里很多看似高深的技术在几年后就会被新的技术或工具取代。一方面，只有对基础知识的学习才可以受用终身。另一方面，如果没有打下好的基础，大学生们也很难真正理解高深的应用技术。最后，在中国的许多大学里，教授对基础课程也比对最新技术有更丰富的教学经验。

体验活动

完成反思中提出的问题：写下你上大学的10个理由并分享你的感悟。

理由1	
理由2	
理由3	
理由4	
理由5	
理由6	
理由7	
理由8	
理由9	
理由10	
你的感悟	

生涯实践

针对你所学的专业，以小组为单位，写出你的专业出路分析。

任务二　职业规划　梦想起航

“大学之道，在明明德，在于亲民，在止于至善（完善的境界），知止而后有定。”只有对未来的人生有了正确的规划，准确评价个人特质和优势，才有可能在遭遇人生的变故时随机应变，作出正确选择。定准职业方向使我们重新认识自己的价值，并通过不断的学习使之增值，为自己提供前进的动力，并在职业发展中发挥个人优势。所以，试着为自己拟定一份职业生涯规划，希望它可以成为你日后的精神坐标，指引你在职业生涯旅途中的方向，砥砺前行，最终实现自己的宏伟志向。

调查结果显示，82% 的人对职业生涯规划听说过但不是很了解，13% 的人对此有相当清楚的认识；83% 的人认为职业生涯规划是不可缺少的，且大约有 81% 的人希望得到职业生涯规划经验介绍；只有 3% 的人具有详细的职业生涯规划，53% 的人只有简单构想，而没有仔细考虑。

综合以上数据可得，当代大学生认为制订职业生涯规划是十分重要的，并且希望获得职业生涯规划的相关经验介绍。但是绝大多数人对其还不是很了解，甚至有人没有听说过。而且大部分人对自己的职业生涯规划只有简单构想，并没有做详细的制订。

请学完本任务后反思，结合自身专业、个人兴趣、个人特长等因素，想象一下，你想从事的职业有哪些？请罗列出三个，并与同学互相交流。

◆◆◆ 经典案例

唐朝贞观年间，长安城西的一家磨坊里，有一匹马和一头驴。它们是好朋友，马在外面运输货物，驴在屋里推磨。贞观三年，这匹马被玄奘大师选中，出发经西域前往印度取经。17 年后，这匹马驮着佛经回到长安，它重到磨房会见驴朋友。老马谈起这次旅行的经历：浩瀚无边的沙漠、高入云霄的山岭、凌峰的冰雪……

那种神话般的境界，使驴听了大为惊异，驴惊叹道："你有那么丰富的见闻，那么传奇的经历，我连想都不敢想。"

老马说："向西域前进的时候，你一步也没停止，不同的是，我同玄奘大师有一个遥远的目标，按照始终如一的方向前进，所以我们打开了一个广阔的世界。而你被蒙住了眼睛，一生就围着磨盘打转，所以永远也走不出这个狭隘的天地。"

体验活动

进入大学的你，请想一下，你的职业理想有哪些？

你的职业理想 1	
你的职业理想 2	
你的职业理想 3	
……	

一、大学生职业规划

（一）职业生涯规划的内涵

职业生涯规划（Career Planning）也叫"职业规划"，是指个体根据对自身主观因素和客观环境的分析，结合个人职业倾向，确立个人职业发展目标，并规划行动路径或学习计划，并按照时间安排采取行动，并不断调整，从而实现职业生涯目标的过程。

职业生涯规划的意义：帮助个体明确职业发展方向，减少职业迷茫；提升职业竞争力，有助于个体晋升；实现职业成功和个人价值。

（二）职业生涯的发展阶段

从职业生涯发展过程来看，职业生涯发展经历了不同时期，职业生涯阶段主要可分为：职业准备期→职业选择期→职业适应期→职业稳定期→职业后期。

1. 职业准备期

职业准备期一般从十五六岁开始，是指个人在形成了较为明确的职业意向后，从事职业的心理、知识、技能的准备，为未来的职业选择打下坚实的基础。每个人都有选择一份理想职业的愿望与要求，准备充分的就能够很快地找到自己理想的职业，顺利地进入职业角色。在校期间是最重要的职业准备期，在这个阶段，除了应该进行基础知识的积累和掌握一些专业知识，更重要的是具备良好的学习能力及适应各种环境的能力。个人应积极参与各种实习、社团活动，以提升自己的综合素质。

2. 职业选择期

人们在这个阶段将根据社会需要和个体能力、愿望，选择适合自己的职业。职业选择不仅是个人挑选职业的过程，也是社会挑选劳动者的过程，只有个人与社会成功结合、相互认可，职业选择才会成功。我们在选择职业的同时，也要完成从择业者到职业者的角色转换。

在这个阶段，学生将从学校走向社会，成为社会员工。该阶段人的主要变化有两点：一是成家，二是立业。这两点对人生都很重要。特别是立业问题，是人生事业发展的一个起点，如何起步，直接关系到今后的成败。

3. 职业适应期

新入职的员工需要一段时间来适应新的工作环境和角色要求，完成从学生到职场人的角色转换。这个阶段可能会遇到各种挑战和困难，但也是个人成长和学习的宝贵机会。择业者踏上工作岗位，存在一个适应过程，要完成从一个择业者到职业者的角色转换，尽快适应新的角色、新的工作环境、工作方式、人际关系等。

在这个阶段，家庭和事业都非常重要。如何正确处理家庭与事业的关系呢？正确的做法是把生活分成十分，事业七分，家庭三分。既干事业又顾家庭，这才有利于人生的正常发展。否则，事业成功了，家庭破裂了，或家庭和睦了，事业失败了，这都不是成功的人生。

4. 职业稳定期

在职业稳定期，个人的职业能力处于最旺盛时期，是创造业绩、成就事业的黄金时期。这个阶段个人已经在职业领域内积累了一定的经验和资源，开始注重提升自己的职业地位和声誉。这个阶段是充分展现个体才能、获得晋升、事业迅速发展的阶段，所以，这个阶段是一个人一生中的重要阶段。

人人都追求职业生涯的良性发展，这种追求驱使个体逐步实现其职业目标，并不断制订和实施新目标。职业生涯发展过程有两种形式：一是职务升迁，即一个人职位的不断晋升；二是职业改变，是指从事的工作内容改变。这两种方式都属于职业生涯的良性发展。这种发展，可以激励个体，赋予个体成就感。

5. 职业后期

50 岁以上是收获事业成果和享受人生的阶段，这个阶段也是人生的一个重要阶段，要生活得充实有意义。但由于人的生理条件的变化，人的就业能力会发生缓慢的不可避免的减退，其就业由发展状态转变为维持状态。由于年老体衰而即将结束就业，准备进入退休生活。

大学生职业生涯规划的侧重点在职业准备期、职业选择期、职业适应期三个阶段。大学生要对职业进行物质、心理、知识、技能等各方面充分的准备，还要根据各方面的分析与自己的职业目标，客观地对职业作出选择。对即将踏入的职业活动要有一定的合理的心理预期，包括工作的性质、劳动强度、工作时间、工作方式、同事以及上下级关系，这些都要快速适应，迅速成为一个成功的职业者。

生涯思考

制订你的工作日程安排表。

周一						
周二						
周三						
周四						
周五						
周六						
周日						

二、职业生涯规划

（一）如何进行职业规划？

1. 自我评估

自我分析、自我定位是职业生涯规划的首要环节，它决定着个人职业生涯方向，也决定着职业生涯规划成败。在制订职业发展方案之前，学生需要对自己有一个清楚的认知。了解自己的兴趣、技能和优势、价值观等因素，有助于更好地选择适合自己的职业道路。先要弄清自己想要干什么、能干什么，自己的兴趣、才能、学识适合干什么。通过性格测试、兴趣评估等方式，评估自己的职业倾向、能力倾向和职业价值观，这是职业生涯规划的基础，为职业选择提供依据。

2. 职业探索

深入了解不同职业的工作内容、发展前景、薪资待遇等信息，以便作出明智的职业选择。通过宣讲会、企业精英讲座、见习、实习、参观活动、职业调查、社会实践等方式，学生可以积极地进行职业探索，了解不同职业的工作内容、前景和要求，为自己的职业发展作出明智的选择。

3. 目标设定

根据自我评估和职业探索结果，作出职业选择，设定清晰、可衡量的职业目标（包括短期和长期职业目标），有助于学生更好地规划自己的职业发展道路，并制订相应行动计划。

4. 路径规划

分析目标职位的要求，制订实现目标的策略和路径。制订具体的行动计划，包括学习、培训、实践等方面的安排。为了实现职业目标，学生需要不断地学习和培养相应的技能，以适应职业发展的需要。学生可以通过课外阅读、培训、参加社团等方式，提升自己的综合素质和专业能力。

5. 调整与反馈

职业生涯规划并非一成不变，需要根据个人发展和市场变化进行灵活调整。定期评估职业生涯规划的执行情况，根据反馈进行调整和优化。与师兄师姐、前辈、导师等建立良好的人际关系，获取职业发展的信息和资源。

职业生涯规划是一个动态变化过程。当今社会处于激烈变化中，大学毕业生就业观念也要相应地改变，打破传统“一业定终身”的理念，就业、再就业是大趋势，职业生涯规划也应根据各种变化来调整。环境变化导致自我观念的变化，反映到职业生涯规划上来，就不能一次把终身的职业生涯的每一个具体细节都确定下来。随着社会和经济环境的变化，职业需求也会发生变化。因此，大学生在职业生涯规划中应该充分考虑未来的趋势和变化，做好持续学习和适应性调整。

体验活动

以小组为单位，探究如何处理好职业与学业、职业与专业、职业与就业、职业与事业的关系。

学业与职业	
职业与专业	
职业与就业	
职业与事业	

三、学业规划与职业规划的关系

（一）职业与学业

学业规划和职业规划是相互关联的。大学生在制订学业规划时，应该考虑自己未来的职业目标，选择相应的专业和课程，为将来的职业发展打下基础。

（二）职业与专业

在大学的旅程中，专业探索是第一步。专业不仅连接着校园和职场，还决定着未来的求职方向。专业技能提升是职业生涯中的关键一步，通过不断学习和实践，提升核心竞争能力。通过资料查阅法，深入了解专业的信息，探索专业的更多可能性，深挖专业这座宝藏，因了解而热爱，因热爱而敬业，因敬业而精业。

多与行业专家交流，比如多参加一些宣讲会、企业精英讲座等，获取职业的第一手经验。与行业专家交流，可以让你更直接地了解职业的实际情况。通过他们的经验分享，你可以更清晰地规划自己的职业道路。

（三）职业与就业

通过职业瞭望让你站在更高的角度，审视自己的专业与未来的就业。大学期间就要锁定你的职业目标，确定你的就业方向。在职业生涯的航程中，目标锚定是导航灯。

学业规划与职业规划是大学生个人发展的重要组成部分。通过明确学习目标，制订学习计划，调整学习方法，学生可以更好地规划自己的学业。而通过自我认知、职业探索、职业目标设定、学习与技能培养，大学生可以制订合理的职业规划。学业规划和职业规划是相互关联的，在制订学业规划时要考虑未来的职业目标，在职业发展中要持续学习和适时调整。只有不断努力和提升，大学生才能实现个人梦想和职业发展目标相统一。

青春怎么过？未来怎么走？职业规划课可以成为大学生理性规划自身学业与职业发展的窗口，帮助大学生树立正确的择业就业观念。

◆◆◆ 经典案例

詹坤秀：让小柚子变成黄金果（节选）

广东某高校的詹坤秀看到家乡柚子林里堆积如山的废弃柚果烂掉，感到非常心疼。事情还得从一则新闻说起：某市某社区的六位村民疑似吸入气体中毒晕倒被送医，其中三人抢救无效死亡。后来事故调查发现：元凶是一堆柚子。这些柚子在腐烂后会产生多种有毒气体，其中的硫化氢就是一种有强烈臭鸡蛋味的气体，人吸入过量会引起昏迷等现象。

为此，詹坤秀带领团队，多年深耕合成生物酶催化技术，致力于利用生物科技助力柚子废果变为农民增收的“黄金果”。为了找到一种变废为宝的方法，她选择了生物工程专业，并坚定了成为一名分子研发工程师的职业目标。她将个人职业发展与家乡发展、社会需求相结合的情怀，展现了当代大学生的风采，也成为职业规划的典范，为学子们树立了良好的榜样。

在首届全国大学生职业规划大赛中，詹坤秀作为成长赛道参赛选手，围绕个人实现职业目标的成长过程，讲述自己脚粘泥土，把实验室搬到田间地头，把科研与农村产业相结合，讲述让家乡的柚子“变苦为甜”的青春故事（如图 1–1 和图 1–2 所示）。

图 1–1　詹坤秀参加央视网“青春的方向——首届全国大学生职业规划大赛风采展示”节目

图 1–2　詹坤秀走访家乡的柚子园

詹坤秀等实践队员们充分展现了当代青年投身实践，磨炼意志，用心感受农村新面貌，用脑思考农村真实问题，用脚丈量农村土地，用笔记录农村新变化，在中国特色社会主义乡村振兴之路上奋力奔跑的飒爽英姿。

扫描二维码阅读全文

生涯实践

1．写下你的三个职业理想并分享你的计划。

职业理想 1	
职业理想 2	
职业理想 3	
你的计划	

2．针对你的职业愿望，以小组为单位，写出你的职业规划方案。

任务三　生涯规划　梦圆未来

倘若人生有四季，春播关乎夏长，秋收关乎冬藏。生涯规划贯穿整个生命的主要过程，其中学业生涯从 7 岁到 22 岁，有 15 年左右；职业生涯从 22 岁到 60 岁，有 40 年左右的时间；而生涯规划贯穿人的一生，会对整个生命的幸福感产生影响。

生涯规划就像是规划环球旅行。要考虑“去哪里”：考虑你生命中的不同阶段和角色；要考虑“怎么去”（教育和技能）；要考虑“靠什么”（职业和技能）；要考虑“住在哪”（家庭和居住地）；要考虑“吃什么”（健康和生活方式）；要考虑“怎么玩”（休闲和娱乐）。你需要一个周全的计划来规划你的旅行，使之既有趣又有意义。

生涯启航意味着你将开始一段全新的旅程，踏上职业生涯的旅程。在这条路上，你会遇到挑战，也会收获成长。

何谓生涯？“生”是生活、生命；“涯”是边际，有穷尽之意；“生涯”即是生命的穷尽。

一位哲人说过：“走好每一步，这就是你的人生。”是啊，人生之路说长也长，因为这是你一生意义的诠释；人生之路说短也短，因为你度过的每一天都是你的人生。每个人都在计划自己的人生，都在实现自己的梦想。梦想是一个百花园，每个人都是百花园里的一棵小草，但小草也有大梦想。

请罗列出你的人生愿望清单：至少包括10个愿望，并思考如何实现它们，把结果写在体验活动表中并与同学互相交流。

◆◆◆ 经典案例

三个工人的故事

三个工人在砌一堵墙。有人过来问："你们在干什么？"第一个人没好气地说："没看见吗？砌墙。"第二个人抬头笑了笑，说："我们在盖一幢高楼。"第三个人边干边哼着歌曲，他的笑容很灿烂："我们正在建设一个新城市。"10年后，第一个人在另一个工地上砌墙；第二个人坐在办公室中画图纸，他成了工程师；第三个人呢，是前两个人的老板。

启示：今天站在哪里并不重要，重要的是下一步要迈向哪里。

体验活动

踏入人生的旅程，请罗列出你的人生愿望清单，按照从重要到次要的顺序排列。

人生愿望1	
人生愿望2	
人生愿望3	
人生愿望4	
人生愿望5	
人生愿望6	
人生愿望7	
人生愿望8	
人生愿望9	
人生愿望10	

一、生涯规划

人生即人生存、生活的整个过程；生涯是一个人一生的经历。人的生存、生活离不开职业，职业是生涯发展的载体。学业是人生的"底色"或基石。大学生的生涯危机有两种：一是不知道奋斗的出路，二是不知道奋斗的理由。

（一）生涯规划概述

生涯规划可通俗地理解为是一个人对自己的一生发展进行规划。从内容上，生涯规划可以是多方向的，如学习、工作、爱与休闲，甚至是健康、财务、家庭或朋友等。

从人的一生所需要担任的生涯角色来讲，生涯发展理论大师舒伯（Donald E. Super）提出的“生涯彩虹图”对“生涯角色”很好地作出了诠释（如图 1–3 所示）。

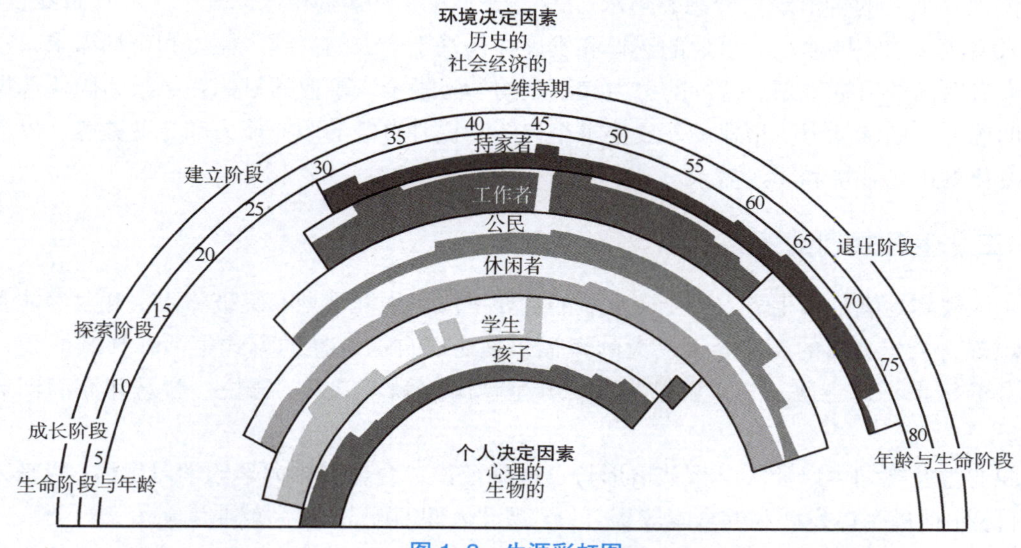

图 1–3　生涯彩虹图

人一生所要承担的角色是由少到多再变少的，所以，我们完全可以按照这个发展规律来慢慢地学习自我规划。

（二）个人成长三部曲：学业+职业+事业

在个人成长的道路上，学业、职业与事业是三个不可或缺的环节，它们相互关联、相互影响，共同构建一个人的职业生涯和人生轨迹。

1. 学业是基础

学业通常指个人在学校或其他教育机构中接受的系统性知识学习和技能训练。它是个人成长的基础，不仅提供了必要的专业知识，还培养了学习能力、思维方式和人际交往等综合素养。学业阶段是个人知识体系构建的关键时期，它为未来职业和事业发展奠定了坚实的基石。通过学业，个人能够掌握基础知识，形成专业技能，为未来的职业生涯做好准备。这些知识和技能不仅为未来的职业选择提供了更多的可能性，还为职业能力的提升和职业发展的可持续性提供了有力支持。

2. 职业是载体

职业是生涯发展的载体。职业是指个人在社会中所从事的作为主要生活来源的工作。职业的选择受到多种因素的影响，包括个人兴趣、专业背景、市场需求以及家庭和社会环境等。职业的发展路径则取决于个人的职业规划、能力提升以及市场机遇。一个合理的职业发展路径应既符合个人兴趣和专长，又能满足市场需求，实现个人价值与社会贡献的双重提升。通过职业反馈，个人可以更加清晰地认识自己的优势和不足，从而有针对性地调整学业计划和事业规划。例如，如果发现自己在某个专业领域存在知识或技能的短板，可以通过继续学习或参加培训来弥补；如果发现自己的职业兴趣与当前职业领域不符，可以考虑调整职业方向或重新规划事业目标。

3. 事业是目标

事业通常指的是个人所追求的长远职业目标或人生理想，它超越了简单的职业范畴，更多地体现了个人的价值观、梦想和追求。事业与个人梦想紧密相连，是个人实现自我价值、追求人生意义的重要途径。事业的选择和发展往往基于个人的兴趣、能力和市场需求，它要求个人有明确的目标规划、持续的努力和不断的学习进步。事业的目标和愿景为职业选择提供了明确的方向和动力。事业的发展要求个人不断提升自己的职业能力和专业素养，以适应不断变化的市场环境和职业需求。

（三）生涯规划的意义

生涯规划是满足人生需求、全面发展的重要手段。生涯规划有突破障碍、开发潜能和自我实现等三个积极目的。一个人最大的幸福，是能以自己选择的方式生活，择其所爱，爱其所择的结果，这会使一个人以己为荣，并呈现出圆融、丰足、喜悦、智慧和充满创造力的气质。

职业生涯规划可以让大学生认清形势，准确定位，合理安排大学的学习生活；明确人生奋斗目标；促进个体发展和综合素养提升；实现“人职匹配”，提高就业满意度。

不管是学业规划、职业规划还是生涯规划，它们的实质是一样的，在操作的流程上也是一样的；不同的是内容所涉及的外部世界的信息不同，人在不同的年龄自我成长的任务不同。

小游戏：性格的探索

超简单：动动手和胳膊就行啦！

1. 像祈祷一般，将双手交握起来

（1）右手拇指在上（左脑使用者）。

（2）左手拇指在上（右脑使用者）。

2. 将你的双手交叉环在胸前（揽住自己）

（1）右手臂在上（左脑使用者）。

（2）左手臂在上（右脑使用者）。

3. 结果解密：从1+2来看你的结果（要按1→2顺序看）

（1）右左：善于体贴他人的传统温婉类型。

这种类型的人能直觉了解对方的心情，并自然和善应对。虽然无法主动积极地向前，却会后退一步来迁就人。生性稳重且贴心，给人一种凡事都会好好照顾他人的安心感。不懂拒绝是最大的缺点，不管自己多么痛苦也会为他人鞠躬尽瘁。

（2）右右：最爱自己的挑战类型。

这种类型的人生性勇往直前，一旦认定时就会马上采取行动。这就是好奇心强、凭着一股士气就能接受挑战的鲁莽一族。但是，这种人有很容易被打动的弱点。他们因为充满个性而备受众人喜爱，往往成为人气王者。

（3）左左：认真又冷酷的完美主义者。

这种类型的人最具浩然正气，对凡事都能条理鲜明地进行理性思考。他们自尊心极高，正义感也比他人多上一倍。作为朋友他们是很值得信赖的，但若与之为敌就会很棘手。只不过，他们因生性认真又是完美主义者，常会给初次见面的人留下难以相处的印象。

（4）左右：喜欢照顾人的领导型。

这种类型的人具有冷静的观察力，能看透对方或现场的气氛，亦能体贴入微照顾对方的感受，即兼具冷静与温情的人。他们生性冷静，且责任感强烈，只不过有时也会忍不住太爱照顾他人。他们相当在意世人如何看待自己，总是保持警觉心。

二、大健康产业

人人享有健康是全人类的共同愿景。健康是人类不懈的追求，也是文明赓续绵延的基础。中国始终把保障人民健康放在优先发展的战略位置，致力于建设健康中国。随着人们生活水平的提高和健康意识的增强，大健康产业正逐渐成为新的经济增长点。从医疗产品到保健用品，从营养食品到医疗器械，大健康产业涵盖了人类健康相关的多个领域。未来，一切产业都将与大健康产业相融合，这是时代发展的必然趋势。大健康产业作为一种新兴产业，是继信息技术产业之后的“财富第五波”。

大健康产业是根据时代发展、社会需求与疾病谱的变化而提出的一种全局性理念。它不仅仅是“治病”，更是“治未病”，旨在消除亚健康状态，提高身体素质，减少疾病痛苦，为民众提供健康保障、健康管理和健康维护服务。

（一）大健康产业的发展现状

大健康产业是指维护健康、修复健康、促进健康的产品生产、服务提供及信息传播等活动的总和。从本质上讲是一种广义的健康概念，是随着人们的健康理念的延伸而产生的，它包括医疗服务、健康管理、保健品、养老服务、健康保险等多个细分领域，各领域均呈现出快速发展的态势。

1. 全球健康产业发展现状

在全球范围内，健康产业已成为一个越来越热门的产业。据中研普华产业院研究报告《2024—2029年健康产业现状及未来发展趋势分析报告》分析，目前全球股票市值中，健康产业相关股票的市值约占总市值的13%。特别是在发达国家，健康产业已经成为带动整个国民经济增长的强大动力。

2. 中国健康产业发展现状

在中国，健康产业虽然起步较晚，但发展速度迅猛。据统计，中国健康产业占国民生产总值较低，低于发达国家。中国拥有的生物制药企业达6 000家，但规模小，研发力量薄弱，生产的药品97.4%为仿制类药物。随着“健康中国”战略的提出，中国健康产业迎来了前所未有的发展机遇。

（二）大健康产业的细分领域

1. 医疗产业

主体：以医疗服务机构为主体，包括医院、诊所、药店等。

服务内容：提供基本的医疗服务和药品销售。

市场地位：医疗产业是大健康行业的重要组成部分，随着人们对医疗服务需求的提升，其市场规模不断扩大。

2. 保健品产业

主体：以保健食品、健康产品产销为主体。

产品类型：包括保健品制造、销售和相关服务。

市场趋势：保健品产业在个性化、功能化的趋势下发展迅速，满足消费者对保健品需求的日益多样化。

营养保健市场迎来巨大发展空间：近 20 年来，中国保健品消费增长在 15%～30%，远高于发达国家 13% 的增长率。随着工业、农业污染越发严重，人类对健康营养的诉求已转移到营养保健品、绿色食品。未来，营养保健将成为我国健康产业发展的巨大增长点。

3. 健康管理服务产业

服务内容：以健康检测评估、咨询服务、调理康复和保障促进等为主体。

发展趋势：健康管理服务产业更加注重数据分析和个性化服务，通过收集和分析个人的健康数据，为消费者提供精准的健康管理方案。

4. 健康养老产业

主体：以养老市场为主体。

服务内容：包括老年人的生活照料、医疗保健、康复护理等服务。

市场规模：随着人口老龄化趋势的加剧，健康养老产业的市场规模不断扩大，具有巨大的发展潜力。

老年健康产业占据主导地位：随着中国人口老龄化进程的加快，老年人口的健康问题日益突出，老年健康产业已经成为我国未来健康产业发展的重要内容。老年健康产品，如保健品、营养食品等，市场需求旺盛；同时老年家庭病床护理、健康咨询、老年康复中心等服务也将是老年健康产业的发展方向。

5. 医药制造领域

产业链地位：医药制造领域目前占据了大健康产业的主要市场份额，是产业发展的重要引擎。

发展特点：更加注重创新研发和质量提升，以满足全球医药市场的激烈竞争。

6. 健身休闲产业

市场趋势：健身休闲产业作为大健康产业的重要组成部分，同样值得关注。随着人们生活水平的提高和健康意识的增强，健身休闲产业的市场需求不断增长。

健身娱乐成为健康产业新亮点：随着人民生活水平的提高，以及“黄金周”“双休日”的普及，旅游、健身、娱乐等逐渐发展起来，成为健康产业的一大亮点。未来体育健身将成为人类健康产业的核心，由此带动相关产业的发展潜力巨大。

7. 居家健康领域

新兴趋势：新冠疫情的流行推动了居家健康领域的快速发展，居家健康检测、线上医疗咨询等服务成为新的市场热点。

（三）大健康产业的市场规模

在中国，大健康产业呈现出强劲且持续繁荣景象。大健康产业作为一种新兴产业，已经成为全球热点，被视为继信息技术产业之后的全球“财富第五波”。在政策、经济、社会、技术多重因素共同作用下，产业发展机遇不断涌现，大健康产业已成为当仁不让的“朝阳产业”。当前，潜在的消费市场、消费者增长的健康需求等因素推动着大健康产业发展。大健康产业关乎实现国民健康长寿以及对美好生活的追求，是具有巨大市场潜力的新兴产业。

《健康产业消费趋势发展报告》披露，截至2023年，我国大健康产业规模达到14.48万亿元。国家统计局数据显示，2024年上半年，国内居民在医疗保健方面的人均消费价格同比上涨1.4%，人均支出增至1 271元，增长幅度为4.2%，占人均消费总支出的9.3%。《“健康中国2030”规划纲要》提出，预计到2030年，我国健康产业将显著扩大，总规模将达16万亿元。

（四）大健康产业的未来发展趋势

大健康产业是一个具有巨大市场潜力的新兴产业，涵盖了与人类健康紧密相关的多个生产和服务领域，包括但不限于医疗产品、保健用品、营养食品、医疗器械、保健器具、休闲健身、健康管理、健康咨询等。大健康产业是全球蓬勃发展的朝阳产业，一头连着民生福祉，一头连着经济发展，是创造高品质生活和推动经济高质量发展的硬支撑。实现大健康，需要树立大健康理念，进行大健康教育，创新大健康技术，发展大健康产业，完善大健康服务。

1. 多元化、个性化需求趋势

随着人们健康意识的提高和科技的进步，大健康市场需求呈现出多元化、个性化的特点。从儿童到老人全年龄层细分化的全民健康需求，将催生大量的健康管理、养老服务以及细分的创新产品和消费场景。未来健康产业将呈现出更为广阔的发展空间。健康产业将更加注重个性化服务，根据个人的生活习惯、健康状况等制订个性化的健康管理计划。新兴的产业形态如养老、保健和中高端医疗器械等将逐渐成为市场的主流。

2. 技术创新驱动发展

技术创新是健康产业发展的重要动力。未来，随着基因测序技术的快速发展，人工智能也将在基因数据分析领域发挥重要作用。通过大数据分析和机器学习技术，对基因数据进行深度挖掘，为疾病的预防、诊断和治疗提供新的思路和方法。同时，5G、3D打印、人工智能、量子计算、AR/VR技术、纳米新材料等核心技术，将推动大健康产业创新药械研发、智能制造、精准医疗、数字健康服务等领域快速发展。这些技术将提升医疗服务的效率和质量，为患者提供更加便捷、个性化的健康服务。

3. 政策支持推动产业升级

政策是推动健康产业发展的重要因素。国家对大健康产业的支持力度不断加大。政府将出台更多政策推动“健康中国”战略的实施，为健康产业发展提供了政策保障和资金支持，支持健康产业创新和发展。此外，政府还鼓励企业加大研发投入，推动技术创新和产业升级。

4. 跨界合作促进产业融合

跨界合作是健康产业发展的新趋势。未来，健康产业将与医疗、保险、养老等领域进行深度跨界合作，提供更加全面的健康服务。例如，健康管理服务将与医疗机构合作，为患者提供从预防、诊断到治疗的全流程服务；健康保险产品也将与健康管理机构合作，为患者提供更加全面的健康保障。医疗健康与旅游业结合，形成了医疗旅游；健康与互联网结合，催生了健康电商；健康与房地产结合，开发了健康地产项目。同时，大健康产业逐渐形成一个涵盖医疗、医药、保健、健康管理等多领域的综合性生态体系。

5. 数字健康不可或缺

对于很多追求高品质生活的人来说，数字健康已成为他们生活中不可或缺的一部分。人工智能、物联网、大数据和云计算等技术在健康管理、疾病预测和个性化医疗等方面的应用，让人们对自身健康的监测和管理更加便捷和精准。远程医疗和智能穿戴设备的普及，使他们能够随时随地了解自己的健康状况，作出及时的健康决策。

6. 预防成为主流

随着年龄的增长，健康越来越重要，对健康的关注越来越多。越来越多人不仅注重健康体检和慢病管理，还积极参与健康咨询和健康促进活动。每个人都希望自己在不同生命阶段均能达到理想的健康状态。在健康需求拉动下，功能性食品和保健品市场规模正在不断扩大。

7. 资本涌入

大健康产业已成为当前重要的赛道，吸引着大量的资本投入。风险投资和私募股权基金积极布局健康科技、生物医药、健康服务等领域，推动了健康领域的理念创新和产业升级。大健康产业在技术创新、市场需求、政策支持和资本推动等多重因素的作用下，呈现出快速发展的态势。

未来，随着人们健康意识的不断提高和技术的不断进步，大健康产业将继续蓬勃发展，大健康产业将迎来前所未有的发展机遇。

生涯思考

以小组为单位，探究如何处理好产业与专业、产业与职业、产业与就业、产业与事业的关系。

产业与专业	
产业与职业	
产业与就业	
产业与事业	

◆◆◆ 经典案例

孔子的人生规划

孔子在儒家经典著作《论语·为政》中说：“吾十有五而志于学，三十而立，四十而不惑，五十而知天命，六十而耳顺，七十而从心所欲不逾矩。”

意即：孔子在十五岁的时候，立志刻苦学习，汲取人生精神养料；三十岁的时候，他能够自给自足，独当一面，成为一个十分独立的人；在四十岁的时候，他可以不被外界事物所迷惑，看到事物的本来面目；在五十岁的时候，他懂得了天命不可违，了解了人生的真谛；当六十岁的时候，他就可以正确对待各种言论，不论是顺应他的抑或是忤逆他的言论；他都可以泰然自若，不会觉得不顺；七十岁的他，可谓是达到了人生的制高点了，他能随心所欲地做自己想做的事但是却不会逾越规矩。

孔子自述了他学习和修养的过程。这一过程，是一个随着年龄的增长，思想境界逐步提高的过程。就思想境界来讲，整个过程分为三个阶段：学习领会阶段是十五岁到四十岁；安心立命阶段是五十岁到六十岁，这个阶段也可以说是不受环境左右的自在阶段；主观意识和做人规则融合为一就在七十岁，在这个阶段，道德修养达到了最高的境界。我们不难看出，处于人生的不同阶段，孔子有自己的迥异生活。这可以说是他的人生历程，也可以说是他自身从外而内的精神修养过程。

孔子的道德修养过程，有其合理性：

第一，他看到了人的道德修养不是一朝一夕的事，不能一下子完成，不能搞突击，要经过长时间的学习和锻炼，要有一个循序渐进的过程。

第二，道德的最高境界是思想和言行的融合，自觉地遵守道德规范，而不是勉强去做。“从心所欲不逾矩”这是许多人极力想要达到的！自由与自律是相辅相成的，也就是说，一个人有了自律，从内而外，他就知道了，什么该做，什么不该做，什么可以做，什么不可以做，他们不知不觉中已经形成了自己的道德规范准则，他们做什么都是在准则范围之内，不会逾越准则。

第三，在其位，谋其事。我们在人生什么阶段就要干什么事。不能够该干此事的时候不干，反而去做其他无意义的事；而在不需要干此事的时候却花费大量时间与精力去做此事，这样得来的结果只会是事倍功半。

人生需要规划，正如圣人孔子告诉我们的一般，在不同时期要达到什么目标，这样我们才得以不慌不忙地自在走完自己的一生。

体验活动

请罗列出你的职业目标，并说出行动计划。

职业目标 1	
职业目标 2	
职业目标 3	

续表

职业目标 4	
职业目标 5	
职业目标 6	
职业目标 7	
职业目标 8	
职业目标 9	
职业目标 10	
你的行动计划	

实践拓展

针对你所学的专业和你设想的职业，以小组为单位，写出你的人生规划之路。

项目二　认识工作：职业探索与定位

在当今快速发展的社会中，职业探索与定位对于高职学生而言，是迈向成功职业生涯的关键一步。本项目旨在帮助学生深入了解职业世界的多样性和复杂性，掌握职业探索的方法和技巧，从而在茫茫职海中找到适合自己的方向。通过系统的分析和实践，学生将学会如何评估自身条件，识别行业趋势，理解企业需求，并最终实现个人职业目标与社会发展的有机结合。

学习目标

知识目标：

1. 了解职业探索的基本概念、方法和意义。
2. 掌握不同行业的主要特点及其对职业发展的影响。
3. 理解企业组织结构的类型和职能分布。
4. 熟悉职业发展的阶段性规律及趋势，能够结合自身条件进行合理定位。

能力目标：

1. 学会运用工具分析职业环境，包括行业动态、企业文化及职业特性。
2. 掌握职业信息的收集、整理与评估能力，能够独立撰写职业探索报告。
3. 能够对不同行业、企业及职业进行比较分析，从中选择适合自己的发展路径。

素质目标：

1. 树立正确的职业价值观，培养职业使命感和社会责任感。
2. 提升自主决策能力，能够独立面对职业选择的挑战。
3. 培养探索精神和创新意识，关注个人发展与社会需求的结合。

翱翔之翼

将职业探索与国家发展需求紧密结合，树立正确的职业价值观，培养社会责任感，积极探索大健康产业、养老服务、健康管理等领域的职业世界，将社会主义核心价值观中的爱国和敬业精神与职业规划紧密结合起来。

案例导入

职业选择的迷茫与突围

李明，即将毕业的高职学生，专攻电子商务，面临三个选择：家乡传统贸易公司就业、一线城市互联网公司实习、创业建立本地特色电商平台。他主要困惑于对职业环境的了解不足、对自身兴趣和能力评估困难、对职业发展趋势认识不足。

同学们是否也曾遇到过类似困惑？假设你是李明，你会如何选择？原因是什么？能否为李明规划职业发展路径？

李明对三个选择进行了权衡：家乡工作稳定但成长空间有限，一线城市实习竞争激烈但能快速提升技能和扩大视野，创业风险高但潜在收益大。

为作出明智选择，李明深入研究各选项的职业环境，通过网络、书籍和行业报告收集信息，并进行自我评估，以确定兴趣、能力和价值观是否匹配。

李明对互联网行业和电商领域充满热情，认为实习是难得的学习机会，有助于快速融入行业并积累经验。因此，他选择前往一线城市互联网公司实习，计划通过努力和学习脱颖而出，为未来职业发展打基础。

点评：职业选择不仅要着眼当下的利弊权衡，更应与自身热情和长期成长需求相契合，而充分的信息调研与自我认知，正是作出适合自己选择的关键前提。

任务一 分析职业环境

一、职业环境分析的意义

职业生涯规划就像一场探索未来的冒险，而职业环境分析就是你了解“地图”和“指南针”的第一步。它可以帮助你掌握行业趋势、读懂企业运作，甚至明确每个职业的要求和发展路径。尤其是对于大健康专业的高职学生来说，这一步至关重要，因为行业瞬息万变，只有站稳脚跟，才能抓住属于自己的机会。

那么，职业环境分析到底为什么重要？它究竟能给你带来哪些帮助？下面，我们以大健康产业为例，从多个角度来细细展开。

（一）看清行业大势：找到未来的方向感

我们生活在一个变化迅速的时代，各行各业都在悄然发生巨变。要想在这样的环境中找到自己的位置，了解行业趋势是第一步。

1. 新兴行业：大健康产业的蓬勃发展

大健康产业是当下最有潜力的领域之一，它涵盖了从医疗服务到健康科技、从养老护理到健康管理等多个方向。比如，智慧医疗正在用人工智能推动诊疗效率提升；养老服务因为老龄化社会的需求增长，正在成为人才争夺的热点领域。如果你能在职业环境分析中及时发现这些机遇，就能抢占职业发展的先机。

2. 传统行业：转型中的新生力量

你可能觉得传统行业没有吸引力，但实际上，很多传统行业正在通过技术创新焕发新的活力。比如，中药行业结合现代化检测技术，开发更高效的产品；健康食品行业通过数字化技术实现精准供应链管理。深入了解这些转型背后的逻辑，可以帮助你发现新的职业可能性。

3. 全球视角：走向更大的舞台

随着全球化的深入，大健康产业不再局限于国内市场，国际化的视野可以让你接触到更多先进的技术和理念，比如跨国企业的健康管理项目，或者国际医疗合作。这种视野不仅能提升你的职业竞争力，还能让你对行业的理解更加全面。

（二）解锁企业运作模式：找到最适合自己的职场

如果行业是大方向，那么企业就是你未来职业发展的落脚点。在职业环境分析中，了解企业运作模式能够让你更好地匹配自己的职业目标和企业需求。

1. 企业类型与规模的选择

不同类型和规模的企业适合不同的职业发展路径。比如，大型综合医院注重专业性和分工合作，适合喜欢稳定且专业方向明确的同学；而社区健康服务中心则强调一专多能，更适合喜欢多元化挑战的人。通过分析企业类型，你可以更清楚地选择符合自己性格和职业目标的企业。

2. 岗位分布与职能解析

企业运作背后有一套复杂的岗位分布体系。以健康管理公司为例，它的部门可能包括市场推广、客户服务、医疗支持和数据分析等。每个岗位的职能和要求都不一样，通过环境分析，你可以准确了解这些岗位需要哪些能力，并提前准备。

3. 企业文化的适配性

企业文化往往决定了员工的工作体验。有些企业强调创新和试错，比如健康科技初创公司；有些企业则更重视传统与稳健，比如中医诊疗机构。在职业环境分析中，深入了解企业文化是否与你的价值观一致，能够帮助你在未来的职场中更快融入、更好成长。

（三）认清职业特性：作出最明智的选择

对于你来说，职业特性可能是一片迷雾。职业环境分析的一个重要作用就是帮你拨开迷雾，全面认识目标职业的“真面目”。

1. 工作内容一目了然

例如，健康咨询师的日常工作可能包括健康评估、定制健康计划和定期跟进客户；而护理人员的工作则涉及患者护理、病情监测和心理安抚。通过分析职业特性，你可以更加清楚地知道每份工作的核心内容，并判断自己是否感兴趣。

2. 技能要求早知道

不同职业对技能的要求也各不相同。医疗技术岗位需要扎实的专业知识和严谨的操作能力，而健康数据分析岗位则更强调数据处理能力和技术工具的熟练使用。如果你提前知道这些要求，就能有针对性地提升自己，而不是盲目学习。

3. 职业发展路径透明化

很多职业有清晰的发展路径，比如护士岗位从初级到高级职称的晋升过程；也有一些职业可能需要横向发展，比如健康管理师在积累经验后可以转向市场运营或数据分析岗位。职业环境分析可以让你提前看到这些可能性，从而做好长期规划。

（四）减少试错成本：做职业选择的“明白人”

职业选择是一件需要慎重考虑的事情。通过职业环境分析，你可以减少盲目尝试的风险，降低因为选择错误而带来的时间和资源浪费。

1. 避免误入不适合的领域

你在刚开始时对职业了解不足，可能选择了一个看似热门但并不适合自己的方向。通过环境分析，你可以更科学地评估自己的兴趣、能力和职业需求的匹配度，从而避免误选。

2. 个性化匹配职业需求

每个人都有独特的兴趣和优势，而职业环境分析可以帮助你将这些优势和职业需求结合起来，找到最适合你的方向。例如，如果你善于沟通且细心，健康咨询可能是不错的选择；如果你喜欢技术和创新，健康科技领域可能更适合你。

3. 应对职业环境变化

职业环境并非一成不变，尤其是在技术和政策变化频繁的大健康行业。职业环境分析的能力不仅能帮助你在现阶段作出明智选择，也能让你在未来面临变化时快速调整方向。

总之，职业环境分析是一次意义非凡的探索，它能帮助你看清行业趋势，了解企业运作，明确职业特性，并减少职业选择中的盲目性。对于每个希望在大健康领域找到自己位置的人来说，这一步不仅让你的职业生涯规划更有方向感，也让你在未来面对挑战时更有底气。

二、职业环境的构成要素

职业环境就像一个复杂的拼图，只有弄清楚各个构成部分，才能看到职业发展的全貌。那么，职业环境有哪些关键要素？它们又如何影响我们的职业选择和发展？接下来，我们通过三个层次来深入探讨：行业环境、企业环境和职业环境。每个层次都有自己的特点和价值，帮助你更好地找到适合自己的方向。

（一）行业环境：职业发展的“背景板”

行业环境是职业环境中最大的背景，它决定了职业发展的广度和深度。了解行业环境的构成要素，有助于你从宏观层面把握职业发展的机会和挑战。

1. 行业现状：职业选择的起点

每个行业的发展状况各不相同。比如，大健康产业近年来迅速崛起，已经从传统医疗领域扩展到健康科技、养老服务、健康管理等多个方向。通过分析行业现状，你可以清楚地看到哪些领域处于增长期，哪些领域竞争激烈，帮助你作出更理性的职业选择。

（1）传统行业：经典与创新的结合。很多人提到传统行业时会联想到“老旧”或者“没前途”，但其实，传统行业正在通过技术和模式的创新焕发新生机。如果你能抓住这些变化，就能在这些行业中找到属于自己的机会。

①制造业：从传统到智能化。以制造业为例，医疗器械生产作为大健康产业的重要组成部分，已经逐步实现了从传统手工制造到智能化生产的转型。了解这些变化，可以帮助你看到制造业与健康产业结合的巨大潜力。

②农业：健康食品的新机遇。农业也在发生变革，比如智慧农业的兴起和健康食品的推广。许多农产品正在走向高附加值的健康市场，比如有机食品和保健品。对于有兴趣跨界探索健康食品领域的学生来说，这无疑是一个新的职业方向。

③传统服务业：与健康结合的新思路。酒店、餐饮等传统服务业正在融入健康元素，比如推出健康主题的住宿服务或提供定制化营养餐。这些变化不仅吸引了更多消费者，也为行业带来了更多高质量岗位。

（2）新兴行业：未来职业的“风向标”。新兴行业是职业发展的前沿阵地，它们通常与新技术或新需求有关，既充满活力又富有潜力。

①人工智能与健康数据：技术改变未来。人工智能正在帮助医疗行业解决很多传统问题，比如疾病的早期预测和个性化诊疗方案的制订。与此同时，健康数据的采集和分析已经成为健康管理的重要组成部分。如果你对技术感兴趣，这些领域一定会让你大展拳脚。

②大健康产业：从医疗到全生命周期服务。大健康产业不再局限于疾病治疗，而是覆盖了全生命周期的健康管理。比如，智慧养老设备、健康管理平台和康复服务等领域，不仅岗位丰富，还非常符合当前市场需求。

③银发经济：为老龄化社会创造新机会。银发经济是随着老龄化社会而崛起的新兴领域，涉及养老护理、心理咨询、康复器械等多个方向。这不仅是社会责任，更是职业发展的广阔天地。

2. 市场需求：机会在哪里

职业发展的核心是满足市场需求。比如，随着人口老龄化加剧，养老服务行业对护理人员和健康管理师的需求激增；同时，健康数据分析师这样的新兴岗位也正在受到追捧。了解市场需求的变化，能让你站在机会的“风口”上。

3. 政策支持：方向更加明朗

政策是行业发展的指挥棒。比如，国家近年来出台了一系列支持中医药发展和养老产业的政策，直接推动了相关行业的迅速发展。作为大健康专业的学生，了解政策方向不仅能帮助你选择更有前景的职业，还能让你更早做好准备，抓住政策红利。

（二）企业环境：职业发展的“落脚点”

企业环境是职业发展的微观体现，不同企业有不同的运营模式、岗位需求和文化特点。了解这些差异，可以帮助你更好地匹配自己的兴趣和目标。

1. 企业规模的不同特点

（1）大型企业：稳定性强，晋升路径清晰，适合喜欢稳定且擅长团队合作的学生。比如，大型综合医院或跨国药企通常提供完善的培训和发展计划。

（2）中小型企业：灵活性高，岗位多元，适合愿意尝试多种角色的学生。健康科技初创公司通常需要员工具备跨领域能力，是成长的好机会。

2. 企业性质的多样性

（1）国有企业：注重规章制度和长期发展，适合追求稳定的职业路径的学生。

（2）民营企业：灵活且重视创新，适合追求更多自主发展空间的学生。

（3）外资企业：国际化程度高，适合喜欢多元文化和跨国合作的学生。

3. 企业文化的选择

企业文化直接影响员工的职业体验。创新的企业文化可能激发学生的创造力，而稳健的企业文化则适合喜欢细水长流发展的学生。找到适合自己的文化氛围非常重要。

（三）职业环境：岗位特性与职业成长

职业环境是职业发展的核心圈，涉及具体的岗位职责、晋升路径和薪资水平。

1. 清晰的岗位职责

不同岗位的职责往往差异很大。比如，健康咨询师需要与客户沟通，定制健康计划；而医疗技术人员则需要专注于设备操作和数据分析。明确岗位职责，能帮助你快速判断自己是否适合该职业。

2. 多样的晋升路径

每个岗位的晋升路径都不尽相同。比如，护理岗位可以通过职称评审晋升，而健康科技领域的晋升更多依赖项目经验和技术成果。了解晋升路径，可以让你对未来充满期待和动力。

3. 薪资与发展潜力

薪资是很多人选择职业的重要考虑因素之一。比如，大健康产业中技术含量高的岗位通常薪资较高。了解薪资水平，可以帮助你评估目标岗位的吸引力和自身努力的方向。

总之，职业环境是一个由行业、企业和职业三个层次组成的多维体系。通过全面分析这些要素，你可以更好地理解自己的职业选择，更清楚地规划自己的未来。无论是行业的趋势、企业的特点，还是具体职业的特性，都为你的职业发展提供了方向和启发。希望你能用这些知识武装自己，找到属于你的职业舞台。

三、职业环境分析的方法

职业环境分析听起来很复杂，但其实就像完成一个小项目，只要按步骤来，信息从哪里找、数据怎么分析、最后怎么总结都一清二楚。以下是职业环境分析的三个主要环节：信息收集、数据分析和形成报告。每个环节都有详细的方法和实用技巧，跟着做就可以轻松完成。

（一）信息收集：找到正确的“原料”

职业环境分析的第一步是获取全面而准确的信息，就像做菜需要好的食材一样，只有找到靠谱的“原料”，后续的分析才能有效。以下是几种常见且有效的信息收集方法：

1. 阅读行业报告与政策文件

（1）行业报告：想了解行业的现状和未来发展，权威的行业报告是必读资料。例如，《“健康中国2030”规划纲要》就明确了大健康产业未来的重点方向。通过这些报告，你可以掌握行业趋势、政策支持和市场潜力。

（2）政策文件：政策是行业发展的风向标，特别是在大健康领域，国家出台的每项政策都可能带来新的职业机会。比如，关于养老服务的政策文件会告诉你银发经济未来的发展空间有多大。

2. 利用线上招聘平台了解岗位需求

在线招聘平台不仅是找工作的好帮手，还是职业环境分析的重要信息源。

3. 搜索关键词

例如搜索“健康管理”“养老服务”，可以快速找到目标岗位的招聘需求和薪资范围。比如，通过智联招聘或前程无忧，你能清楚看到不同岗位的技能要求、工作职责和行业平均薪资，为职业选择提供具体参考。

4. 参加行业论坛或企业开放日

（1）行业论坛：论坛是了解行业动态、接触专业人士的好机会。在这里，你不仅可以听到行业领袖的分享，还能和从业者面对面交流，获取第一手信息。

（2）企业开放日：许多企业会举办开放日活动，带你了解企业文化和岗位分布。比如，健康管理公司或养老机构的开放日，可以让你更直观地了解这些企业的工作环境和日常运作模式。

5. 与从业人员交流

如果有机会接触行业内的人，不妨多问问他们的工作体验。他们的日常职责、职业发展路径以及对行业的看法，往往比书面资料更加具体和真实。

（二）数据分析：从信息中找到“金矿”

信息收集完成后，就进入了数据分析环节。这一步的核心是把零散的信息整合起来，找到关键规律和趋势。以下是几种简单实用的分析方法：

1. 职业前景比较

在职业选择时，不同行业和岗位的前景对比非常重要。可以从以下几个方面入手：

（1）行业发展速度：比如，大健康产业的年增长率远高于许多传统行业。

（2）岗位需求量：哪些岗位正在大量招聘，哪些岗位需求趋于饱和？

（3）薪资水平：哪些职业的薪资具有较高的吸引力？

了解这些数据，可以帮助你更理性地评估职业价值。

2. 行业趋势分析

通过观察行业变化趋势，可以预测哪些领域会成为未来的“风口”。比如：健康科技中的人工智能应用是否会带来新的岗位？养老服务领域对智能设备的需求是否会持续增长？

（三）形成报告：让分析结果“落地”

信息和数据分析完成后，最后一步是把所有发现整理成一份清晰的职业环境分析报告。这份报告不仅是对你工作的总结，更是指导职业决策的重要依据。

1. 清晰的结构安排

一份好的职业环境分析报告通常包括以下几个部分：

（1）引言：概述分析目标和范围。例如：“本报告旨在分析大健康产业的职业环境，为未来职业选择提供科学建议。”

（2）行业分析：总结行业的整体发展情况，比如政策支持、市场需求和技术创新。

（3）企业分析：描述目标企业的类型、规模和文化特点，并结合数据说明其岗位设置。

（4）职业分析：重点分析目标职业的职责、技能要求和发展路径。

2. 提出职业发展建议

根据分析结果，为自己的职业规划提出具体建议。比如：如果你对技术感兴趣，可以考虑进入健康数据分析领域，并开始学习相关技能。如果你喜欢与人打交道，可以关注健康管理师或养老护理相关岗位，提升沟通和服务能力。

3. 可视化数据展示

数据图表能让报告更直观，以下是一些常见的图表类型：

（1）折线图：展示行业增长趋势，比如大健康产业的市场规模变化。

（2）柱状图：对比不同岗位的薪资水平或招聘数量。

（3）饼图：显示企业的岗位分布比例，比如健康管理公司中不同部门的员工占比。

4. 个人反思与行动计划

报告最后，可以增加一段个人反思内容，结合自己的兴趣、优势和分析结果，提出下一步计划。例如："根据分析，我发现健康管理师岗位的前景广阔，同时技能要求也与我的兴趣一致。我计划在未来半年内完成健康管理师的培训课程，并争取在相关领域实习。"

职业环境分析帮助我们全面认知职业世界，客观进行职业定位，提升自己的专业与职业自豪感。但今天我们讲的都是术法，要真正落地，还需要我们知行合一，把所学变为所用。

◆◆◆ 经典案例

大健康产业的职业环境分析

张涛是一名高职学生，主修护理专业。他对大健康产业感兴趣，但对行业发展趋势和具体职业机会了解不够清晰。通过职业环境分析，他逐渐明确了自己的职业规划方向。

张涛的分析过程如下：

第一步，信息收集。张涛查阅了国家政策文件《"健康中国 2030"规划纲要》，了解到健康产业将迎来快速发展。他访问了一些招聘网站，发现养老护理员、健康管理师需求量大，且薪资较高。通过参加医疗健康展会，他与多家企业代表交流，了解岗位要求。

第二步，数据分析。对比行业优劣势，发现优势在于政策支持强劲、市场需求旺盛，劣势在于部分岗位工作强度大。

第三步，企业分析。张涛比较了大型连锁机构与社区医疗中心，发现连锁机构更注重综合能力，而社区中心则偏重实用技能。

第四步，形成结论。

目标岗位：健康管理师。

行动计划：考取健康管理师证书，加强健康咨询技能。

思考：

（1）大健康产业的发展对社会有哪些积极影响？

（2）如何根据自身专业背景，规划在该行业的职业路径？

（3）你认为张涛的职业分析是否全面？为什么？

体验活动

活动名称：区域健康产业调研

活动目标：

（1）让学生了解大健康产业在地方经济中的地位。

（2）提高学生的信息收集与职业分析能力。

活动流程：

（1）分组调研：每组选择一个具体的健康产业领域（如养老服务、医疗设备）。

（2）信息收集：访谈从业人员，了解岗位需求与职业前景。

（3）收集行业政策和企业发展数据。

（4）分析总结，形成图文并茂的调研报告。

（5）分组进行课堂展示。

任务二 探索职业领域

一、职业领域的概念与分类

职业领域是职业世界的地图，也是每个人职业生涯规划的起点。它指的是根据职业性质和功能划分的工作类型或行业范围。通过了解职业领域，不仅可以帮助你明确职业方向，还能激发你发现更多的职业机会和潜能。那么，职业领域到底是怎么分类的？我们可以从行业、职业功能以及职业发展阶段等角度来一一解析。

（一）职业领域的概念：什么是职业领域

简单来说，职业领域就是工作的“分类标签”。比如，你对医疗感兴趣，可以探索医疗行业的职业领域；如果你喜欢创意工作，可以关注设计或文化创意类岗位。职业领域的划分，既让我们看清楚不同工作的共性，也能帮助我们聚焦目标，让职业规划变得更加明确。

职业领域的特点包括：

（1）明确性：职业领域将职业分门别类，帮助我们快速找到感兴趣的方向。

（2）多样性：随着社会发展，职业领域的种类越来越丰富，从传统行业到新兴行业都有无限可能。

（3）动态性：职业领域并非一成不变，新技术和新需求常常会催生新的职业领域，比如人工智能、大健康等领域。

（二）职业领域的分类方法

职业领域的分类方法多种多样，常见的包括按行业、职业功能以及职业发展阶段分类。

以下是每种分类方式的详细介绍和实例分析。

1. 按行业分类：了解“职业在哪些领域”

行业是职业领域划分的基础，每个行业都有其独特的工作特性。通常我们将行业分为以下三类，如表 2–1 所示。

表 2–1 产业分类及其特点

产业分类	产业内容	特点
第一产业	农业、渔业、林业	为社会提供原材料
农业	农产品种植、加工、销售	
渔业	传统捕捞、现代水产养殖技术	
林业	生态保护、木材加工、可持续发展	
第二产业	制造业、建筑业	创造价值的核心环节，职业发展的重要领域，随着城市化进程扩展
制造业	传统工业制造、高科技医疗器械制造	
建筑业	住宅建筑、绿色建筑、智慧城市设计	
第三产业	服务业	服务经济的支柱，覆盖大量新兴岗位，未来职业的“风口”
教育行业	教师、教育技术开发者	
医疗行业	医生、护士、健康管理师	
金融行业	投资顾问、财务分析师	
信息技术	程序员、数据分析师	
新兴行业	大健康产业、人工智能、绿色能源	
大健康产业	健康管理、智慧医疗、养老服务	
人工智能	AI 算法工程师、数据科学家	
绿色能源	新能源工程师、环保技术开发者	

2. 按职业功能分类：从“职业做什么”来看领域

从职业的实际功能出发，可以将职业领域划分为五类，如表 2–2 所示。

表 2–2 职业功能分类

分类	职位	职责
技术类	机械工程师	注重专业技能和实践能力
	环保工程师	注重专业技能和实践能力
程序员	软件开发工程师	从事软件开发
	人工智能工程师	从事人工智能模型构建
管理类	项目经理	负责团队任务的整体推进与协调
	人力资源经理	专注于员工招聘、培训与发展

续表

分类	职位	职责
创意类	设计师	包括平面设计、UI/UX 设计师
	编剧	从影视剧本到广告文案，都属于这一领域
服务类	健康管理师	根据客户需求制订健康计划
	心理咨询师	提供心理健康支持与指导

3. 按职业发展阶段分类：明确“职业的成长路径”

职业发展是一个动态的过程，每个阶段的需求和目标都不同。因此，可以根据职业发展的不同阶段，将职业领域划分为：

（1）入门级岗位：开启职业旅程。

典型岗位：助理、见习生、实习生。

特点：这些岗位要求低，但能为你积累经验，打下职业基础。

例如，医疗领域的护理助理和大健康行业的健康咨询顾问助理都是常见的入门级岗位。

（2）专业技术岗位：掌握核心技能。

典型岗位：高级技术员、研发工程师。

特点：专注于某一领域的核心技能发展。

例如，在健康科技行业中从事医疗设备的研发。

（3）管理岗位：引领团队与组织。

典型岗位：部门主管、总经理。

特点：需要综合能力，包括领导力、资源整合能力和战略规划能力。

例如，在养老服务领域，机构主管需要协调资源、优化服务流程。

（三）为什么要学习职业领域分类

职业领域分类不仅是了解职业世界的工具，更是你职业生涯规划的“导航仪”。以下是几个学习分类的重要理由：

1. 拓宽视野

学习职业分类可以让你意识到职业世界的多样性，发现那些你之前未曾了解的领域。例如，知道了“银发经济”这个概念后，你可能会对养老服务或智能养老设备开发产生兴趣。

2. 明确方向

职业分类能帮你快速聚焦目标，避免“选择太多”带来的迷茫感。如果你对技术和创意都感兴趣，可以重点关注“创意与技术结合”的职业，比如医疗产品设计师。

3. 制订长远计划

通过理解职业发展阶段的分类，你可以更科学地规划自己的职业路径：从入门岗位开始，逐步积累经验，向高级技术或管理岗位迈进。

职业领域的概念与分类是职业探索的基础，它为你提供了一幅完整的职业地图。从行业分类到职业功能，再到发展阶段，每种分类方式都让你更清晰地认识职业世界的全貌。

◆◆◆ **经典案例**

投身基层，助力健康中国——乡村医生李从杰和李行燕

李从杰和李行燕是一对父子乡村医生，他们扎根于重庆市巫山县平河乡樟坪村，为当地村民提供医疗服务。李从杰自1973年开始从赤脚医生做起，经过51年的行医生涯，他见证了乡村医疗条件的巨大变化，并在退休后被返聘继续坐诊，成为当地村民的“健康守门人”。

李行燕于2018年加入乡村医生行列，放弃了月薪近万元的工作，选择回到家乡担任村医。他继承了父亲的衣钵，考取了乡村医生执业证书，并通过自己的努力提升了医疗技能。樟坪村卫生室在他的帮助下配备了全科医生助诊包，实现了多项检验检查服务，使村民不出村就能享受到更全面的医疗服务。

这对父子医生的故事不仅体现了乡村医生对基层医疗事业的坚守与传承，也反映了国家在推进“健康中国”战略中对乡村医生队伍建设的支持。近年来，国家通过各种政策和项目，如“三支一扶”计划和农村订单定向医学生免费培养项目，吸引优秀医学生投身基层医疗卫生事业，从而提升乡村医疗服务水平。此外，国家还通过改善乡村医生的工作条件、提高待遇等方式，鼓励更多年轻人加入乡村医疗队伍。

李从杰和李行燕的事迹是无数乡村医生默默奉献的缩影。他们不仅为村民提供了可靠的医疗服务，还通过自身的行动诠释了“健康中国”战略的重要意义。他们的坚守和努力，使得偏远地区的居民能够享受到更加便捷和优质的医疗服务，进一步筑牢了基层医疗防线。

（案例来源:《人民日报》2024年8月28日第5版，http://health.people.com.cn/n1/2024/0828/c14739-40307786.html）

二、职业领域探索的意义

职业领域探索就像打开职业世界的一扇窗，帮助你从迷茫中找到方向。从明确兴趣到发现潜力，这个过程让你逐渐了解自己和职业的契合点，也让你的职业规划更加清晰。接下来，我们从三个方面来聊一聊职业领域探索的意义：明确职业兴趣和方向、提高职业匹配度，以及发现职业发展潜力。

（一）明确职业兴趣和方向：找到真正“热爱的事”

每个人都希望从事一份既喜欢又擅长的工作，而职业领域探索的第一步，就是帮助你明确自己的兴趣和方向。这不仅让职业选择变得有的放矢，还能让你在工作中找到更多的成就感和乐趣。

1. 了解自己的兴趣点

兴趣是职业选择的重要驱动力。通过探索职业领域，你能更清楚地认识到自己对哪些行业、职业功能或岗位感兴趣。

如果你对健康有浓厚兴趣，大健康产业可能是你的首选，比如健康管理师、养老服务顾问等岗位。

例如：小李是大健康专业的学生，通过职业领域探索，他发现自己对健康咨询和心理疏导特别感兴趣，于是决定深入研究健康管理领域，明确了自己的职业方向。

2. 聚焦目标领域

当你对职业兴趣有了初步了解后，探索职业领域可以帮助你缩小选择范围，聚焦到具体的行业或岗位上。例如：如果你喜欢和人交流，同时对健康产业感兴趣，可以关注健康管理领域的市场推广或客户关系岗位；如果你擅长数据分析，大健康领域的健康数据管理岗位可能是不错的选择。

职业领域探索能让你在广阔的职业世界中找到属于自己的"热爱地带"，避免迷茫和无头绪的尝试。

（二）提高职业匹配度：找到适合自己的岗位

兴趣是一方面，但仅凭兴趣选择职业可能还不够，能力与职业要求的匹配度同样重要。职业领域探索能够帮助你了解职业对能力的具体要求，从而更好地评估自己的适配性。

1. 发现自己的优势

每个人都有自己的特长，职业领域探索能够帮助你找到那些能发挥优势的岗位。比如：如果你沟通能力强且有耐心，可以关注健康咨询师、心理咨询师等岗位；如果你逻辑思维强且擅长技术，可以考虑健康科技领域的研发岗位，如医疗设备工程师。通过对职业要求的分析，你可以更精准地找到与自身能力契合的职业方向。

2. 明确职业要求

不同职业对技能和能力的要求各不相同，职业领域探索能让你提前了解这些要求，并做好准备。例如：健康管理师需要扎实的健康知识和良好的沟通能力，养老服务主管需要管理能力和对老龄化社会的深刻理解。掌握这些信息后，你可以针对职业要求提升自己的专业能力，比如报考相关职业资格证书、参加实习项目等，从而提升职业匹配度。

3. 减少职业选择中的盲目性

职业领域探索还能让你的职业选择更理性，减少因盲目选择而导致的试错成本。例如，通过深入了解岗位职责和发展路径，你可以避免选择那些与你兴趣或能力不符的岗位，节省时间和精力。

（三）发现职业发展潜力：找到未来的成长空间

选择一个职业不仅仅是看当下是否适合，更要看这个领域是否有足够的成长空间。职业领域探索能让你看到目标职业的未来发展潜力，帮助你规划长远的职业发展路径。

1. 了解目标领域的发展趋势

不同行业和职业的发展速度、前景各不相同，通过职业领域探索，你可以更清楚地了解哪些领域有广阔的发展空间。例如：

（1）大健康产业：人口老龄化和健康需求增加使这个领域充满机遇，健康科技、智慧医疗、康复服务等方向的潜力巨大。

（2）人工智能：AI 技术正在改变传统行业的运作方式，涉及医疗、教育、金融等多个领域。

通过分析行业趋势，你能更好地判断哪个领域值得投入精力，也能在快速发展的行业中抢占先机。

2. 发现岗位的成长路径

职业领域探索还可以帮助你了解目标岗位的成长路径。比如：健康管理师可以从初级顾问成长为高级顾问，最终进入管理层或创业；医疗技术岗位的员工可以通过不断提升技能，晋升为研发经理甚至技术总监。

通过对职业成长路径的了解，你可以提前规划自己的学习和发展计划，为未来的职业成功铺路。

3. 找到职业稳定性和长期价值

在快速变化的职业环境中，稳定性和长期价值也是职业选择的重要考量因素。职业领域探索能帮助你识别那些不仅“当下热门”，而且“未来稳定”的职业。比如：健康管理、养老服务等岗位，随着社会老龄化趋势，需求会持续增加；健康数据分析等技术型岗位，在数据驱动的未来有着稳定的发展前景。

4. 职业领域探索的整体价值

职业领域探索不仅是一次了解职业世界的旅程，也是一次深入认识自我的过程。它帮助你从兴趣、能力和发展潜力三个维度出发，找到最适合自己的职业方向，让职业规划变得更加明确和高效。

5. 减少职业迷茫

如果你曾经因为不知道选什么职业而困惑，职业领域探索能帮助你逐步缩小选择范围，聚焦到更具体的方向。

6. 提升职业规划的科学性

有了对职业领域的深入了解，你的职业规划会更具科学性和可操作性。无论是学习计划、实习选择，还是求职策略，都能有条不紊地推进。

职业领域探索不仅仅是一个帮助你“选职业”的工具，更是提升自我认知、增强职业规划能力的重要途径。从明确兴趣和方向，到提高匹配度，再到发现潜力，每一步都让你更接近自己的职业梦想。

三、职业领域探索的基本步骤

职业领域探索就像一场“寻宝”旅程，从自我出发，通过信息收集，最终找到属于自己的职业方向。这一过程虽然需要时间和精力，但只要掌握了清晰的步骤，就能让探索变得既有趣又高效。以下是职业领域探索的三个基本步骤：自我评估、信息收集和综合评估。

（一）自我评估：认识自己，找到兴趣与优势

职业领域探索的第一步，就是先了解自己。只有清楚自己的兴趣、能力和价值观，才能找到与之匹配的职业领域。以下是几种实用的方法：

1. 使用职业兴趣测评工具

职业兴趣测评是一种科学的工具，可以帮助你了解自己的职业倾向。

（1）霍兰德职业兴趣测评：将职业兴趣分为六种类型，包括现实型（R）、研究型（I）、艺术型（A）、社会型（S）、企业型（E）和常规型（C）。比如，如果你是“社会型”，可能更适合健康咨询或教育培训等需要沟通和帮助他人的职业。

（2）MBTI（迈尔斯－布里格斯类型指标）性格测试：了解你的性格特点，以及适合从事的职业类型。

2. 分析自身兴趣、能力与价值观

（1）兴趣：你对哪些领域充满热情？是健康管理、科技研发，还是文化创意？兴趣是职业选择的驱动力。

（2）能力：你擅长什么？技术类岗位需要专业技能，而创意类岗位可能更看重创新能力。

（3）价值观：你的职业目标是什么？是追求稳定、成就感还是社会影响力？这些都会影响你的职业选择。

3. 记录和反思

自我评估的过程需要不断记录和反思。可以尝试写一份“职业兴趣与能力清单”，总结自己在探索过程中发现的特点和潜力点。

（二）信息收集：了解职业领域的真实情况

清楚了自己的特点，下一步就是通过信息收集来全面了解职业领域。以下是几种高效的信息收集方法：

1. 阅读行业报告和政策文件

行业报告和政策文件是了解职业领域宏观信息的重要来源。

（1）行业报告：比如《银发经济蓝皮书》《“健康中国 2030”规划纲要》等，能帮助你了解大健康产业、养老服务、健康管理等领域的最新动态。

（2）政策文件：关注国家政策导向，比如健康服务行业的扶持政策，可以发现哪些职业领域有更多机会。

2. 职业生涯访谈：与从业者对话

职业访谈是一种直接、高效的方式，可以帮助你获取第一手信息。

（1）选择访谈对象：找目标领域中的资深从业者或初入职场的新人，了解他们的日常工作、职业要求和发展路径。

（2）提出具体问题：比如，“这个行业目前的挑战是什么？”“你觉得这个岗位未来的成长空间如何？”

3. 实习实践：亲身体验职业环境

实习是了解职业领域的最佳方式之一，通过亲身体验可以更直观地判断某个岗位是否适合自己。

（1）短期实习或兼职：比如在健康管理公司担任助理，参与项目执行。

（2）志愿服务：如果你对养老服务感兴趣，可以参加社区养老机构的志愿者活动，感受这个领域的工作节奏和内容。

◆◆◆ 经典案例

守护健康，青春无悔——岩因村“95后”女村医钟丽萍的故事

钟丽萍是云南省普洱市澜沧拉祜族自治县酒井哈尼族乡岩因村的一名乡村医生，她自2017年起担任村医，至今已有数年时间。钟丽萍出生于1995年，是岩因村唯一的年轻村医，负责为全村2 000多名村民提供医疗服务。

钟丽萍在工作中展现了极高的敬业精神和奉献精神。她不仅处理日常的门诊工作，还特别关注老年人、孕妇等特殊人群的健康状况，并定期进行随访服务。此外，她还通过骑摩托车出诊，克服崎岖山路和恶劣天气，为村民提供血压、血糖测量等基本医疗服务。

钟丽萍还承担了心理医生的角色，倾听村民的心声和担忧，帮助他们纠正一些不正确的医学观念。她还积极参与社区活动，如健康讲座和咨询，帮助村民提高健康意识。

尽管钟丽萍的工作非常辛苦，但她依然保持乐观的态度，并且得到了村民们的认可和尊敬。她的工作不局限于治病救人，还包括慢性病管理、公共卫生服务等。钟丽萍的故事展现了乡村医生在偏远地区面临的现实困境以及他们如何通过自己的努力改善村民的生活质量。

钟丽萍在岩因村的坚守和付出，使她成为村民心中的“行走的120”。她的工作不仅为村民提供了医疗保障，也成为村民情感寄托的一部分。

（案例来源:《中国青年报》，原标题为《在偏僻大山里储存快乐》）

4. 在线资源与职业社区

（1）线上资源：比如职业发展网站（如智联招聘、领英）和在线课程平台（如Coursera、网易云课堂）可以提供职业领域的趋势、技能要求等信息。

（2）职业社区：加入相关行业的线上社群、论坛，比如健康科技领域的技术交流群，可以随时了解行业动态，与同行交流经验。

（三）综合评估：从信息中找到最优解

有了足够的信息后，就需要进行综合评估，将自我评估的结果和收集到的职业信息结合起来，找到最适合自己的职业领域。

1. 横向比较不同职业领域的优劣势

（1）职业要求对比自身条件：某些职业可能需要特定的专业背景或技能，你需要判断自己的条件是否匹配。

（2）发展前景对比个人目标：比如，一个职业领域可能短期内稳定，但长期增长空间有限，这时你需要结合自己的职业目标权衡利弊。

根据个人条件选择最适合的领域，综合评估后，挑选出那些与你兴趣、能力和目标最匹配的职业领域，如表2–3所示。

表2–3　优劣势对比示例

职业领域	优势	劣势	适配度
健康管理	市场需求大，成长空间广	需要较强的沟通和管理能力	高
养老服务	社会责任感强，政策支持多	工作压力大，服务技能要求高	中
健康科技研发	技术驱动，职业成就感强	入门门槛高，需持续学习新技术	中高

2. 制订职业探索行动计划

（1）短期目标：如完成目标岗位的实习、参加相关技能培训。

（2）中期目标：如考取职业资格证书（如健康管理师证书），拓展专业知识。

（3）长期目标：如成为某领域的资深专家，或者在一个行业中积累经验后创业。

总之，职业领域探索的基本步骤包括自我评估、信息收集和综合评估，每一步都环环相扣，帮助你全面了解自己与职业的契合点。从认识自己到深入行业，再到理性决策，这一过程让你在职业规划中更加主动和高效。

任务三　掌握职业探索方法

一、职业探索方法概述

职业探索就像解谜游戏，而职业探索方法就是帮助你找到线索的工具和路径。它不仅能让你更系统地了解自己和外部环境，还能帮你发现潜藏的职业机会，为职业规划打下坚实的基础。通过科学的职业探索方法，你可以明确方向、提升就业竞争力，并在职业选择中更有信心。

接下来，让我们一起了解职业探索方法的核心概念和几种常用方法的具体操作。

（一）职业探索方法的核心：为什么需要探索

职业探索的目的是让你在众多职业选择中找到最适合自己的那个。现代社会职业种类繁多，需求变化快速，仅靠感觉或偶然机会选择职业很容易“走错路”。科学的职业探索方法能帮助你：

（1）认识自己：明确自己的兴趣、能力和价值观，找到职业发展的内在驱动力。

（2）了解外部环境：掌握目标行业的动态、岗位需求和发展趋势。

（3）制订可行计划：结合个人特点和外部机会，设计合理的职业发展路径。

职业探索不是一次性的任务，而是一个动态的过程。随着个人成长和环境变化，你的职业目标可能会调整，因此掌握探索方法是长期职业发展的重要技能。

（二）常用职业探索方法

职业探索的方法多种多样，但核心在于系统性和实践性。以下是几种被广泛使用且高效实用的方法。

1. 文献分析法

信息素养是当代职业人的核心竞争力之一。面对海量信息，系统性的文献分析能力可以帮助我们快速提取有效信息。本方法特别适用于性格内向或处于职业探索初期的学习者，通过结构化信息处理建立基础认知框架。

根据信息加工理论（CIP），职业信息的收集与处理需要经历信息获取、信息分析和信息应用三个阶段。文献分析法正是这一理论的具体实践路径，例如：

（1）纸媒和书籍：如《国家职业分类大典》，每五年更新一次，2022 版新增 158 个新职业，特别值得关注数字经济相关岗位的演变规律。

（2）微信公众号：以“丁香园”为例，其发布的《2023 医疗人才发展报告》显示，中医康复技术人才需求同比增长 45%。

（3）数据库及监测工具：

①人社部“技能人才评价工作网”（http://www.osta.org.cn/）；

②万方医学网、中国知网行业智库报告；

③国家职业资格证书查询系统（http://zscx.osta.org.cn/）；

④百度指数职业关键词趋势分析；

⑤微信指数行业热词追踪；

⑥天眼查 / 企查查企业图谱分析；

⑦招聘网站（如智联招聘、猎聘网、领英）查找目标岗位的职位描述、薪资范围和发展路径。

2. 主动出击法

在职业探索的过程中，主动出击是获取职业信息和机会的关键策略。通过积极参与各种活动和利用各种资源，大学生可以更直接地了解职业环境，建立职业关系网。

（1）招聘会：招聘会是大学生与企业直接接触的绝佳机会。大学生可以准备简历，现场投递，并进行初步面试。参加招聘会不仅能提高求职效率，还能增加获得心仪职位的机会。

（2）宣讲会：宣讲会是企业向大学生介绍自身情况和招聘需求的重要平台。虽然宣讲会通常不直接进行面试，但大学生可以借此机会了解企业人力资源对人才的具体要求，并有机会提问。

（3）企业精英进校园：企业精英进校园活动为大学生提供了与行业专家面对面交流的机会，大学生可以听取职场经验，了解行业趋势，并与行业“大佬”建立联系。

（4）合作企业参观：通过实地参观合作企业，大学生可以直观地了解企业的工作环境和运营模式，这种“所见即所得”的方式有助于大学生更准确地评估自己的职业兴趣和能力。

除了上述活动，大学生还可以利用家族资源，听取家人的意见和建议，家人的经验和见解往往能为大学生提供不同的视角和宝贵的建议。

体验活动

绘制家族职业树

通过绘制家族职业树（如图 2–1 所示），了解家族成员的职业背景和职业发展路径，探索职业选择的传承性和多样性，为个人职业规划提供参考。

活动流程：

1. 收集家族职业信息

与家族成员进行交流，了解祖辈、父辈以及兄弟姐妹等家族成员的职业经历。

2. 绘制职业树

记录每个成员的职业名称、工作年限、职业发展路径等信息，绘制家族职业树，在每个节点上标注对应成员的职业信息。

3. 分析与总结

观察家族职业树，分析家族职业的传承性和多样性。

思考家族职业背景对自己职业选择的影响，选出与自己职业目标最密切与最无关的家庭成员职业。

4. 分享与交流

在小组内分享自己的家族职业树，交流家族职业背景对个人职业规划的启示。

听取同学的建议和意见，进一步完善自己的职业规划。

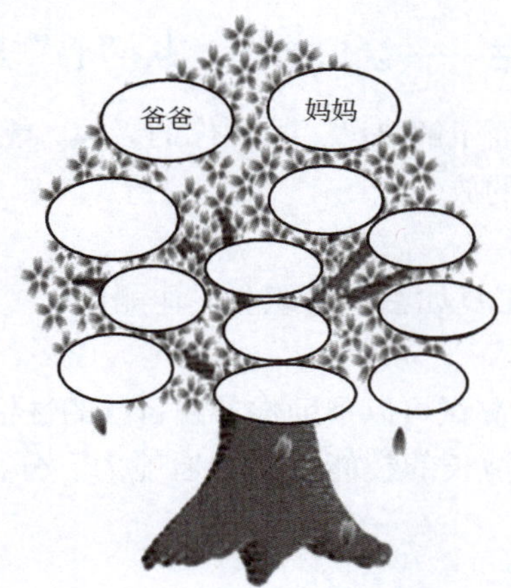

图 2-1 家族职业树

3. 生涯人物访谈法

该方法源于帕森斯的特质因素论，强调通过第一手资料获取真实职业信息。美国国家生涯发展协会（NCDA）的实证研究表明，有效的职业访谈可使职业决策信心提升 40% 以上。

（1）访谈准备：

①确认访谈人物：选择行业翘楚、政策制定者、身边的能力者（如专业课老师或有职业关联的长辈）、产品（服务）重度使用者或行业“发烧友”。

②设计访谈提纲：围绕行业、单位名称、职业（职位）、工作的性质类型、主要内容、地点、时间、任职资格、所需技能、市场前景、行业相关信息、工作环境、工作强度、福利薪酬、工作感受、员工满意度等设计问题。

③准备访谈记录表：确保访谈过程中能够详细记录信息。

（2）访谈实施：

①制订时间进程表：明确访谈时间、整理记录的时间和总结时间。

②注意访谈礼仪：包括破冰、守时、简洁、讲礼貌、征得记录或录音同意、检查遗漏问题、表达感谢等。

③应对可能的问题：如找不到关系，可善用“弱关系”；如访谈对象不愿意，可展现诚意；如无法面对面，可改为电话或线上访谈。

（3）访谈总结：整理访谈记录，分析获得的信息，评估自己与目标职业的距离，制订提升计划。

通过以上职业探索方法，大学生能够更全面地了解职业世界，为未来的职业发展做好充分准备。这些方法不仅能帮助大学生获取宝贵的职业信息，还能为大学生建立广泛的职业关系网，增加就业机会。

二、职业探索方法的步骤

职业探索就像一次精心计划的旅程，既需要明确的方向，也需要清晰的步骤。无论是认识自己、了解职业，还是制订计划和付诸行动，每一步都至关重要。以下是职业探索的四个主要步骤，帮助你逐步找到最适合自己的职业方向。

(一)第一步：自我评估——认识自己，从“心”出发

职业探索的第一步就是全面了解自己，找到你的兴趣、能力和目标。只有清楚自己的特点，才能在职业选择中更加有的放矢。

1. 如何进行自我评估?

(1)职业兴趣测评：通过工具如霍兰德职业兴趣测评，了解自己更倾向于哪种职业类型(如技术型、社会型、艺术型)。

(2)性格测试：MBTI 性格测试可以帮助你了解自己的性格特点和适合的工作环境。

(3)能力分析：列出自己擅长的技能(如沟通能力、分析能力)，并结合过往的经验，分析潜在的职业优势。

2. 关键问题引导自我思考

(1)我的兴趣和价值观是什么？我是更喜欢帮助他人、解决问题还是创造新事物？

(2)我的技能和潜力有哪些？例如，我是否具备解决复杂问题的能力或擅长与人交流？

(3)我希望实现的职业目标是什么？是追求稳定，还是挑战自我？是提升社会影响力，还是实现经济自由？

3. 记录与总结

把你的兴趣、能力和职业目标记录下来，形成一份“自我评估报告”。这是你下一步探索职业方向的重点。

(二)第二步：信息收集——打开视野，了解职业世界

在明确自己的特点后，下一步就是广泛收集与职业相关的信息。这一步的目标是帮助你更全面地了解目标职业和行业，为后续的评估和选择提供依据。

1. 关键问题引导信息收集

(1)目标职业的核心要求是什么？需要哪些专业知识和技能？

(2)该职业的薪资水平和晋升路径如何？起薪是否符合我的预期，晋升机会是否明确？

(3)未来行业趋势是什么？例如，这个领域的技术更新速度如何，是否有长期增长潜力？

2. 整合收集到的信息

整理你的调查结果，形成一个清晰的职业全景图，涵盖目标岗位的要求、行业动态和个人适配性。这将为下一步的评估奠定基础。

(三)第三步：综合分析与评估——将信息转化为决策依据

当你收集到足够的信息后，需要对目标职业进行全面分析，评估自己的适配性和未来发

展的可能性。

1. 关键问题引导评估

（1）我的能力是否足够胜任目标岗位的要求？

（2）这个职业的发展前景是否与我的长期职业目标一致？

（3）是否有明确的行动步骤，可以帮助我弥补短板、抓住机会？

2. 制订职业发展计划

在分析的基础上，制订具体的职业发展计划：

（1）短期计划：如获得实习机会或考取相关证书。

（2）中期计划：如积累工作经验或提升专业技能。

（3）长期计划：如在五年内成为某个领域的专家或进入管理层。

（四）第四步：行动与调整——付诸实践，实现目标

职业探索的最终目标是将分析和计划转化为实际行动，并根据反馈不断调整方向。

1. 采取具体行动

（1）实践：通过实习、兼职或志愿服务积累经验。例如，如果你对健康管理感兴趣，可以申请健康咨询师的助理岗位，深入了解行业运作。

（2）提升能力：参加培训或学习课程，弥补职业所需的短板技能。例如，通过线上课程学习数据分析，为健康数据管理岗位做准备。

（3）建立职业网络：参加行业活动，拓展人脉资源，为未来的职业发展铺路。

2. 定期回顾与调整

职业探索是一个动态过程，定期回顾你的职业目标和行动计划，确保它们与实际需求一致。

（1）回顾进展：我的短期目标是否已经完成？如果没有，问题出在哪里？

（2）调整方向：我的职业兴趣是否发生了变化？外部环境是否有新机会需要抓住？

3. 持续学习与成长

职业探索并不会随着一个目标的实现而结束。持续关注行业动态、提升自身能力，是你在职业道路上保持竞争力的关键。

4. 职业探索步骤的价值

完整的职业探索步骤不仅能帮助你找到适合自己的职业，还能让你的职业规划更加科学和高效。

（1）提升决策质量：每一步都基于明确的信息和分析，减少盲目选择的风险。

（2）增强执行力：清晰的计划让你在职业探索中更有方向感，行动起来更加自信。

（3）实现长期发展：通过不断调整和优化，你可以在职业发展中持续成长，获得更大的成就感。

职业探索的四个步骤——自我评估、信息收集、综合分析与评估、行动与调整，构成了一个完整的闭环。每一步都互相联系、环环相扣，让你从认识自己到了解职业，再到实际行动，最终找到最适合自己的职业方向。

实践拓展

分组完成生涯人物访谈任务，按组生成一份生涯人物访谈报告。

项目三　认识自我：自我探索与完善

大学生群体中，有很大一部分学生对自己的认识仍处于朦胧阶段。自我探索在职业规划中起着基础性和关键性作用，是制订合理职业规划的前提。准确地了解自己适合做什么——职业性格，喜欢做什么——职业兴趣，能够做什么——职业能力，想要做什么——职业价值观，有助于个人明确职业定位，指导职业选择，明确个人优势，进行人岗匹配，制订职业规划，增强职业幸福感和促进职业发展可持续性。

学习目标

知识目标：

1. 理解自我分析在职业规划中的重要性。
2. 掌握职业性格、兴趣、能力、价值观的基本概念。

能力目标：

1. 能够运用相关方法，进行自我的职业性格、兴趣、能力、价值观评估。
2. 能够在职业发展过程中不断进行自我更新和调整，以适应职业环境的变化。

素质目标：

1. 学会接纳自己的优点和不足，形成积极、客观的自我认知意识。
2. 具有将个人职业规划与国家发展和社会需求相结合的信心和决心。

翱翔之翼

在人生的旅途中，我们每个人都是自己命运的舵手，未来掌握在自己手中。

职业规划是一个动态的过程。为了航行至成功的彼岸，随着国家发展和社会需求的不断变化，我们的职业规划也需要不断调整和优化，因此，我们需要定期进行自我评估，了解自己的进步和不足，以便及时调整职业规划。

每个人都有无限的潜能等待发掘。保持好奇心和求知欲，勇于尝试新事物，不断拓展自己的视野和技能，有助于我们发现并激发自己的潜能。

保持开放的心态，勇于接受新挑战和机遇。进行自我探索，深入了解自己，将个人职业规划与国家发展、社会需求紧密结合，共同推动国家繁荣与进步。

案例导入

我适合什么？

小陈同学是一位性格内向、偏好独处的青年。高考填报志愿时，亲朋好友们都说无论是医院、月子中心还是养老院，都急需护理人才，在众人的一致推荐下，小陈半信半疑地选择了这个专业。然而，护理专业的学习使小陈逐渐感到力不从心。护理岗位不仅要求掌握扎实的医学知识，更需要具备良好的沟通能力和团队协作精神。正当小陈陷入困惑与挣扎之时，借助职业规划与就业指导课程，小陈开始重新审视自己的内心世界，寻找与自身性格更为契合的职业方向。

经过深入的自我分析，小陈发现医学检验技术更加注重实验操作的精准与严谨，这与她内向、专注的性格特点不谋而合。于是，她毅然决然地决定转专业，投身于医学检验技术的学习之中。小陈的学习变得更加轻松顺利，成绩也稳步提升。毕业后，小陈的事业发展也非常顺利，她逐渐成为团队中的佼佼者，赢得了同事们的尊敬与认可。

思考：小陈的性格适合学护理吗？她是如何利用自己的性格优势的？

任务一 职业性格探索

一、性格与职业性格

（一）性格

性格是个体以先天素质作为基础，在后天的成长中逐渐形成的对客观现实表现出的稳定态度、习惯化行为方式的个性心理特征。性格的形成受到生理遗传、成长环境、学习经历等因素的影响，是社会生活和个体生理相互影响的结果，具有独特性、稳定性、可塑性、整体性的特点。

1. 独特性

每个人的性格都不同，如评价某个同学时，我们经常听到“她非常活泼热情”“他比较成熟稳定”“她不善言辞”等，都体现了性格的独特性。性格是一个人最重要、最显著的特征，最能使一个人区别于另一人，表现出个体的差异。

2. 稳定性和可塑性

“江山易改，本性难移”，体现了个体的性格特征的稳定性，性格一经形成便比较稳定，但是并非一成不变，在个体生活和成长环境变化的影响下，性格也会随之发生变化，具有可塑性。

3. 整体性

美国心理学家奥尔波特认为人格是一个整合体，并提出了人格特质理论，在这个整合体中，一个部分发生变化，其他部分也将发生变化。美国心理学家海伦·帕玛指出九种性格类型是一个整合体，只是其中一种或多种性格类型表现更为突出，当遇到某些特定事件时被隐藏的其他性格就会被激活呈现出来。

（二）职业性格

职业性格是指个体对职业表现出的稳定态度、习惯化行为方式的个体心理特征。职业性格探索是一个不断深入了解自我内在的过程，充分分析自我的性格倾向，探寻与之相契合的职业方向，为职业决策奠定基础。我们如何在了解职业性格基础上做好职业选择?

1. 学会接纳自己

没有人能够明确地告诉你一定百分百适合从事某一职业，或者一定百分之百不合适某一职业。性格的差异本身没有优劣之分，找到自己性格的优势与相对劣势，扬长避短，将性格优势发挥到最大，亦能实现职业价值。如果已经作出了初步的职业倾向选择，例如内向型的人选择了就读护理专业，也不想浪费专业学习，决定继续从事护士职业，努力做一名倾听者、细心观察者、照顾者，亦可以成为一名优秀的护士。

2. 认识到性格与职业的选择有着密不可分的联系

据研究表明，不同的职业有不同的性格要求，不同的性格适合不同的职业。我们经常会听到“你非常适合做这种类型的工作”“这份工作很合适你”等，当性格与职业达到一定的匹配程度时，在工作中便会有更高的幸福感、成就感、驱动力，便会投入更多的精力，工作效率也会随之提高，形成良性的动力循环。

3. 学会调整和适应

在现实生活中，没有哪一种职业是为某种性格的人定制的，不存在某种性格绝对适合某种职业，也不存在某种性格绝对不适合某种职业。我们既要看到不同的职业对性格的不同要求，在职业规划时不任意而为，也要看到个体的无限可能性。个体具有主观能动性，在相对稳定的性格类型基础上，根据职业特点和岗位要求，不断调整和完善自我，逐渐形成更加匹配、稳定的职业性格。例如自己非常喜欢动手操作的精细活动，但是自己比较粗心大意，为了更好地适应护士职业，自己勤加练习，给自己提出更高的标准和要求，久而久之自己更加熟练，也形成了细心谨慎的心理特质。

4. 自我性格探索与职业探索相结合

单方面进行自我性格探索并不能实现性格与职业的良好匹配，对职业有了充分的了解，才知道个体的性格与该职业是否相匹配，以及知晓调整方向和适应的方面。

二、职业性格探索

MBTI 是伊莎贝尔·布里格斯·迈尔斯、凯瑟琳·库克·布里格斯母女在卡尔·荣格的心理类型理论基础上，进一步研究和发展而编制的性格测试工具，是目前全球应用最广泛的对个性进行判断和分析的性格测试工具之一。

MBTI 理论认为，一个人的个性可以通过能量途径、信息获取、决策方式、生活方式四个维度来描述，每个维度有两个方向，共八个方面，将人的性格分为十六种类型：

外向（E）—内向（I）: 外倾者将兴趣和注意力直接指向外界客观事物，外界客体的变化决定了外倾者的意识活动性质，因此他们开放、活泼、友好、可亲近。相比之下，内倾者的兴趣和注意力主要指向内心世界，其意识活动受个人主观因素影响，表现出害羞、孤僻、有戒备。

感觉（S）—直觉（N）: 感觉者重现实，倾向接受和利用当前的刺激，他们善于把握大量的事实和精确的数据。直觉者超越事实和证据，善于把握事物的意义、联系和发展的可能性，通过洞察和联系找出解决问题的新方法，他们重视想象和灵感，通常将注意力集中于与具体情境相关的可能性上，对将来事物的预感多于对现实的思考。

思维（T）—情感（F）: 思考者作决定时以事物的逻辑性和事实为依据。这是一种通过逻辑推理发现客观事实、有逻辑性的评估信息的方式，意在评价事物的正确与否。情感者则以个人的情感和主观因素为依据，情感是发生在自我与外在的人或事物之间的一种过程，它也是一种判断，但在这种判断中加入了个人的情感反应因素，重在判断事物的价值是否可以接受。

判断（J）—知觉（P）：判断者善于组织、计划，下决心快。知觉者表现出好奇、乐于变化，为适应变化的环境而具有弹性，迟迟不作决定。

上述四个维度八个端点，一共可以组合成INTJ、INTP、ENTJ、ENTP、INFJ、INFP、ENFJ、ENFP、ISTJ、ISFJ、ESTJ、ESFJ、ISTP、ISFP、ESTP、ESFP等十六种性格类型。MBTI性格测试为我们提供了认识性格的途径和方法，并在性格和职业匹配上提出了建设性的意见，对个体的职业选择具有一定的参考意义。

体验活动

测试说明：根据以下四个表格中的每一对描述，选择其中在大多数情况下符合自身情况的一项。请注意，设想是自己不考虑他人看法、最自然状态下的行为习惯。

测试题目：

第一部分：关于情感和内心的描述	
E	I
喜欢行动和多样性	喜欢安静和思考问题
喜欢通过讨论来思考问题	喜欢在讨论之前进行思考
采取行动迅速，有时不做过多的思考	在没有搞明白之前，不会很快地去做一件事
喜欢观察别人是如何做事的，喜欢看到工作的结果	喜欢理解这项工作的道理，喜欢一个人或很少的几个人一起做事
很在意别人是怎么看自己的	为自己设定标准

你的答案：E____I____

第二部分：关于接收信息的方式	
S	N
主要通过过去的经验来处理信息	通过分析，用逻辑思维去处理信息之间的关系
愿意用眼睛、耳朵和其他感官去观察、感受事物	喜欢用想象去发现新的做事方法和新的可能性
讨厌出现新问题，除非存在标准的解决方法	喜欢解决新问题，讨厌重复地做一件事
喜欢用已会的技能去做事，而不愿意学习新知识	相比练习旧技能，更愿意运用新技能
对于细节很有耐心，但出现复杂情况时则开始失去耐心	对细节没有耐心，但不在乎复杂的情况

你的答案：S____N____

第三部分：关于作出决策的方式	
T	F
喜欢根据逻辑作出决策	喜欢根据个体感受和价值观作出决策，即使它们可能不符合逻辑

续表

第三部分：关于作出决策的方式	
T	F
愿意被公平、公正地对待	喜欢被表扬，喜欢讨好他人，即使在不重要的事情上也是如此
可能会不知不觉地伤害别人的感情	了解和懂得别人的感受
更关注道理或事情本身，而非人际关系	能够预计到别人会有何感受
不需要和谐	不愿看到争论和冲突，珍视和谐

你的答案：T____F____

第四部分：关于日常生活的方式	
J	P
喜欢制订计划，提前把事情落实下来	喜欢保持灵活性，避免做出固定计划
总让事情按它应该的样子进行	轻松地应对计划与意料外的突发事件
喜欢先完成一件工作后，再开始另一件	喜欢开始多项工作
对人和事的处理很果断	在处理人和事时，总愿意先收集较多的信息
可能过快地作出决定	可能作决定太慢
在形成看法和作决策时，务求正确	在形成看法和作决策时，务求不漏掉任何因素
按照不轻易改变的标准和日常表生活	根据问题的出现，不断改变计划

你的答案：J____P____

测试分析：综合以上四个维度，把更接近自身特点的字母代号选出来，然后参照 MBTI 性格类型对照表进行解读。性格类型对应的性格特征、较合适的职业建议可以给你的职业决策提供一定的参考价值。

你的答案	情感和内心描述	接收信息方式	作出决策方式	日常生活方式

◆◆◆ 经典案例

我喜欢什么？

1948 年，张伯礼出生于天津市一个普通家庭。在一个冬日的雪夜，有一位年轻人突发急性肠梗阻，按理需要立即送至 40 公里外的医院进行手术，然而大雪封路，无法运送。危急时刻，乡里的一位老中医大夫开了一剂大承气汤，病人排出很多大便，很快转危为安。这件事对少年张伯礼的触动很大。“就那么几味药，怎么有那么好的效果呢？中医竟有这般挽救生命的奇妙能力。”他暗自思索，觉得中医有着无限魅力，他的兴趣点也转向了中医。后来，张伯礼成为中国中医科学院名誉院长、中国工程院院士、国医大师，他一直致力于中医药现代化研究，为推动中医药事业传承、创新、发展作出重大贡献。

思考：如何看待兴趣的作用？

任务二 职业兴趣认知

一、兴趣与职业兴趣

（一）兴趣

子曰：“知之者不如好之者，好之者不如乐之者。”兴趣是个体对某种事物和某种活动的意识倾向，它表现为人们对某件事物或活动的选择性态度和积极的情绪反应。对于大学生而言，兴趣与自己所选专业的认同感、对所学知识的喜好度和创造欲、将来所从事的职业稳定性和满意度有着直接联系，起着重要作用。

1. 兴趣是认识和探索知识的助推剂

当人们对某事物产生兴趣时，会主动投入时间和精力去学习和探索，这种自发的学习过程不仅有助于知识的积累，还能激发人们的好奇心和求知欲。正如一个人对医疗器械充满热情，会不厌其烦地尝试医用电子仪器分析与维修等，这种对医疗器械知识的追求和实践正是兴趣推动认识和探索的生动例证。

2. 兴趣是激发创造性的发动机

创造力是个体产生新颖、有价值的思想、产品或解决方案的能力，而兴趣则是这种能力的重要驱动力。当人们对某事物产生浓厚兴趣时，他们的思维会更加活跃，更容易产生新的想法和创意。例如一个人如果对医疗器械的设计、研发、维护等方面充满兴趣，他就会不断尝试新的思路和方法，从而创造出更多具有创新性和实用性的医疗器械产品，这种由兴趣激发的创造力，不仅能够为医疗器械行业的发展注入新的活力，还能够为他的个人成长和职业发展带来更多的机遇。

3. 兴趣是提升工作满意度的幸福源

在工作中，如果人们能够从事自己感兴趣的工作，那么他们的工作积极性和满意度都会大大提高。兴趣不仅能让人们在工作中找到乐趣，还能帮助他们克服工作中的困难和挑战，从而保持积极的心态和高效的工作状态。同时，兴趣还能促进同事之间的交流和合作，营造更加和谐的工作氛围，进一步提升工作满意度和幸福感。

（二）职业兴趣

职业兴趣是个体了解某种职业和从事相关职业活动的意识倾向，体现了职业与个体之间的

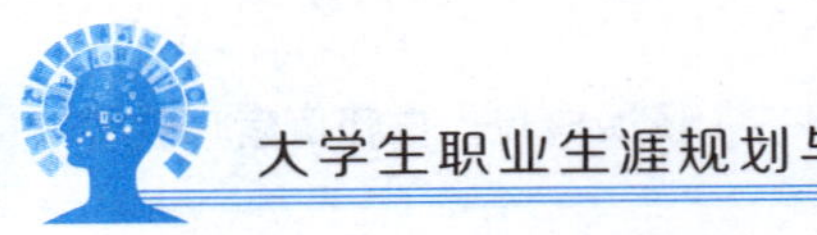

相互影响、相互作用，表现为对某种职业的喜爱和向往。拥有职业兴趣可以激发个体的职业热情和动力，使其更加专注于职业活动，愿意投入更多的时间和精力去学习和提升自己的职业技能，这会直接影响工作的质量，从而影响个体的工作满意度和稳定性、用人单位的满意度等。

职业兴趣的形成和发展是一个动态的过程，它可能受到多种因素的影响，包括个人经历、教育背景、社会环境等。那么我们可以从哪几方面培养职业兴趣呢？

1. 培养广泛兴趣，保持“有趣”的好奇心

大学期间，我们可以接触到更多未知的事物，例如摄影、AR、编剧、创新项目等；保持对新事物的好奇心，接触和了解更多的职业领域，从而发现自己的潜在兴趣点。这种“有趣”的状态虽然短暂易逝，但它为后续的深入探究奠定了基础。

2. 确定中心兴趣，进行“乐趣”的深入探究

在广泛的兴趣中，我们需要逐渐确定自己的中心兴趣，即那些能够持续吸引我们、让我们愿意投入更多时间和精力的兴趣点，对中心兴趣进行深入探究，通过实践、学习、交流等方式，不断加深对这一领域的了解和认识。在这个过程中，我们会逐渐感受到“乐趣”，即兴趣变得专一而深入，这是兴趣发展的中级阶段。

3. 开展综合评价，坚持“志趣”的专业发展

在深入探究的基础上，我们需要对自己的兴趣进行综合评价，考虑其与社会需求、个人能力、发展前景等因素的契合度。当我们的兴趣与社会责任感、理想和奋斗目标结合起来时，乐趣就变成了志趣，这是兴趣发展的最高阶段。

总的来说，大学期间要珍惜所学专业、发展职业兴趣的平台和机会，尽量在专业上产生和培养兴趣，通过其他兴趣的补充提升自己的综合能力，提高个人竞争力。

二、职业兴趣认知

霍兰德职业兴趣测评是由美国职业指导专家约翰·路易斯·霍兰德，通过对人格心理学的概念和他本人大量的职业咨询的实践和研究经验，提出的具有广泛社会影响力的职业兴趣测评工具，着眼于探讨个体的职业兴趣与职业环境的匹配度，考量人与职业的匹配度。

（一）职业兴趣类型

霍兰德认为，个人职业兴趣特性与职业之间应有一种内在的对应关系。他将大多数人的职业兴趣类型归纳为六种，即现实型（R）、研究型（I）、艺术型（A）、社会型（S）、企业型（E）、传统型（C），每个人的性格都是这六种类型的不同程度组合，如表3-1所示。

表3-1　霍兰德职业兴趣类型

类型名称	特点	职业环境要求	典型职业
现实型（R）	1. 动手能力强，做事手脚灵活，动作协调，愿意使用工具从事操作性工作，偏好于具体任务。 2. 不善言辞，做事保守，较为谦虚，缺乏社交能力，通常喜欢独立做事	1. 喜欢使用工具、机器，需要基本操作技能的工作。 2. 对要求具备机械方面才能、体力，或从事与物件、机器、工具、运动器材、植物、动物相关的职业有兴趣，并具备相应能力	1. 技术性职业：计算机硬件人员、摄影师、制图员、机械装配工。 2. 技能性职业：木匠、厨师、技工、修理工、农民、一般劳动者

续表

类型名称	特点	职业环境要求	典型职业
研究型（I）	1. 求知欲强，肯动脑，善思考，不断探讨未知的领域，不愿动手。 2. 喜欢独立的和富有创造性的工作。 3. 知识渊博，有学识才能，不善于领导他人。 4. 考虑问题理性，做事喜欢精确，抽象思维能力强，喜欢逻辑分析和推理	喜欢智力的、抽象的、分析的、独立的定向任务，要求具备智力或分析才能，并将其用于观察、估测、衡量、形成理论、最终解决问题的工作，并具备相应的能力	科学研究人员、教师、工程师、电脑编程人员、医生、系统分析员
艺术型（A）	1. 有创造力，乐于创造新颖、与众不同的成果；渴望表现自己的个性，实现自身的价值；具有一定的艺术才能和个性。 2. 做事理想化，追求完美，不重实际；善于表达、怀旧、心态较为复杂	喜欢的工作要求具备艺术修养、创造力、表达能力和直觉，并将其用于语言、行为、声音、颜色和形式的审美、思索和感受，具备相应的能力，不善于事务性工作	1. 艺术方面：演员、导演、艺术设计师、雕刻家、建筑师、摄影家、广告制作人。 2. 音乐方面：歌唱家、作曲家、乐队指挥。 3. 文学方面：小说家、诗人、剧作家
社会型（S）	1. 寻求广泛的人际关系，喜欢与人交往、不断结交新的朋友、善言谈、愿意教导别人。 2. 关心社会问题、渴望发挥自己的社会作用，比较看重社会义务和社会道德	喜欢要求与人打交道的工作，能够不断结交新的朋友，从事提供信息、启迪、帮助、培训、开发或治疗等事务，并具备相应能力	1. 教育工作者：教师、教育行政人员。 2. 社会工作者：咨询人员、公关人员
企业型（E）	1. 追求权力、权威和物质财富，习惯以利益得失、权力、地位、金钱等来衡量做事的价值，做事有较强的目的性。 2. 具有领导才能，喜欢竞争、敢冒风险，有野心、抱负	喜欢要求具备经营、管理、劝服、监督和领导才能，以实现机构、政治、社会及经济目标的工作，并具备相应的能力	项目经理、销售人员、营销管理人员、政府人员、企业领导、法官、律师
传统型（C）	1. 尊重权威和规章制度，喜欢按计划办事，细心、有条理，习惯接受他人的指挥和领导，自己不谋求领导职务。 2. 喜欢关注实际和细节情况，通常较为谨慎和保守。 3. 缺乏创造性，不喜欢冒险和竞争，富有自我牺牲精神	喜欢要求注意细节、精确度、有系统有条理，具有记录、归档、据特定要求或程序组织数据和文字信息的工作，并具备相应能力	秘书、办公室人员、记事员、会计、行政助理、图书馆管理员、出纳员、打字员、投资分析员

（二）职业兴趣类型

霍兰德所划分的六大职业兴趣类型，并非并列的、有明晰边界的。在现实生活中，大多数人不是单一的兴趣类型，例如有的人的职业兴趣会包含社会型、企业型、研究型三种。为了帮助理解不同关系类型的含义，霍兰德以六边形标示出六大类型的关系，如图 3–1 所示。

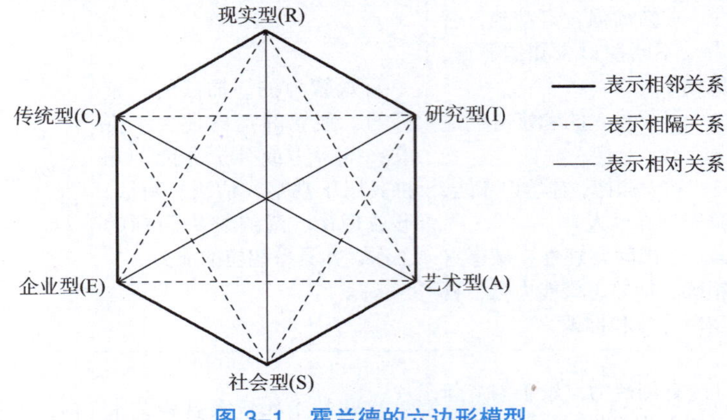

图 3–1　霍兰德的六边形模型

（1）相邻关系：如 RI、IR、IA、AI、AS、SA、SE、ES、EC、CE、CR 及 RC。属于这种关系的两种类型的个体之间共同点较多，如现实型、研究型的人就都不太偏好人际交往，这两种职业环境中也都较少有机会与人接触。

（2）相隔关系：如 RA、RE、IC、IS、AR、AE、SI、SC、EA、ER、CI 及 CS。属于这种关系的两种类型个体之间共同点较相邻关系少。

（3）相对关系：在六边形上处于对角位置的类型之间即为相对关系，如 RS、IE、AC、SR、EI 及 CA。相对关系的人格类型共同点少，因此，一个人同时对处于相对关系的两种职业环境都兴趣很浓的情况较为少见。

人们通常倾向选择与自我兴趣类型匹配的职业环境，如具有现实型兴趣的人希望在现实型的职业环境中工作，可以最好地发挥个人的潜能。但职业选择中，个体并非一定要选择与自己兴趣完全对应的职业环境。

一是因为个体本身常是多种兴趣类型的综合体，单一类型显著突出的情况不多，因此评价个体的兴趣类型时也时常以其在六大类型中得分居前三位的类型组合而成，组合时根据分数的高低依次排列字母，构成其兴趣组型，如 RCA、AIS 等。二是因为影响职业选择的因素是多方面的，不完全依据兴趣类型，还要参照社会的职业需求及获得职业的现实可能性。因此，职业选择时会不断妥协，寻求相邻关系甚至相隔关系的职业环境，在这种环境中，个体需要逐渐适应工作环境。但如果个体寻找的是相对关系的职业环境，意味着所进入的是与自我兴趣完全不同的职业环境，则个体工作起来可能难以适应，甚至可能会工作得很痛苦。

体验活动

测试说明： 本测试旨在帮助您了解自己的职业兴趣特点、更好地了解自己，您的回答没有正确错误之分、好坏之分。作答过程中，请根据自己的实际情况对以下问题作答，不要过多思考、过多揣摩、遗漏题目，回答时如果符合得 1 分，不符合得 0 分。

测试题目：

1．我喜欢不时地夸耀一下自己取得的成就。(　　)
2．在工作中我喜欢独自筹划，不愿受别人干涉。(　　)
3．我喜欢在做事情前对事情作出细致的安排。(　　)
4．我喜欢做广告、音乐、歌舞等方面的工作。(　　)
5．每次写信我都要反复修改，不能一挥而就。(　　)
6．我经常不停地思考某一问题，直到想出正确的答案。(　　)
7．我喜欢小心谨慎地做每一件事。(　　)
8．我喜欢抽象思维的工作，不喜欢动手的工作。(　　)
9．我喜欢成为人们关注的焦点。(　　)
10．良好的人际关系对我来说非常重要。(　　)
11．在集体讨论中，我常常积极主动，表现活跃。(　　)
12．我一人独处时，会感到不舒服。(　　)
13．我曾经渴望有参加探险的机会。(　　)
14．我喜欢修理机械的工作。(　　)
15．我不喜欢参加各种各样的聚会。(　　)
16．我喜欢说服别人依计划行事。(　　)
17．音乐能使我陶醉。(　　)
18．我办事总是瞻前顾后。(　　)
19．我喜欢经常请示上级。(　　)
20．我喜欢需要运用智力的游戏。(　　)
21．那种需要持续集中注意力的工作我很容易做到。(　　)
22．我喜欢亲自动手制作一些东西，并从中得到乐趣。(　　)
23．我的动手能力很强。(　　)
24．和不熟悉的人交谈对我来说毫无困难。(　　)
25．和别人谈判时，我不轻易放弃自己的观点。(　　)
26．我很容易结识同性别的朋友。(　　)
27．对于社会问题，我很少持中庸的态度。(　　)
28．当我开始做一件事情后，碰到再多的困难，我也要执着地做下去。(　　)
29．我是一个沉静且不易动感情的人。(　　)
30．当我工作时，我喜欢避免受到干扰。(　　)
31．我的理想是当一名科学家。(　　)
32．与推理小说相比，我更喜欢言情小说。(　　)
33．我有时候太倔强，明明知道对方是对的，也要和他们对着干。(　　)
34．我爱幻想。(　　)
35．我总是主动地向别人提出自己的建议。(　　)
36．我喜欢使用锤子一类的工具。(　　)
37．我乐于解除别人的痛苦。(　　)
38．我愿意冒一点险以求进步。(　　)

39. 我喜欢按部就班地完成工作。(　　)
40. 我不希望经常换不同的工作。(　　)
41. 我总留有充裕的时间去赴约。(　　)
42. 我喜欢阅读自然科学方面的书籍和杂志。(　　)
43. 如果掌握一门手艺，并能以此为生，我会感到非常满意。(　　)
44. 我不希望当一名汽车司机。(　　)
45. 听到别人说“家中被盗”一类的事，我会对此感到同情。(　　)
46. 如果待遇相同，我宁愿当商品推销员，而不愿当图书管理员。(　　)
47. 我喜欢跟各类机械打交道。(　　)
48. 我小时候经常把玩具拆开，把里面看个究竟。(　　)
49. 当接受一项新任务后，我喜欢以自己独特的方法去完成它。(　　)
50. 我有文艺方面的天赋。(　　)
51. 我喜欢把一切安排得妥妥当当、井井有条。(　　)
52. 我喜欢做一名教师。(　　)
53. 在大家面前，我总能找到恰当的话来说。(　　)
54. 看情感影片时，我常常禁不住眼眶湿润。(　　)
55. 我喜欢学物理。(　　)
56. 在实验室独自做实验会令我很高兴。(　　)
57. 对于急躁、爱发脾气的人，我仍能以礼相待。(　　)
58. 遇到难解答的问题时，我常常能坚持到底。(　　)
59. 大家公认我是一名勤劳踏实、愿为大家服务的人。(　　)
60. 我喜欢在人事部门工作。(　　)

测试分析：回答结束后，将分数填入表 3-2，计算得分最高的三种类型，并按照分数高低排序，对应职业兴趣类型对照表查找和自己兴趣匹配度较高的职业。

表 3-2　得分表

类型	对应的题号及得分	合计得分	排序
现实型（R）	2__3__14__22__23__36__43__44__47__48__		
研究型（I）	6__8__20__21__30__31__42__55__56__58__		
艺术型（A）	1__4__9__17__32__33__34__49__50__54__		
社会型（S）	10__12__15__26__27__37__45__52__53__59__		
企业型（E）	11__13__16__24__25__28__35__38__46__60__		
传统型（C）	5__7__18__19__29__39__40__41__51__57__		

◆◆◆ 经典案例

我能做什么？

小琳同学自小就对那些能治愈伤痛的草药情有独钟，高考填报志愿时，小琳毫不犹豫地选择了药学专业。然而小琳很快发现自己面临的挑战远比想象中复杂，药学不仅是对草药的简单认识，还涉及化学、生物学、药理学等多学科的知识，是一门综合性学科。小琳开始迷茫了：我的兴趣怎么才能转化为职业？我能在这个领域做些什么，又如何才能脱颖而出呢？

在迷茫与困惑中，小琳没有选择逃避，而是决定正面应对，小琳开始努力提升自己的职业能力。她不仅在专业课程上刻苦钻研，还主动参加各种学术讲座和研讨会，同时利用课余时间深入学习了中药炮制、中药质量检测等实用技能，参与学校科研团队的中药新药研发工作，小琳逐渐在药学领域找到了自己的定位。

思考：这则案例的启示是什么？

任务三 职业能力评估

大学生作为社会的新生力量，是社会人力资源中最宝贵的一部分。具备一系列的职业能力，能让大学生应对未来职场中复杂多变的挑战，在激烈的职场竞争中脱颖而出。

一、能力

（一）概述

能力是指个体完成某项活动所具备的技能，是直接影响活动效率，并使活动顺利完成的个性心理特征。能力是胜任工作必不可少的基本因素，个体能力达不到工作岗位的要求，则不能胜任；个体专业知识、技能水平、综合能力越强，就越能取得较好的工作绩效，就越能在职业活动中实现发展和创造价值，越能给个人带来职业成就感。

能力从能力构造、创造性程度、涉及领域等不同角度，可以划分为不同类型。

1. 按照能力的构造划分：一般能力和特殊能力

一般能力通常又称为智力，指在不同活动中表现出来的基本能力，是人们完成任何活动所不可缺少的能力，是能力中最主要也是最一般的部分，如观察力、想象力、记忆力、注意力等。

特殊能力通常又称为专门能力，指人们从事某种专业活动所表现出来的能力，例如画家的色彩鉴别力、形象记忆力，音乐家的旋律辨别力、音乐表现力等。

人们从事任何一项专业性活动时，往往既需要一般能力，也需要特殊能力，两者相互促进。一般能力发展得越好，越能为特殊能力的发展创造有利条件，特殊能力的发展也会促进一般能力的发展。

2. 按照创造性程度划分：模仿能力和创造能力

模仿能力是指人们通过观察别人的行为、活动来学习各种知识，然后以相同的方式做出反应的能力。例如在实训课中，学生学习模仿教师的操作，进行个人的实验操作。

创造能力则是指产生新思想和新产品的能力。一个具有创造力的人，往往能摆脱具体的知觉情境、思维定式、传统观念和习惯势力的束缚，在习以为常的事物和现象中发现新的联系，提出新思想，产生新产品。

3. 按照涉及领域划分：认知能力、操作能力和社交能力

认知能力是指人脑加工、存储和提取信息的能力，如观察力、记忆力、想象力等。人们认识客观世界，获得各种各样的知识，主要依赖人的认知能力。美国心理学家加涅提出三种认知能力，包括言语信息、智慧技能、认知策略。

操作能力是指人们操作自己的肢体以完成各项活动的能力，如劳动能力、艺术表演能力、体育运动能力、实验操作能力等。

社交能力是人们在社会交往活动中表现出来的能力，如组织管理能力、语言感染力、沟通能力，以及调解纠纷、处理意外事故的能力等。这种能力对组织团体、促进人际交往和信息沟通有重要作用。

（二）大学生应具备的职业能力

1. 学习能力

学习能力是指一个人获取、整合和应用知识的能力，包括快速学习、自主学习和批判性思维能力。在信息爆炸的时代，具备良好的学习能力可以帮助大学生更有效地掌握扎实的专业基础知识和技能、广泛的通识知识和技能，打好未来从事专业工作的基础，培养综合思维能力和跨学科视野。同时，在专业工作中，也要保持终身学习的理念，及时了解新的信息和知识，不断适应新的环境和挑战，保持竞争优势。

2. 创新能力

创新能力是在技术和各种实践活动领域中不断提供具有经济价值、社会价值、生态价值的新思想、新理论、新方法和新发明的能力。创新是推动社会进步和个人发展的重要动力。大学生应具备跨学科的思维能力，能够提出新颖的观点和解决问题的方法，培养创造力、想象力和实践能力，敢于冒险，接受失败，勇于尝试创新的思维和实践。

3. 社会适应能力

具备较强的社会适应能力，能让大学生快速适应从高中到大学、从学校学生到社会工作人员的转变，即使是在比较困难的条件下和比较差的环境中，也能变不利因素为有利因素，通过自己的努力取得好的成果。

4. 沟通技巧和团队合作能力

大学生应具备良好的沟通技巧和团队合作能力，包括表达清晰、倾听他人、有效沟通、团队协作和领导能力，能够与不同背景和文化的人进行有效的交流，促进协作、协商和共赢。

5. 其他专业能力

不同的专业学习、不同的职业岗位对不同的专业能力要求不同，大学生要深入了解专业学习对应的就业方向，详细了解职业目标的岗位要求，明确自己需要掌握的专业能力，更专业、更有效地提升专业能力。例如医疗器械专业的学习，还需要熟练掌握使用仪器工具的能力。

二、能力与职业匹配

大学生在择业时，不仅要考虑自己的兴趣与爱好，还要看是否具备胜任这项工作的能力。同时用人单位在招聘人才时，会重点考虑大学生担任某一职位的能力。但是能力与个体的成长经历密切相关，很难通过短期的培养和学习提高，大学生可以根据自己的职业目标有意识地培养自己的能力，也可以根据自己的能力水平选择合适的职业。

（一）步骤

1. 明确职业目标所需要的核心能力

不同的职业目标对能力有着不同的要求。例如，如果设定的职业目标是成为一名医疗器械研发工程师，那么需要具备扎实的医学、工程学知识，良好的创新思维和问题解决能力，以及熟练的研发技能等。通过深入了解目标职业的行业标准、岗位职责和任职要求，可以更清晰地识别出该职业所需的核心能力。

2. 自身能力与职业核心能力匹配

在明确职业目标所需的核心能力后，接下来需要对自己的能力进行全面评估，包括专业知识、技能水平、性格特点、兴趣爱好以及价值观等方面。通过自我评估，可以找出自己与职业目标所需能力之间的匹配点和不足点。例如想成为医疗器械研发工程师，发现自己具备扎实的医学知识，但在工程研发技能方面还有待提升。

3. 识别差距并采取实践行动来提升能力

针对自我评估中发现的不足点，制订具体的提升计划。通过实践和学习，逐步提升自己的能力，使其更加符合职业目标的要求。同时，也要保持对行业动态的关注，及时调整自己的能力提升计划，以适应不断变化的市场需求。

（二）关键点

1. 注意能力类型与职业相吻合

职业可以根据工作性质、环境划分出不同类型，这也对个体能力提出了不同的要求。个体自身的能力系统，可能会存在各方面能力发展不均衡的现象，有的能力占优势，有的能力则不太突出。因此，个体在择业时，应该选择符合自身能力水平的职业，只有这样才能使自身能力与职业需求相吻合。

2. 注意一般能力与职业相吻合

一般能力是指在许多基本活动中表现出来的能力，包括注意力、观察力、思维能力和记忆力等。不同的职业对个体一般能力的要求也不同。有些职业要求高智商，如律师；有些则需要很强的沟通能力，如销售员。

3. 注意特殊能力与职业相吻合

这里所说的特殊能力是指从事一些比较专业的活动的能力，也称为特长，如特殊的音乐才华、创新能力、空间判断能力等。要顺利完成某项工作，除了要具备一般能力，还要具有该项工作所要求的特殊能力，如从事数学研究工作需要具有计算能力、逻辑思维能力和空间想象能力。

（三）能力提升方法

具体来说，大学期间培养职业能力有以下几种渠道：

1. 积极参与课程实验与项目

大学课程中的实验、项目环节是锻炼实践能力的绝佳机会。在实验中，要严格按照科学的方法和步骤操作，认真记录数据和结果，并对实验过程和结果进行深入分析。对于有课程项目的情况，积极主动地承担更多的责任，从项目的规划、执行到最后的总结汇报，全程参与。

2. 积极参加各种竞赛

参加各种学科竞赛是提升实践能力和创新能力的有效方式。这些竞赛通常要求参赛者在规定的时间内解决一个实际问题或完成一个创新项目，这种方式有助于提升学生的综合素养。将竞赛作为学习的动力和锻炼自己的平台，在竞赛中促使自己掌握知识，提升自己掌握各种操作技能的能力，比如参加护理操作技能竞赛、急救操作技能竞赛等。

3. 积极参加课程实习

实习是掌握和消化课堂知识的必要环节，是大学生接触职场、了解行业实际情况的重要途径，可以通过学校的就业指导中心、招聘网站等渠道寻找合适的实习机会。在实习过程中，要抱着学习的心态，积极向同事和领导请教。

4. 积极担任学生干部职位

这一渠道能够显著提升学生的组织能力、领导能力和沟通能力。在学生组织中担任干部，学生需要协调各方资源，组织活动，处理人际关系，这些经历对于未来职场中的团队协作和项目管理至关重要。

5. 积极参加社会实践和校园文化活动

社会实践是大学生接触社会、了解职业环境的重要途径。通过参与支教、实习等社会实践活动，大学生可以更早地接触实际工作环境，了解职业需求，从而有针对性地提升自己的职业素养和职业技能。这种实践经验不仅丰富了大学生的学习经历，也为未来的就业打下了坚实的基础。同时，校园文化活动如各类竞赛、文艺演出、学术讲座等，为大学生提供了展示自我、锻炼能力的平台。通过参与这些活动，大学生可以提升自己的表达能力、创新思维和团队协作能力，同时也能够拓宽视野，增进对多元文化的理解和尊重。这些能力在未来的职场中都是不可或缺的。

6. 积极参加勤工助学

大学生可以利用业余时间参加各类勤工助学活动。一般来说，各高校都会组织学生参与勤工俭学，为家庭贫困的学生提供勤工助学岗位。部分学生利用业余时间参与这些活动，既可以锻炼自己的能力，又可以增加自己的经济收入，减轻家庭的经济负担。

◆◆◆ 经典案例

我看重什么？

“呼吸系统疾病是公共卫生事件应急体系需要应对的最主要疾病。目前我国公共卫生事件应急体系建设已经取得了很大成果，全国建立了广泛的监测体系。”钟南山说，“现在人活得很长，80 岁还能干很多事。”在钟南山院士的人生字典里，从来没有“停步”二字。这位自诩“80后”的院士，时至今日仍是每周坚持出门诊看病人、查房，会诊、科研、带研究生，样样不落。他还希望再奋斗20年，建设亚洲最大的心肺呼吸研究中心，包括对疑难病症的科研、培训、治疗，打造一个产学研中心。中国工程院院士钟南山已经是医学泰斗，地位超然，但他却没有一刻忘记过自己的医者本心。

思考：钟南山院士的职业价值观是什么？

任务四　职业价值观澄清

一、价值观和职业价值观

（一）价值观

从心理学上讲，价值观是个体的核心信念体系，是个体评价事物与抉择的标准，是关于什么是“值得”的看法。价值观对态度有直接影响，这种影响是通过个体对对象赋予价值来实现的。个体态度取决于这一对象的价值。当个体认为它有价值时，就会持有肯定态度，认为没有价值时就会采取否定态度，介乎二者之间采取中性态度。价值观决定着人们的行为取向，但它对行为的作用是间接的，它通过影响态度而最终影响行为。价值观具有稳定性和持久性、历史性与选择性、主观性的特点。

1. 稳定性和持久性

价值观具有相对的稳定性和持久性。在特定的时间、地点、条件下，人们的价值观总是相对稳定和持久的。比如，对某种人或事物的好坏总有一个看法和评价，在条件不变的情况下这种看法不会改变。

2. 历史性与选择性

在不同时代、不同社会生活环境中形成的价值观是不同的。一个人的价值观是从出生开始，在家庭和社会的影响下逐步形成的。一个人所处的社会生产方式及其所处的经济地位，对其价值观的形成有决定性的影响。当然，报刊、电视和广播等宣传的观点以及父母、老师、朋友和公众名人的观点与行为，对一个人的价值观也有不可忽视的影响。

3. 主观性

主观性指用以区分好与坏的标准，是根据个人内心的尺度进行衡量和评价的，这些标准都可以称为价值观。

（二）职业价值观

职业价值观指人生目标和人生态度在职业选择方面的具体表现，也就是一个人对职业的认识和态度以及对职业目标的追求和向往。个人的价值观决定了他对职业的看法、选择以及期望，从而影响着整个职业生涯的走向。

由于每个人的身心条件、年龄阅历、教育状况、家庭影响、兴趣爱好等方面的不同，人们对各种职业有着不同的主观评价。从社会来讲，由于社会分工的发展和生产力水平的变化，各种职业在劳动性质的内容上，在劳动难度和强度上，在劳动条件和待遇上，在所有制形式和稳定性等诸多问题上，都存在着差别。再加上传统的思想观念等的影响，各类职业在人们心目中的声望地位便也有好坏高低之分，这些评价都形成了人的职业价值观，并影响着人们对就业方向和具体职业岗位的选择。

职业价值观决定了人们的职业期望，影响着人们对职业方向和职业目标的选择，决定着人们就业后的工作态度和劳动绩效水平，从而决定了人们的职业发展情况。我们要树立正确的价值观，只有以正确的择业观、就业观引导就业预期，才能科学把握就业方向和职业目标，为将来走上工作岗位后摆正工作态度、提升工作业绩打下坚实基础。

二、职业价值观澄清

（一）大学生职业价值观的特点

习近平总书记指出：“青年的价值取向决定了未来整个社会的价值取向。”当代大学生的职业价值观具有取向多元化、自主意识强化、相对稳定、阶段性等特点。

1. 取向多元化

在多元化的时代背景下，大学生的职业价值取向呈现多元化，主要体现在职业价值取向的领域多元化和求职意向的多元化两个方面。尤其是在求职意向方面，大学生越来越表现出多元化的趋势，这种现象与社会发展的多元化是一致的。大学生已经开始领悟到热门职业与冷门职业之间的相对性和内在关系，意识到任何职业都可能满足自己的需要，并做出成就。

2. 自主意识强化

当代大学生在择业时，往往以个人发展为中心，先考虑是否能实现个人价值。更注重个人奋斗，暗示着大学生正在积极寻求自我发展与社会发展相统一的价值追求。

3. 相对稳定

个体的价值观是在认知能力发展过程中，在教育与生活环境等多种因素影响下逐步形成的。价值观一旦形成，是相对持久且稳定的，并会在人的行为中表现出来，推动人做出与价值观相符的行为。研究表明，大学生的职业价值观一旦得以形成，便会呈现出相对稳定的状态。比如，有的大学生立志成为一名建筑师，一旦该职业目标确立后，便会不断朝着该方向努力。

4. 阶段性

随着人生经验的积累及个体知识的不断丰富，大学生的职业价值观也会随之发生改变。比如，有的大学生毕业后的目标是成为一名销售经理，当该目标实现后，他发现该工作太辛苦且不稳定，便希望能换一份相对稳定的工作，如公务员。由此可见，大学生的职业价值观具有一定的阶段性。

（二）影响大学生职业价值观的因素

影响当代大学生职业价值观的因素有很多，最为突出的因素有以下五种。

1. 自身因素

大学生正处于成熟和不成熟的关键时期，自我辨别力和自制力不强，情绪不稳定，容易冲动，对物质生活的需求不断加大，盲目追求好的福利待遇和高薪资水平。因此，在大学生步入社会时，他们往往被压力包围，对未来充满迷茫，这导致了大学生价值观形成和变化中的波动。

2. 国家政策

国家政策是影响大学生职业价值观的一项重要因素。国家每年都会出台与大学生就业相关的政策，这些政策无疑会影响大学生的就业选择。比如，大学学费可能会成为一些家庭的一笔经济负担，在这种情况下，大学生在择业时不得不更多地考虑利益回报，因为他们的家庭为他们接受教育付出了巨大的经济成本。除此之外，国家的政策也会影响社会的需要和社会所能提供的就业机会，而这些都会影响大学生对职业的选择。

3. 社会因素

影响个体职业价值观的因素是多方面的。一般来说，职业价值观形成之后就会在较长的一段时间内发挥导向和动力作用，具有相对稳定性。但是职业价值观是社会现象的反映，会随社会的变化而发展。因此，无论何时，社会因素都是影响大学生职业价值观的重要因素。

4. 学校教育

校园是促进大学生职业价值观正确形成与发展的主要场所，亦是大学生职业价值观初步确定、探索发展和逐步形成时期的重要阵地。学校的教育以及学校的学习生活环境，都会对大学生的职业价值观产生影响。在学校里，与职业价值观相关的课程对职业价值观有着明显的影响。随着学校开设的职业生涯规划相关课程越来越多，种类越来越丰富，学校对职业生涯规划的指导和就业帮助案例将越来越多，让大学生的职业价值观不断向更好的方向改变。

5. 家庭因素

在职业发展探索过程中，家庭因素也有很大的影响。父母是孩子的第一位老师，家庭是孩子最早熟悉的生活环境，因此家庭的生活环境、经济情况和父母的社会地位、综合素养等因素给大学生的心理和思想带来很多影响，继而影响大学生的价值观。总体来看，家庭成员的价值观念和社会背景以及父母的建议也在影响着大学生的职业价值观的形成和职业选择。

（三）了解自己的职业价值观

1. 职业价值观澄清

对自己的职业价值观有清楚认识的人在作职业生涯决策时困难较少。大学生在澄清自己的价值观时可以分为三个阶段。

第一阶段，选择一个职业价值观。它包括自由地选择一个职业价值观，不考虑来自他人的压力，然后思考每一个选择带来的后果。

第二阶段，珍视你的职业价值观。它包括珍爱和喜欢你的职业价值观，愿意在合适的时候向他人公开自己的选择。

第三阶段，依照你的职业价值观行动。它包括做出一些与你的选择相关的行为，不断以一种与你的职业价值观选择相一致的模式行动。

2. 处理好价值观与职业的关系

确定职业价值观应处理好价值观与职业的几个关系：

（1）职业价值观与金钱的关系。金钱是在确定职业价值观时首先需要面对的问题。部分大学毕业生因家庭经济条件欠佳，在求职过程中把金钱作为最重要的价值观标准。然而，他们目前所拥有的知识、能力、经验和阅历尚不足以使其一踏入社会就获得丰厚的金钱回报。面对严峻的就业形势，大学生应该降低对金钱的期望值，把目光放得长远一些，尽可能地将自我成长和自我实现作为毕业求职时的首选价值观。

（2）职业价值观与个人兴趣和特长的关系。职业价值观、个人兴趣以及特长是人们在进行择业时需要着重考虑的三个最为重要的因素，在确定价值观的时候，务必考量其是否与自己的兴趣和特长相契合。倘若从事自己不喜欢的工作，大多数人往往难以取得成功；选择自己喜爱的工作，能够充分调动人的潜能，进而获得职业发展的原动力。

（3）职业价值观的排序与取舍的问题。职业价值观的特性决定人们不会只有唯一的职业价值观，人性的本能也会驱使人们希望什么都能得到。但是，人们不可能什么都得到，这就要求我们必须有所取舍。在职业选择中，大学生要对自己的职业价值观进行排序，找出自己认为最重要、次重要的方面，进行正确的选择，使自己的才能最大限度地发挥出来，获得最大限度的成功。

（4）职业价值观中个人与社会的关系。人的社会属性决定了每个人都不能离开社会而独立存在，个人只有在工作中为社会作出贡献才能实现自己的职业价值。例如，若让一个富有科学创造力却不善言辞的学者去从事普通的教师工作，很可能会使国家、社会损失一位重要的人才，而社会则多了一个不那么出色的老师。所以，我们反对那种仅仅为个人考虑而毫不顾及国家和社会需要的职业价值观。

（5）正确看待名利。每个人都有对名利的渴望，这本无可厚非。渴望是一个人进取的动力，但是渴望如果超出了人的能力和智慧，就有可能使人自我毁灭。我们要以合理、合法、公正、公平的方式追名逐利，该知足时则知足，该进取时则进取。

在明确个人价值观之后，还要与社会主流价值观相比较，主动调整个人价值观，使之与主流价值观一致，避免不良或者偏激的价值取向，从而使职业选择的价值评价体系更加合理和科学。

3. 树立多元的成功观

人人都向往成功。在不同的价值观支配下，成功多种多样，不必拘泥于一种价值观标准下的成功。如果一个人缺少对社会的理解，缺少对自己清晰的定位，缺少面对挑战的信心和决心，缺少与社会相融的能力，缺少接受失败和挫折的良好心理准备，那么这个人就难以成功。有人说，有两种人的成功是必然的：一种是经历过生活考验和成功与失败的反复交替，最后终成大器；一种是没有经过生活的大起大落，但在技术方面达到了顶尖地步，比如学化学的人最后成为著名化学家。

体验活动

测试说明：本测试共有 40 个题目，代表 10 种职业价值观，每个题目需根据自身实际的愿望或要求进行衡量。为了便于统计分析，请将分值填入表 3–3 中对应的题号后。（非常符合得 5 分，比较符合得 4 分，基本符合得 3 分，不太符合得 2 分，非常不符得 1 分）

测试题目：

1．在工作中你能接触到各种不同的人。（　）

2．你的工作赋予你高于别人的权力。（　）

3．你的工作时间富有弹性。(　　)

4．只要努力，你的工资会高于其他同龄人，或升职、加薪的可能性比其他工作大得多。(　　)

5．你的工作能给社会福利带来看得见的效果。(　　)

6．你的工作奖金很高。(　　)

7．你的工作单位的同事和领导人品较好，相处比较随意。(　　)

8．你能在你的工作中自由发挥你的才能。(　　)

9．在别人的眼中，你的工作是很重要的。(　　)

10．你的工作在体力上比较轻松，在精神上也不紧张。(　　)

11．你的同学朋友都非常羡慕你的工作。(　　)

12．你的工作成果常常能得到同事、上级或社会的肯定。(　　)

13．你的工作使你感觉到你是团体中的一分子。(　　)

14．无论你做得好还是不好，你总能和大多数人一样晋级和加薪。(　　)

15．你的工作使你很有成就感。(　　)

16．你的工作使你有可能结识各行各业的知名人物。(　　)

17．在工作中，你的新想法总能得到试行。(　　)

18．在工作中，你不会因为身体或能力等因素被人瞧不起。(　　)

19．你在工作时需要组织和计划别人的工作。(　　)

20．在工作中，你不必担心会因为所做的事情使领导不满意而受到训斥或经济惩罚。(　　)

21．你能从工作的成果中知道自己做得不错。(　　)

22．你的工作需要经常出差，参加各种集会或活动。(　　)

23．你从事的工作，经常在报刊、电视中被提到，因而你在人们的心目中很有地位。(　　)

24．只要你干上这份工作，就不会再调到其他意想不到的单位或工种上去。(　　)

25．在你的工作中，不会有人常来打扰你。(　　)

26．你的工作可以使你获得较多的额外收入，如常发食物、常可以购买打折的食品、常发购物券或有机会购买进口产品等。(　　)

27．你的工作要求你把一切事情管理得井井有条。(　　)

28．你的工作单位有舒适的休息室、更衣室、浴室及其他设备。(　　)

29．你的工作有可观的夜班费、加班费、保健费或营养费等。(　　)

30．你在工作中，和同事都能建立良好的关系。(　　)

31．你的工作使你常常能帮助别人。(　　)

32．你的工作作风使你被别人尊重。(　　)

33．你的工作会使许多人认识你。(　　)

34．在工作中，你为他人服务，使他人感到满意，你自己也就感到高兴。(　　)

35．在工作中，你是不受别人差遣的。(　　)

36．在工作中，你能和领导保持融洽的关系。(　　)

37．你可以看见你努力工作的结果。(　　)

38．由于你的工作，经常有许多人来感谢你。(　　)

39．你的工作场所很好，比如有适度的灯光，舒适的座椅，安静、清洁的环境，以及宽敞的工作空间等。(　　)

40．在工作中，你是一个负责人，虽然可能只领导几个人，但你也很乐意。(　　)

表 3–3　职业价值观测试得分表

职业价值观类型	对应的题号及得分	合计得分
高收入	4___6___26___29___	
社会声望	9___11___23___32___	
独立性	8___17___25___35___	
奉献性	5___31___34___38___	
稳定性	14___18___20___24___	
多样性	1___16___22___33___	
领导性	2___19___27___40___	
成就感	12___15___21___37___	
舒适性	3___10___28___39___	
人际关系	7___13___30___36___	
得分最高的三项	(1)___(2)___(3)___	

测试分析： 对表 3–3 中的各行进行分数汇总，从得分最高的三项中参照表 3–4 进行分析，即能对自己的职业价值取向有一个大致的了解和掌握。如果你倾向于“多样性”和“高收入”，营销工作就是一个不错的选择；如果你倾向于“稳定性”和“成就感”，教师这个职业就是一个很好的选择。所以个体的价值观在选择职业时起着重要的作用，只有客观地认识它，才能在就业时作出合理的选择。

表 3–4　职业价值观类型

高收入	工作的目的和价值在于获得优厚的报酬，使自己有足够的财力去获得想要的东西，让生活过得较为富足
社会声望	工作的目的和价值在于所从事的工作在人们心目中有较高的社会地位，从而得到别人的尊重
独立性	工作的目的和价值在于能充分发挥自己的独立性和主动性，按自己的方式、想法去做，不受他人的干扰
奉献性	工作的目的和价值在于能直接为大众的幸福和利益尽一份力
稳定性	工作的目的和价值在于在工作中有一个稳定的状态，不会调动工作或受到领导训斥
多样性	工作的目的和价值在于能够较好地与人交往，建立比较广泛的社会联系和关系
领导性	工作的目的和价值在于获得对他人或某事物的管理支配权，能指挥和调遣一定范围内的人或事物
成就感	工作的目的和价值在于不断创新，不断取得成就，不断得到领导与同事的赞扬，不断完成自己想要做的事
舒适性	工作的目的和价值在于追求比较舒适、轻松、自由、优越的工作条件和环境，将工作作为一种消遣、休息或享受的方式
人际关系	工作的目的和价值在于一起工作的大多数同事和领导品格较好，在一起相处感到愉快、自然

知识拓展

自我探索的途径很多，在上述关于职业性格、职业兴趣、职业能力、职业价值观的探讨中，我们共同使用不同的测评方法进行自我探索。需要注意的是，以上测试方法是自我探索的其中一种方式，我们可以使用测评工具作为职业生涯规划的有益参考，但是不能依赖测评工具，不因测评结果而固化个人发展。

除此之外，我们还可以通过自我分析，通过征询家人、朋友、同学的意见或看法等进行自我探索，呈现一个真实、完整的自己。以下给大家介绍两个方法，用于自我分析和他人评价分析。

橱窗分析法

橱窗分析法是进行自我认知的一种常用方法，心理学家们把对自我的了解比作橱窗，由"公开我""隐私我""潜在我""背脊我"四个橱窗组成"我"，为便于理解，将橱窗放在直角坐标中，用"自己知道""自己不知道"两个纵轴维度和"别人知道""别人不知道"两个横轴维度加以分析，如图 3-2 所示。

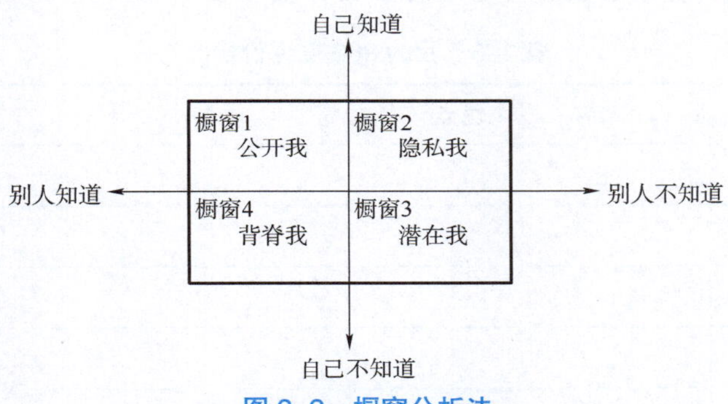

图 3-2　橱窗分析法

橱窗 1："公开我"，表示为自己知道、别人知道的部分，属于个人展现在外，无所隐藏的部分，例如姓名、外貌、身高、年龄等。这部分可以通过分类罗列的方式进行整理分析。

橱窗 2："隐私我"，表示为自己知道、别人不知道的部分，属于个人内在的私有秘密部分，例如不愿公开的私人经历、想法、愿望、缺点或秘密。这部分可以采取撰写自传的方式来了解自身成长的大致经历和自我计划情况等，可以采取撰写 24 小时日记来进行工作日和非工作日经历的对比，了解一些侧面的信息。

橱窗 3："潜在我"，表示为自己不知道、别人也不知道的部分，是有待开发的部分，蕴含着巨大的潜能。这部分可以通过在日常学习生活中多尝试新事物来发现自己的潜力，也可以借助测评工具来发现自己平时没有注意的潜力。

橱窗 4："背脊我"，表示为自己不知道、别人知道的部分，就像是一个人的背部，自己看不到，别人却看得很清楚，包括某些自己未意识到的优点、缺点。这部分可以通过与家人、朋友、同学等进行交流，借助录音、录像、整理聊天记录等方式，收集他人的意见，保持开阔的胸怀，开诚布公，有则改之，无则加勉。

360 度评估法

360 度评估法又称多渠道评估法，是指通过自我评价、他人评价来充分认识和了解自己。

通过家人、朋友、同学、教师以及其他与自己联系密切的社会关系，收集不同层面社会关系的不同反馈，全方位地评估自己的强项、不足，进而制订下一步的能力发展计划，激励我们不断地改进自己的行为，如图 3–3 所示。

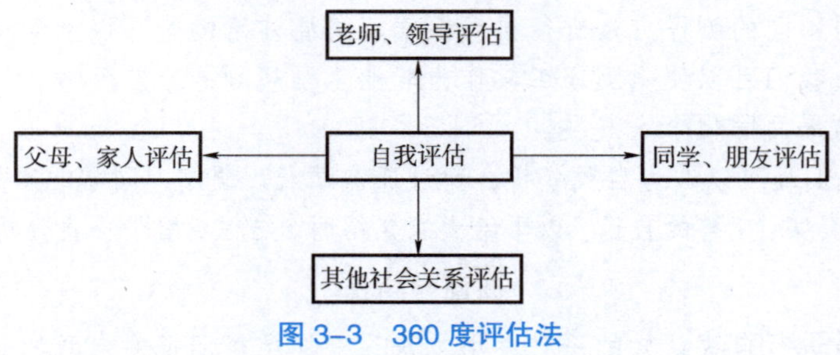

图 3–3　360 度评估法

实践拓展

请在课后运用 360 度评估法对自己进行自测，填写表 3–5。

表 3–5　我的 360 度评价情况

<table>
<tr><th colspan="2">评价人</th><th>优点</th><th>缺点</th></tr>
<tr><td colspan="2">自己</td><td></td><td></td></tr>
<tr><td rowspan="3">家人</td><td></td><td></td><td></td></tr>
<tr><td></td><td></td><td></td></tr>
<tr><td></td><td></td><td></td></tr>
<tr><td rowspan="3">同学
好友</td><td></td><td></td><td></td></tr>
<tr><td></td><td></td><td></td></tr>
<tr><td></td><td></td><td></td></tr>
<tr><td rowspan="2">老师</td><td></td><td></td><td></td></tr>
<tr><td></td><td></td><td></td></tr>
<tr><td rowspan="2">社会
人士</td><td></td><td></td><td></td></tr>
<tr><td></td><td></td><td></td></tr>
<tr><td colspan="2">总结</td><td></td><td></td></tr>
</table>

项目四　决策行动：绘制职业蓝图

在人生的旅途中，我们时刻面临着各种选择与决策，小至日常琐事，大至人生方向的抉择。对于大学生而言，站在职业生涯的起点，如何作出科学合理的决策，规划好自己的职业蓝图，显得尤为重要。本项目将引领学生深入探索职业生涯决策的奥秘，掌握决策工具与方法，结合个人特质与环境因素，制订出具有可操作性的职业目标与行动计划，为未来的职业发展奠定坚实基础。

学习目标

知识目标：

1. 理解职业生涯决策的核心概念、理论模型及工具方法。
2. 掌握 SWOT 分析、CASVE 循环法、5W 分析法等决策工具的应用逻辑。
3. 熟悉职业生涯规划的动态调整原则与实施步骤。

能力目标：

1. 能够结合个人特质与环境因素，制订科学的职业目标与行动计划。
2. 能够运用决策工具解决职业选择中的实际问题。
3. 具备定期评估与优化职业规划的实践能力。

素质目标：

1. 树立"技能报国"的使命感，强化职业选择与社会需求相结合的价值导向。
2. 具备目标导向的行动力与抗压能力。
3. 树立终身学习与适应性发展的职业价值观。

翱翔之翼

职业生涯规划不仅是选择一条路，更是通过持续决策与行动，将理想转化为现实的动态过程。它需要勇气舍弃"鱼"，智慧选择"熊掌"，并在取舍中实现个人价值的最大化。

案例导入

布里丹毛驴效应

法国哲学家布里丹每天都要购买一堆草料来喂养自己的小毛驴。某天送草的农民出于对这位哲学家的敬仰，额外多送了一堆草料。饥肠辘辘的毛驴站在两堆完全相同的干草间无所适从，犹犹豫豫，来回对比，一会儿考虑数量，一会儿考虑质量，一会儿分析颜色，一会儿分析新鲜度，试图分辨两堆草料的优劣。最终毛驴在反复权衡中无从决定吃哪一堆草而活活饿死。心理学家将决策过程中这种犹豫不定、迟疑不决的现象称为布里丹毛驴效应，如图4-1所示。

思考：这个案例说明了什么？对一件事作出决策要考虑哪些方面？

点评：或许我们的人生也像这头毛驴一样，经常面对各种不确定性，面临着不同的矛盾与选择，两难抉择并不罕见。当在生涯中对一件事作出决策时，要考虑进行决策的原则、方法、因素及风格是什么，才能帮助自己作出科学的、适合自己的决策。

图 4-1　布里丹毛驴效应

任务一　作出职业生涯决策

一个人每天要完成35 000个决策，从早上起床决策今天要穿什么样的衣服，吃什么早餐，到今天一整天要干什么，到哪些地方去……都需要进行决策。列夫·托尔斯泰说过："理想是指路的明灯。没有理想，就没有坚定的方向；没有方向，就没有生活。"职业理想要转化为现实，离不开在职业生涯中进行一次又一次科学合理的决策，这是一个复杂的过程，我们可以结合前面学习过的职业环境分析、自我认知与探索，确定职业目标，并为实现目标而制订优选的个人行动方案。

一、了解职业生涯决策

（一）职业生涯决策概念

决策是指个体通过系统收集、整理和分析信息，在多个备选方案中经过评估、选择、承诺并付诸实施的动态过程，具有实践性、循环性与科学性的特征。职业生涯决策是综合个人自我认知（兴趣、能力、价值观）与职业环境分析（行业趋势、岗位需求），在职业发展关键节点做出的系统性选择行为，其基本构成要素包括决策者的个人目标、备选方案、对各个结果的评估。例如，一位食品检测专业的高职学生小张在作出职业生涯决策时，他需要考虑的因素如表 4–1 所示。

表 4–1　小张的职业生涯决策构成要素

核心要素	决策内容
个人目标	成为食品安全检测员或社区营养师
备选方案	专升本、创业、出国留学等
对各个结果的评估	薪资水平、职业成长性、工作环境匹配度等

从广义上讲，整个职业定位的过程就是一个不断选择的过程。在职业生涯中面临重大选择时，必须作出决策，这就是职业生涯决策的过程。职业生涯决策是一个复杂的认知过程，决策者需要整合有关自我和职业环境的信息，仔细考虑各种职业前景，并作出职业行为的公开承诺。职业生涯决策是一个循环过程，而非单一结果，它是一个系统性工作，需要持续进行，贯穿整个职业生涯。在职业生涯中，从高中生选择大学专业，到选择辅修专业、培训课程，再到就业、考研、出国、考公务员等众多出路的抉择，以及同时收到多个工作邀请时的选择，都是典型的职业生涯决策问题。

（二）职业生涯决策的意义

1. 个人发展层面

对于大学生而言，职业生涯决策如同人生导航仪。例如，一位食品营养专业的学生，通过职业生涯决策，可以明确自己是想成为食品企业的研发人员、营养师，还是食品安全监管员等，从而有针对性地学习相关知识和技能，为未来的职业发展铺就坚实道路。合理的职业生涯决策能够充分调动人的内在动力，激发学习兴趣和潜能，主动探索相关领域，积极参与实践活动，不断提升自身能力。比如，对药品生物技术专业学生来说，若决定未来从事药物研发工作，便会积极投身科研项目，钻研专业难题，进而挖掘自身在科研方面的潜力。

2. 职业规划层面

职业生涯决策是职业规划的逻辑起点与核心环节，它为整个规划提供了基本框架和方向指引。面对众多的职业选择，我们容易陷入迷茫和困惑，只有先作出科学合理的决策，确定好职业目标，后续的规划步骤才能有的放矢。职业生涯决策能够帮助我们理性分析各种职业的利弊，结合自身情况和市场需求，筛选出最适合自己的职业路径。比如，同样是食品科学与工程专业的毕业生，有的学生可能更适合进入大型企业从事技术研发工作，而有的学生则可能更倾向于自主创业，经营一家小型食品加工坊。通过决策过程的分析与权衡，才可以找到与自身特质和职业期望相匹配的选择。

3. 社会需求层面

社会对各类专业人才的需求是动态变化的，只有经过职业生涯决策制订的职业目标才能更好地将自身发展与社会需求相结合，提高自身就业竞争力。科学合理的职业生涯决策有助于实现个人价值与社会价值的有机统一，当所选择的职业既能满足自身发展需求，又能为社会创造价值时，我们会在职业道路上走得更加坚定和自信。比如，选择投身药品研发行业的学生，不仅能够在专业领域实现自我价值，还能为人类健康事业作出贡献，这种价值的统一将使他们的职业生涯更具意义和成就感。

二、职业生涯决策任务

人的一生中有许多重要的决策任务，其中包括选择大学和专业、行业、职业、婚姻、工作和生活环境、工作机会和地点、职业生涯路径、目标以及生活模式等。对于大学生而言，应重点关注并做好以下几方面的职业生涯决策：

（一）自我定位决策

自我定位决策是指客观地进行自我评价，了解自身的优势与劣势、能力与不足，以及性格特点和自我需求。自我定位应实事求是，理智客观地评估自己的身体素质、性格特征、文化水平、能力特长和兴趣爱好等。同时，将自己与同龄人及全国优秀的同专业学生进行比较，理性分析自身在职场竞争中的优势与劣势，明确自身综合素质，看清自己所处的位置，避免盲目自信或妄自菲薄。

（二）行业定位决策

行业定位决策是指结合自身实际情况，深入探究行业的发展状况、前景以及对人才的需求特点。这一决策过程会受到亲朋好友、社会环境、个人理想等多种因素的影响。在进行行业定位决策时，应避免盲目跟从或抗拒择业，要理性分析他人建议，严谨决断，防止因参考不正确的舆论而作出错误判断。决策时，应综合考虑个人理想、自身能力和社会需求，作出理性选择，切忌盲目追求热门行业和高薪行业，而忽视自身适配性。

（三）职业定位决策

职业选择受个人喜好、综合素质和自身能力的影响。在进行职业定位时，应在自我评估的基础上，依据自己的性格、兴趣、能力、价值观等，对照用人单位的标准、条件和要求，选择适合自己的岗位，即有利于发挥自身潜能和实现人生目标的岗位。

（四）地域定位决策

地域定位决策是指个人在选择工作时对工作区域的考量，如西部还是东部、一线城市还是二线城市等。不同地域有着不同的文化、环境、机会和发展特点。因此，在进行地域定位时，应综合考虑自己的能力、优势在何处能够得到最大限度的发挥，以及在何地能够获得更广阔的发展空间，不应局限于大城市和经济发达地区。

体验活动

课堂辩论：毕业后应该优先选择高薪岗位还是社会急需岗位?

内容要求：论据必须结合与专业相对应的行业典型案例，分析职业决策中的个人价值与社会价值的平衡。

三、职业生涯决策影响因素

在职业生涯决策过程中，诸多因素相互交织、相互影响，深刻地影响着个体最终的职业选择，如图 4–2 所示。了解并剖析这些影响因素，有助于个体更加科学、合理地作出职业生涯决策，为个人的职业发展奠定坚实基础。

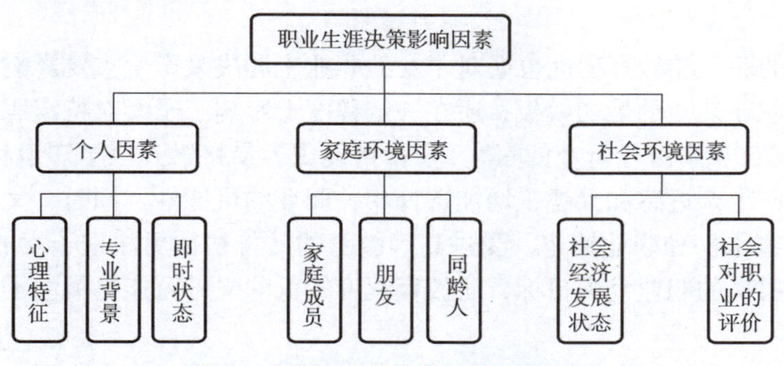

图 4–2　职业生涯决策影响因素一览

（一）个人因素

个人因素是个体在进行职业生涯决策时的核心考量，它涵盖了个体的内在特质和认知评价等多方面内容，包括个人的兴趣爱好、价值观、心理状态、专业背景等。

从内在特质来看，个人的兴趣爱好在很大程度上决定了他对不同类型工作的倾向程度。例如，对艺术设计充满热情的人往往更倾向于选择与创意、美学相关的职业，而对数字敏感、逻辑思维强的人则可能更愿意投身于金融分析、软件开发等领域。个人的性格特征也起到关键作用。外向型性格的人善于沟通交流，适合从事销售、公关等需要频繁人际互动的职业；内向型性格的人则可能在科研、写作、编程等需要深度专注和独立思考的领域更具优势。此外，个人的价值观是另一个重要的内在因素，它影响着个体对不同职业意义和成就的判断。如有些人更看重职业的社会地位和经济回报，可能会选择金融、律师等高收入、高声望的职业；而有些人则更注重职业对社会的贡献和自身的价值实现，可能倾向于教育、医疗、环保等公益性强的领域。

从认知评价方面来看，个人对自身能力的认知和对职业信息的了解程度也极大地影响着职业生涯决策。对自身能力的准确评估有助于个体选择与自身技能和特长相匹配的职业，例如，具备较强组织能力和领导才能的人可能更适合管理类岗位，而拥有精湛技艺和动手能力的人则在技术操作、工艺设计等方面更具竞争力。同时，对职业信息的充分了解，包括不同职业的工作内容、发展前景、薪资待遇、工作环境等，能够帮助个体更全面地权衡利弊，作出符合自身期望和职业目标的选择。例如，随着互联网行业的快速发展，许多具备编程、数据分析等技能的人才纷纷涌入该领域，看中的是其广阔的发展空间和较高的薪酬水平；而对于偏好稳定工作节奏、注重工作与生活平衡的人来说，可能更倾向于选择传统制造业、公务员等相对稳定的职业。

（二）家庭环境因素

家庭环境因素作为个体成长的摇篮，对职业生涯决策有着深远而持久的影响。首先，家庭的经济状况在很大程度上决定了个体的职业选择范围和决策倾向。经济宽裕的家庭能够为子女提供更多接受高等教育的机会，使其有更多时间和资源去探索自己的兴趣和特长，从而选择更符合自身发展需求的职业；而经济条件较差的家庭可能更希望子女选择能够快速就业、获得稳定收入的职业，以减轻家庭经济负担。例如，一些家庭经济困难的学生可能会优先考虑报考师范、军事等公费或定向培养的专业，以降低教育成本并确保毕业后有相对稳定的工作。

其次，父母的职业和教育程度也会对子女的职业生涯决策产生重要影响。父母的职业不仅为子女提供了职业认知的最初模板，还在一定程度上影响了子女对特定职业的认同感和向往程度。例如，父母从事医疗行业的家庭，子女可能更容易接触到医学知识和医疗工作环境，从而对医疗职业产生亲近感和兴趣，增加选择相关职业的可能性。同时，父母的教育程度也会影响子女的教育水平和职业期望，受过高等教育的父母往往更注重子女的综合素质培养，鼓励其追求更高层次的职业发展目标，而教育程度较低的父母可能更关注子女的实际就业能力和职业稳定性。

最后，家庭的教育期望和价值观也是影响职业生涯决策的重要家庭因素。父母对子女的教育期望越高，子女接受高等教育的可能性就越大，进而能够选择更广泛的职业领域和更具竞争力的岗位。家庭价值观则影响着个体对职业意义和成功标准的判断，一些家庭强调职业成就和个人价值实现，可能鼓励子女选择具有挑战性和创新性的职业；而另一些家庭则更注重职业的稳定性和安全性，倾向于让子女选择传统、保守的职业路径。

（三）社会环境因素

社会环境因素作为个体职业生涯发展的外部宏观背景，对职业生涯决策起着不可忽视的制约和引导作用。

社会经济形势是影响职业生涯决策的重要因素之一。经济繁荣时期，就业市场供不应求，个体有更多机会选择理想的职业和发展方向，例如在互联网行业高速发展的今天，大量相关专业人才涌入该领域，分享行业发展带来的红利。而在经济衰退时期，就业市场竞争激烈，个体可能不得不降低职业期望，选择相对稳定、需求较大的职业以确保就业。此外，不同地区的经济发展水平和产业结构也会影响职业选择的地域分布和行业倾向，经济发达地区通常提供更多的就业机会和职业发展平台，吸引着大量人才汇聚；而传统工业基地则可能更侧重于吸引和培养制造业相关专业人才。

社会文化价值观通过塑造个体的职业观念和职业态度，间接影响职业生涯决策。在一些强调个人主义和职业成就的文化中，人们更倾向于追求高薪、高地位、具有挑战性的职业，以实现自我价值和社会认可；而在注重集体主义和家庭责任的文化背景下，个体可能更关注职业对家庭的兼顾和对社会的贡献，倾向于选择相对稳定、工作与生活平衡的职业。例如，稳定的职业和对家庭的责任往往被高度重视，许多人会选择公务员、教师等职业，以确保生活的稳定性和对家庭的经济支持。

政策法规作为社会环境的重要组成部分，对特定职业的发展和人才需求具有直接的调控作用，进而影响个体的职业生涯决策。政府对某些新兴产业的扶持政策、对特定行业的准入限制或对某些职业的资格认证要求等，都会引导或限制个体在相关领域的职业选择和发展。例如，近年来国家对新能源、人工智能等战略性新兴产业的政策支持，吸引了大量人才投身其中，推动了这些行业的快速发展；而对金融行业的一些监管政策调整，则可能影响金融专业毕业生的职业规划和就业选择。

四、职业生涯决策的类型与方法

（一）职业生涯决策风格

职业生涯决策是理性分析与感性判断相结合的综合过程，不同的人有不同的决策方式，以下是几种常见的生涯决策风格。

1. 理智型

此风格以全面的探索和对选择的逻辑性评估为特点。理智型决策者通常深思熟虑，善于分析和逻辑推理，他们会评估决策的长期影响，并基于事实作出决策。这种风格强调全面收集信息、理性思考和冷静分析，是一种值得推广的决策方式，有助于作出全面而合理的决策。然而，理智型决策者也可能因过度担心决策后果而难以整合自己和他人的重要观点。

2. 直觉型

此风格以依赖直觉和感觉为特点，更关注内心感受。直觉型决策者以自我判断为导向，能够在信息有限时迅速作出决策，并在发现错误时及时调整。由于缺乏理性分析基础，这种风格可能导致较高的决策错误率，增加决策的不确定性，从而影响他人对决策者的信任。

3. 依赖型

此风格以寻求他人的指导和建议为特点。依赖型决策者往往不愿承担独立决策的责任，允许他人参与决策并分享决策成果。他们可能会受到他人的积极评价，但也可能因简单模仿他人的行为而产生负面反应。依赖型决策者需认识到他人对自己的影响，并理解在决策过程中，家人、恋人、朋友、同事、领导及职业规划专家等不同对象所能发挥的作用。

4. 回避型

此风格以试图回避决策为特点，表现为拖延和不果断。回避型决策者因害怕犯错而倾向于不作出决策，这通常源于他们不愿承担决策责任。他们可能对未来方向缺乏思考，不准备、不设定目标，也不寻求帮助。这种风格容易使他们被企业、学校等支持系统忽视。只有当他们意识到自身决策风格的潜在危害，并努力调整以增强职业规划意识和动机时，才能真正获得帮助。需明确的是，回避决策通常会使问题更加复杂和难以控制。

5. 自发型

此风格以渴望迅速完成决策为特点。自发型决策者对决策的不确定性及伴随的焦虑情绪难以容忍，具有强烈的即时性和对快速决策的兴趣。他们往往基于一时冲动，在缺乏充分考虑的情况下作出决策，给人以果断或过于冲动的印象。

体验活动

测一测自己的职业生涯决策风格

测试说明：请根据自己的个人特质和实际情况，客观地对以下问题作答。若符合，得1分；不符合，则得0分。回答结束后，将分数填入表4-2中进行统计汇总。

1．需要作决定时，会多方收集资料。(　　)

2．经常凭自己的感觉做事。(　　)

3．做事时，喜欢有人在旁边，以便随时商量。(　　)

4．有事需要拿主意时，便会感到紧张不安。(　　)

5．通常将收集到的信息进行比较、分析，列出可供选择的方案。（　　）
6．时常会改变自己作出的决定。（　　）
7．发现别人与自己的看法不同时，不知该怎么取舍。（　　）
8．做事总是东想西想，经常拿不定主意。（　　）
9．会衡量各个方案的利益得失，判断出最适合的选择。（　　）
10．经常仓促地对事物进行判断。（　　）
11．做事时，不太喜欢独自想办法。（　　）
12．遇到难以决定的事时，就会把它扔在一边。（　　）
13．决定了方案后，会展开必要的准备去做好它。（　　）
14．决定之前，一般不会有任何准备，但也会进行大概的分析。（　　）
15．很容易受到别人意见的影响。（　　）
16．觉得作决定是一件痛苦的事。（　　）
17．会参考其他人的意见，综合自己的想法来作决定。（　　）
18．容易不经慎重思考就作决定。（　　）
19．在被催促之前，不打算立即作出决定。（　　）
20．处理事情经常犹豫不决。（　　）
21．经过深思熟虑，能得出一套明确的行动方案。（　　）
22．通常情况下，自己对事物的判断是很准确的。（　　）
23．常让父母、师长或亲友给自己提供意见。（　　）
24．为了躲避作决定的痛苦过程，会让事情不了了之。（　　）

表 4-2　决策风格得分统计表

决策风格	理性型		直觉型		依赖型		犹豫型	
得分项	1		2		3		4	
	5		6		7		8	
	9		10		11		12	
	13		14		15		16	
	17		18		19		20	
	21		22		23		24	
总分								

测试分析：将得分汇总后，总分最高的项目代表着个人的决策风格。

（二）职业生涯决策的方法与工具

◆◆◆ 经典案例

美国哥伦比亚大学、斯坦福大学的两组实验

第一个巧克力实验：让一组测试者在6种巧克力中选择自己想买的，另外一组测试者在

30 种巧克力中选择。

第二个小吃摊实验：工作人员在超市里设置了两个小吃摊，一个摊有 6 种口味，另一个摊有 24 种口味。

第一个实验中哪一组测试者会对自己的选择满意度高？

第二个实验中哪个摊位吸引的顾客多？哪个摊位的成交量高？

脑神经科学的研究表明：一个人的大脑面临的选择越多，陷入死机状态的概率就越大。这种现象一般被称为“决策瘫痪”。最优化者总想要确保自己的选择是最佳的，每种选择总有机会成本，选择了此就代表放弃了彼，人们在不断对比各种选择后降低了最终选择带来的满足感。他们容易后悔，喜欢把自己的选择和别人比较。他们花费了更多时间，举棋不定，更多选择没有带来自由，只带来了焦虑。智者的哲学是少即是多，简单地作出选择。是否会失望，会；是否会后悔，不会。只有自我限制，而不是放纵，才能带来幸福，才能让我们解放。

1. 5W 分析法

5W 法作为一种简单实用的方法，也被称为 What 归纳法。它通过提问的方式，帮助个人逐步筛选和明确方向，在回答这些问题后，可以通过问题的交集来确定大致的职业方向。

5W 法包含五个核心问题：我是谁？我想做什么？我能做什么？环境支持我做什么？我最终的职业目标是什么？可以从对以下五个方面的思考确定一个大致的职业方向，这个方向将为个人的职业发展提供明确的指引，帮助我们更有针对性地进行准备和努力。

（1）个人特征：个体需要清晰地认识自己，感知自身状况，挖掘性格特征、特长和能力等方面的优势，以便更明确目标范围。

（2）个人喜好：兴趣对职业发展具有导向作用。尽管兴趣会随时间和经历变化，但兴趣对职业的发展有导向作用是毋庸置疑的，可以根据现阶段的兴趣来初步指明一个职业发展方向。

（3）个人潜能：除了性格和特长，分析和预测自身潜在能力也非常重要。职业发展不仅依赖现有能力，还受潜力限制。考察潜能帮助个体缩小职业决策的目标范围，更容易明确职业目标。

（4）环境许可：职业发展需要与环境相适应。个体在决策时，需综合考虑政治、经济、法制、科技和文化等环境因素，以确保职业选择的现实性和可行性。

（5）职业目标：在思考前四个方面的基础上，进一步缩小职业方向范围，明确一个具体的职业目标，以指引职业生涯规划的实施，确立个人职业发展的最佳方向。

◆◆◆ 经典案例

案例一：食品加工技术专业的学生小刘

小刘的 5W 法：

我是谁？通过自我评估，小刘发现自己有耐心、做事细致，擅长实验操作和数据分析。

我想干什么？对食品生产管理和品质控制感兴趣，希望保障食品安全。

我能够做什么？掌握食品加工工艺、质量检测等技能，有实习经验。

环境支持或允许我做什么？家乡食品产业发达，有多家食品加工厂。

我最终的职业目标是什么？成为一名食品生产主管，负责生产流程管理和质量控制。

结果：小刘回到家乡，进入一家大型食品加工厂，从生产一线做起，逐步晋升为生产主管，负责优化生产流程和质量控制，职业发展顺利。

案例二：护理专业的学生晓晓

晓晓的5W法：

我是谁？晓晓发现自己有耐心、细心，有较强沟通能力，善于照顾他人。

我想干什么？热爱护理事业，希望帮助患者康复，减轻痛苦。

我能够做什么？掌握护理专业知识和技能，如打针、输液等。

环境支持或允许我做什么？所在城市有多家医院、社区卫生服务中心。

我最终的职业目标是什么？成为一名优秀的临床护士，在医院工作，为患者提供优质护理服务。

结果：晓晓顺利通过医院招聘考试，进入心内科工作。凭借扎实的专业知识和良好的沟通能力，与患者和同事建立了良好的关系，职业发展稳定，对工作充满热情。

2. CASVE 循环法

运用CASVE循环法进行职业生涯决策的流程包括六个阶段：沟通、分析、综合、评估、执行和再循环（如图4-3所示）。

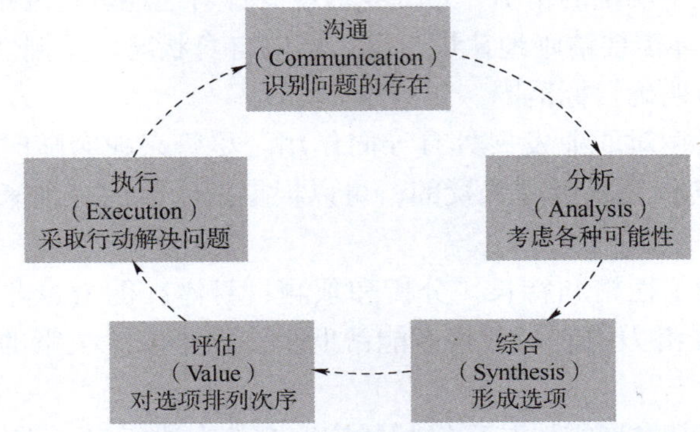

图4-3 运用CASVE循环法进行职业生涯决策的流程

（1）沟通（Communication）：沟通阶段是职业决策的起始点，涵盖内部和外部的信息交流。内部信息交流涉及个体自身的身心状态。例如，在毕业找工作时，你可能会感到焦虑、抑郁或受挫等情绪，身体上可能出现疲倦、头痛、消化不良等反应，这些都是需要进行内部沟通的信号。外部信息交流则是指外界对你产生影响的信息。例如，宿舍同学开始准备简历，这提示你也需要开始准备找工作；或者在求职过程中，父母、老师、朋友给你的各种建议。通过内外部沟通，你能够意识到理想与现实之间的差距，明确自己需要解决的问题。这一阶段需要回答的基本问题是："此刻我正在思考并感觉到自己的职业选择是什么？"

（2）分析（Analysis）：在分析阶段，你需要通过思考、观察和研究，对自我知识和环境知识进行深入分析，以更好地理解现存状态与理想状态之间的差距。自我知识包括兴趣、能力、价值观和人格等方面。例如，你喜欢做什么？你擅长什么？你看重什么？你的性格是内向还是外向？你更关注宏观抽象的事物还是具体细节？环境知识则涉及每个选择所处的环境、可能带来的生活以及需要付出的努力。比如，参加研究生入学考试需要付出的努力、准备时间，读研后的生活和求职情况；或者对于找工作，需要了解每一份职业的相关信息。通过对这些知识的分析，你可以更清晰地认识到自己与理想状态之间的差距。

（3）综合（Synthesis）：综合阶段是根据分析阶段得出的信息，先将选择范围扩展开来，然后逐步缩小，最终确定 3～5 个最可能的选项。这个过程非常重要，因为它有助于你在众多可能性中找到最符合自身情况的职业方向。首先，你会根据自我知识和环境知识的分析，列出一个范围较广的职业选择列表。然后，通过选取其中的交集，逐步缩小选择范围，将最可能从事的职业限定在 3～5 个。最后，你需要问自己："假如我有这 3～5 个选择，是否可以解决问题，消除现实和理想状态的差距？"如果可以，就进入评估阶段；如果不能，还需要回到分析阶段，获取更多信息。

（4）评估（Value）：评估阶段是对综合阶段得出的 3～5 个职业选项进行具体评价，以确定每个选项的可行性和对自身及他人的影响。你可以从个人、重要他人和环境三个角度来评估每个选项，例如，对自己而言什么是最好的？对伴侣、父母、孩子等重要的人而言什么是最好的？对所处的环境而言什么是最好的？在操作上，可以分为两步：第一步，评估每一种选择对生涯决策者和他人的影响，包括物质和精神方面的因素；第二步，对综合阶段得出的选项进行排序，将能够最好地消除差距的选项排在第一位，次好的排在第二位，以此类推。最终，你会选出一个最佳选项，并作出实施这一选择的承诺。

（5）执行（Execution）：执行阶段是将之前所有思考和规划付诸实践的关键环节。在这个阶段，你需要将思考转换为行动，制订具体的行动计划并付诸实施。许多人在执行阶段会感到兴奋和有价值，因为终于可以开始采取积极行动去解决问题了。例如，如果你选择了某个职业目标，你需要明确实现这一目标的具体步骤，包括学习必要的知识和技能、积累相关经验、建立人脉关系等，并按照计划逐步推进。

（6）再循环（Recycle）：再循环是一个不断重复的过程，意味着在执行阶段之后，你会回到沟通阶段，重新审视已经作出的选择，以确定这些选择是否是最优的，是否能够最有效地消除理想与现实之间的差距。如果发现选择仍有不足或新的信息出现，你可能需要再次经历分析、综合、评估和执行的过程，以不断优化你的职业决策。这种循环往复的过程有助于你在动态变化的职业环境中持续调整和改进自己的职业规划，确保始终朝着理想的职业目标前进。

◆◆◆ 经典案例

案例一：食品加工技术专业的学生小刘

小刘运用 CASVE 循环法进行职业生涯决策的流程如表 4–3 所示。

表 4–3 小刘运用 CASVE 循环法进行职业生涯决策的流程

阶段	内容	具体描述
沟通（Communication）	内部沟通	小刘在毕业季感到焦虑，担心找不到合适的工作，他意识到自己需要明确职业方向
	外部沟通	小刘注意到宿舍同学开始准备简历，这提醒他也需要开始准备求职材料。同时，他听取了老师和家长的建议，开始关注食品行业的招聘信息

续表

阶段	内容	具体描述
分析（Analysis）	自我知识	小刘发现自己对食品生产管理和品质控制感兴趣，擅长实验操作和数据分析
	环境知识	小刘了解到家乡食品产业发达，有多家食品加工厂，对食品加工技术专业人才需求较大
综合（Synthesis）	扩大选择范围	小刘列出所有可能的职业选项，包括食品研发、生产管理、品质控制等
	缩小选择范围	结合自身兴趣和能力，以及家乡的就业环境，小刘将职业选择缩小到食品生产管理和品质控制岗位
评估（Value）	具体评价	小刘对食品生产管理和品质控制岗位进行评估，考虑这些岗位的发展前景、薪资待遇和工作环境
	排序	小刘认为食品生产管理岗位更能发挥自己的组织和协调能力，因此将其排在第一位
执行（Execution）	行动计划	小刘制订了详细的求职计划，包括制作简历、准备面试、投递简历等
	行动实施	小刘积极向家乡的食品企业投递简历，并成功获得一家大型食品企业的生产管理实习生职位
再循环（Recycle）	反馈与调整	在实习过程中，小刘发现生产管理岗位的实际工作与自己的预期有些差距，于是重新评估自己的职业选择
	重新沟通与分析	小刘与实习导师沟通，了解行业内的其他岗位情况，并结合自己的兴趣和能力，考虑是否需要调整职业方向

结果：运用 CASVE 循环法进行职业生涯决策，小刘不仅成功获得了食品生产管理的实习机会，还在实习中不断调整和明确自己的职业目标，为未来的职业发展打下了坚实基础。

案例二：护理专业的学生晓晓

晓晓运用 CASVE 循环法进行职业生涯决策的流程如表 4-4 所示。

表 4-4 晓晓运用 CASVE 循环法进行职业生涯决策的流程

阶段	内容	具体生涯描述
沟通（Communication）	内部沟通	晓晓在毕业前感到对未来有些迷茫，但内心对护理事业充满热情
	外部沟通	晓晓了解到所在城市有多家医院和社区卫生服务中心，对护理人才需求较大。她还听取了老师和同学的建议，开始准备求职材料
分析（Analysis）	自我知识	晓晓发现自己有耐心、细心，善于沟通，对护理工作有强烈的兴趣，善于照顾他人
	环境知识	晓晓了解到护理行业的发展前景良好，尤其是在老龄化社会背景下，对护理人员的需求持续增加

续表

阶段	内容	具体生涯描述
综合（Synthesis）	扩大选择范围	晓晓列出所有可能的职业选项，包括医院护理、社区护理、养老机构护理等
	缩小选择范围	结合自身兴趣和能力，以及当地的就业环境，晓晓将职业选择缩小到医院护理和社区护理岗位
评估（Value）	具体评价	晓晓对医院护理和社区护理岗位进行评估，考虑这些岗位的工作内容、发展前景和工作环境
	排序	晓晓认为医院护理岗位更能发挥自己的专业技能，因此将其排在第一位
执行（Execution）	行动计划	晓晓制订了详细的求职计划，包括准备面试、参加招聘考试等
	行动实施	晓晓积极参加医院的招聘考试，并成功进入心内科工作
再循环（Recycle）	反馈与调整	在工作中，晓晓发现医院护理工作压力较大，于是重新评估自己的职业选择
	重新沟通与分析	晓晓与同事和领导沟通，了解其他岗位的情况，并结合自己的兴趣和能力，考虑是否需要调整职业方向

结果：运用 CASVE 循环法进行职业生涯决策，晓晓不仅成功进入了医院工作，还在工作中不断调整和明确自己的职业目标，为未来的职业发展积累了宝贵经验。

3. SWOT 分析法

SWOT 分析法源自战略管理领域，是市场战略分析人员用于评估企业内外部环境并制订发展战略的工具。SWOT 分别代表优势（Strengths）、劣势（Weaknesses）、机会（Opportunities）和威胁（Threats）。我们可以借鉴 SWOT 分析法来进行个人职业生涯决策，通过对个人优势、劣势的自我评估，以及对职业环境、行业前景的分析，综合考虑各种因素，从而作出合理的职业选择。

进行个人职业生涯 SWOT 分析时，可通过关键提问法来明确自身的优势、劣势、机会和威胁。例如：

（1）优势分析：回顾自己曾经的经历与故事、所学过的知识和最成功的经历。

（2）劣势分析：审视自己性格中的弱点、缺乏的经验以及曾经失败的领域。

（3）机会分析：关注周边行业的发展趋势、工作后的深造机会以及行业人员的生活状态。

（4）威胁分析：评估行业和市场的前景、就业竞争压力以及当地政府对行业发展的态度。

在职业生涯决策中，我们应重视学业、专业与职业的分析。学业是职业发展的基石，应根据个人能力和专业背景选择适合的职业，并明确职业目标。同时，要清晰地认识自己，实现专业与职业的有机结合，处理好二者之间的五种关系：专业包容职业、以专业为核心、专业与职业部分重合、专业与职业相切、专业与职业分离。

通过 SWOT 分析法，每个人都可以生成职业生涯决策中的 SWOT 矩阵，如表 4-5 和表 4-6 所示。

表 4–5　职业生涯决策中的内外因素分析

<table>
<tr><td>内部因素</td><td>优势：个体可以控制并可用的内部积极因素
①工作经验；
②教育背景；
③丰富的专业知识和技能；
④特定的可转移技巧（沟通、领导能力等）；
⑤人格特征（职业道德、自我约束、工作压力、创造性等）；
⑥广泛的人际网络；
⑦专业的影响力</td><td>劣势：个体可控并努力改善的内部消极因素
①缺乏工作经验；
②缺乏目标，自我认识和工作认识不足；
③学习成绩差，专业不对口，缺乏专业知识；
④较差的领导能力、人际交往技巧、团队合作能力等；
⑤较差的求职能力；
⑥负面的人格特征（职业道德、自律性、工作动机、情绪化等）</td></tr>
<tr><td>外部因素</td><td>机会：个体不可控但可利用的外部积极因素
①就业机会增加；
②再教育机会；
③专业领域急需人才；
④自我提高所带来的机遇；
⑤专业晋升机会；
⑥专业发展机会；
⑦职业道路选择带来的独特机会；
⑧地理优势；
⑨强大的关系网</td><td>威胁：个体不可控但可以弱化的外部消极因素
①就业机会减少；
②同专业名校大学生带来的竞争；
③具有丰富技能、经验、知识的竞争者；
④缺少培训、再学习所造成的职业发展障碍；
⑤工作晋升有限；
⑥专业领域发展有限；
⑦岗位不再聘用与自己同等学力或专业的员工</td></tr>
</table>

表 4–6　SWOT 矩阵

<table>
<tr><td colspan="2" rowspan="2">项目</td><td colspan="2">内部环境</td></tr>
<tr><td>优势</td><td>劣势</td></tr>
<tr><td rowspan="2">外部环境</td><td>机会</td><td>S–O 对策</td><td>W–O 对策</td></tr>
<tr><td>威胁</td><td>S–T 对策</td><td>W–T 对策</td></tr>
</table>

在完成内外因素分析和 SWOT 矩阵构建后，我们可以清晰地了解自己的优势与机会，从而设定合理的职业目标；同时，我们也能明确自身的劣势和外部威胁，进而制订相应策略，以实现扬长避短、把握机遇、应对挑战，用优势克制劣势，用机会化解威胁。将各种环境因素相互匹配并整合，就能形成一系列切实可行的行动计划。

我们可以把对应策略拆解为以下内容，更方便大家理解：

W–T 对策：重点关注劣势和威胁，旨在尽量减小两者的影响。例如，若社交能力欠佳，应避免频繁参加社交活动，以免加重自身劣势。

W–O 对策：着重考虑劣势和机会，力求将劣势降至最低，同时最大化地把握机会。比如，所在学校知名度不高、专业较冷门，但当下就业市场对复合型人才需求旺盛，只要自身综合素质过硬，这些劣势便不那么重要了。

S–T 对策：聚焦优势和威胁，旨在充分发挥自身优势，将外部威胁对职业发展的影响降到最小。例如，应届毕业生虽缺乏工作经验，但若专业知识扎实，且具备良好的沟通、团队合作能力，富有创造力并勇于展示自我，就有可能被大型企业破格录用。

S–O 对策：着重考虑优势和机会，力求同时最大化这两者。例如，英语基础良好且未来有意从事外贸工作的人，可继续强化这一优势，使其成为自身最具竞争力的素质。这是四种策略中最为关键的，因为许多劣势难以弥补，而突出优势往往能带来更大成功。

◆◆◆ 经典案例

小宋同学的 SWOT 分析

小宋同学是文秘专业本科毕业生，专业成绩优异，多次获得奖学金，且有学生干部经历。但她性格急躁、容易冲动，唯一的工作经验是大二时在一家大型电子公司的人力资源部门实习了半年，现在她想从事人力资源管理相关工作。

运用 SWOT 分析法，首先对小宋同学进行自身优势、劣势分析，周围职业环境的机会、威胁分析，然后在这些分析结果的基础上制订出各种相关策略（如表 4–7 所示）。综合以上分析，小宋同学应将目标定位在大中型外资企业的人力资源管理部门的文职工作，通过发挥自身优势、把握机会、克服劣势和应对威胁，实现自己的职业目标。

表 4–7　SWOT 分析

SWOT	机会（Opportunities）	威胁（Threats）
	①人力资源管理部门文职工作逐渐受到企业的重视； ②外资企业进入导致人力资源人才需求量增大，文秘在人力资源管理中的重要性逐渐凸显	①人力资源管理方向的毕业生； ② MBA 兴起； ③人力资源管理在很多企业中仍然处于起步阶段，其运作很不规范，比起学历，很多企业更看重工作经验
优势（Strengths）	优势机会策略（S–O）	优势威胁策略（S–T）
①大学本科学历，成绩优秀； ②丰富的学生干部管理经验； ③大型公司半年实习的经历； ④具有心理学的知识背景	①继续学习文秘知识，将文秘知识运用到人力资源管理中； ②发挥担任学生干部的管理特长	①强调自身文秘专业背景的优势； ②强调大型公司半年的实习经历； ③强调较强的学习能力和适应力
劣势（Weaknesses）	劣势机会策略（W–O）	劣势威胁策略（W–T）
①二本学校毕业； ②没有丰富的工作阅历； ③专业不对口； ④性格急躁，容易冲动	①利用较强的学习能力，加强英语的学习； ②继续加强自己在学校中所培养的口语交流、文字书写等优势	①训练克制自己冲动的个性； ②结合两个不同的专业，培养宽阔的视野和创新能力； ③积极寻找重视员工潜能的企业

（案例来源：李莉主编，《大学生职业生涯规划实训教程》，北京理工大学出版社 2015 年出版）

4. 职业生涯决策平衡单

职业生涯决策平衡单是一种帮助决策者全面考虑职业选择相关因素，从而作出科学决策的工具。当一个人初步确定了几个心仪的职业选项，并打算将其作为长期目标时，便可借助这一工具来敲定最终选择。

使用该工具的具体步骤如下：

（1）明确职业选项：清晰地列出自己感兴趣的职业选择，尽量具体到职位或岗位名称（必须真实存在）。

（2）确定决策因素：梳理自己在选择职业时关注的关键因素。通常，有效的决策需兼顾个人物质得失、他人物质得失、个人精神得失及他人精神得失。你可以根据实际情况选择关注哪些因素，也可补充其他你认为重要的因素，如表 4–8 所示。

表 4–8　职业生涯决策平衡单细目表

1. 个人物质方面的得失	
①收入； ②工作的困难； ③升迁的机会； ④工作环境的安全； ⑤休闲时间；	⑥生活变化； ⑦对健康的影响； ⑧就业机会； ⑨其他
2. 他人物质方面的得失	
①家庭经济； ②家庭地位；	③与家人相处的时间； ④其他
3. 个人精神方面的得失	
①生活方式的改变； ②成就感； ③自我实现的程度； ④兴趣的满足；	⑤挑战性； ⑥社会声望的提高； ⑦其他
4. 他人精神方面的得失	
①父母； ②师长；	③配偶； ④其他

（3）评估因素重要性：通过赋予各个因素权重来评价其重要性，权重从 1 到 5，最重要的为 5，最不重要的为 1。可以通过反复思考和筛选来确定不同因素的权重。

（4）进行加权计分：在平衡单上填入职业选项、考虑因素及其权重分数，对每个因素在不同职业选项下的表现进行评分，范围从 –5 到 5 分，–5 分表示最差，5 分表示最好（如表 4–9 所示）。

（5）计算加权分：将权重与分数相乘，得到每个因素在不同职业选项下的加权分数。

（6）汇总分数：将每个职业选项的加权分数相加，得到总分，并比较不同选项的总分差异。

（7）结果反思：审视评分结果，思考是否明确了原本模糊的选择，以及是否还有未考虑的因素或需要重新评估的因素。

表 4–9　职业决策平衡单的加权计分

考虑因素	项目	权重（0～5）	方案一		方案二		方案三	
			分数（–5～5）	小计	分数（–5～5）	小计	分数（–5～5）	小计
个人物质方面的得失	……							
	……							
	……							

续表

考虑因素	项目	权重（0～5）	方案一		方案二		方案三	
			分数（-5～5）	小计	分数（-5～5）	小计	分数（-5～5）	小计
个人精神方面的得失	……							
	……							
	……							
他人物质方面的得失	……							
	……							
	……							
他人精神方面的得失	……							
	……							
	……							
得分			—		—		—	

◆◆◆ 经典案例

小刘即将从中药制药专业毕业，面对职业目标的选择她陷入了迷茫。于是她使用了职业生涯决策的常用工具“生涯平衡单”（如表 4-10 所示）来评估三个职业目标，最终作出自己的选择——中药饮片工艺员。

表 4-10　小刘的职业生涯决策平衡单

考虑因素	选项	权重（1～5）	中药饮片工艺员		中药饮片调剂员		质量检验员	
			+	-	+	-	+	-
自我物质方面的得失	个人收入	5	2	0	1	0	1	0
	健康状况	5	1	0	1	0	1	0
	休闲时间	4	0	1	1	0	0	0
	未来发展	4	0	0	0	0	0	0
	晋升状况	4	0	0	1	0	0	0
	社交范围	3	1	0	1	0	1	0
自我精神方面的得失	改变生活方式	2	1	0	0	0	2	0
	富有挑战性	3	0	0	1	0	3	0
	实现社会价值	4	0	0	0	0	0	0
	成就感	4	1	0	0	0	0	0
他人物质方面的得失	家庭收入	4	2	0	1	0	1	0

续表

考虑因素	选项	权重（1～5）	中药饮片工艺员		中药饮片调剂员		质量检验员	
			+	−	+	−	+	−
他人精神方面的得失	父亲的支持	4	4	0	4	0	4	0
	母亲的支持	4	4	0	4	0	3	0
	朋友的支持	4	2	0	2	0	3	0
总分			76		68		70	

（案例来源：广东食品药品职业学院首届全国大学生职业规划大赛校赛作品）

任务二 评估与调整职业生涯决策

你仔细观察过园丁们的工作吗？那些具有丰富工作经验的园丁在修葺绿化带或培植花草树木时往往会将植物上许多能开花结果的枝条剪去。究其原因，是为了保留更充足的营养给主枝而舍弃掉旁枝，如果不进行取舍是无法保证主枝茁壮成长的。在进行职业生涯决策时，也必须进行评估与调整，分清楚“主枝”与“旁枝”，有舍有得才能作出合理的决策。

一、职业生涯规划评估与修订的目的

在职业生涯规划的整个过程中，信息反馈扮演着至关重要的角色，它是确保规划能够贴合实际、动态调整的关键环节。由于现实生活中存在诸多不确定性，这些因素可能使个体原本设定的职业生涯目标发生偏离。因此，人们有必要进行自我反思，对既定的职业目标和行动计划作出适时且恰当的调整，以保障个人职业理想能够得以实现。从这个角度来说，反馈与调整的过程实质上是一个持续的再认识与再发现的过程。这就要求每个人必须时刻留意自身内部环境以及外部环境的任何变化，不断地对自己的现状进行审视，同时对自我认知进行必要的调整，并且持续地对既定策略和目标进行优化与修正。这一过程被称为反馈，其核心意义在于能够确保个人职业生涯规划的有效性与适应性。

当我们获取到反馈信息之后，应当依据评估的结果来对目标以及策略方案进行修订。具体的修订内容主要包括以下几个方面：一是重新选择适合的职业路径；二是对职业生涯路线进行优化；三是修正各个阶段的目标；四是调整实施措施以及变更行动计划等。在这个关键时期，我们应该秉持谨慎考虑、当机立断的态度。这里所强调的谨慎判断，主要是指无论面对多大的变化，都应该在对事情的前因后果有清晰明确的了解之后，再进行准确的判断与选择。以此为基础，对自己的职业生涯规划进行全面的重新修订与设计，从而确保未来职业生涯的顺利推进和健康发展。而果断行动则意味着在完成判断之后，必须立刻采取实际行动，对自己的职业生涯规划进行相应的调整，如此才能保证职业生涯的健康发展，并最终达成个人的职业理想。

通过借助反馈进行评估与修正，我们可以实现以下目标：

（1）对自身的优势有着坚定不移的信心，做到心中有数，明确自己的强项所在。

（2）清晰地认识并把握自己的发展机遇，同时清楚自己在哪些方面还有待提升。

（3）准确识别出可以优先改善的关键环节。

（4）针对那些需要改进的方面，制订出一份具体可行的行动改变计划。

（5）对那些提出意见与反馈的人给予恰当的回应与反馈，并向他们表达诚挚的感激之情。

（6）在实施行动计划之后，能够取得显著的进步和成就。

二、职业生涯规划评估与调整的步骤

结合自身实际情况，为自己量身定制一份详尽且具体的职业生涯规划是完全可行的。然而，我们必须认识到，社会环境、家庭环境、就业环境以及个人成长轨迹等并非一成不变，而是处于不断的发展和变化之中；此外，各种难以预料的因素也可能会对职业生涯发展产生影响。因此，在实际操作过程中，我们需要定期对计划进行评估，并及时作出相应的调整，以应对这些不可预测的情况。

（一）预测职业生涯规划中可能出现的变化

例如本来计划专升本后考公务员，但未能如愿以偿，那么应该考虑其他出路。可以继续学习与公务员考试相关的知识，争取顺利通过考试，进入公务员队伍，实现自己的职业价值；也可以立即投身于就业市场，开始求职之旅。在求职过程中，应充分利用大学期间所学的专业知识以及实习中积累的宝贵工作经验，努力寻找一家具有广阔发展前景、良好企业文化以及积极向上工作氛围的公司。在实际工作中，不断积累丰富的工作经验，持续提升自己的专业技能，做到在实践中不断进步，最终实现自己的职业目标。又比如，如果未能成功签约理想中的公司，那就需要另寻他法了。此时，应当依据自己的实际情况，认真做好手头的工作，在积累工作经历和经验的基础上，全方位提升自己的专业能力，为最终实现自己的职业目标奠定坚实的基础。

（二）制订职业生涯规划备选方案

制订职业生涯规划备选方案，就是根据对内外部环境变化以及职业生涯规划方案实施情况的预测，提前规划出其他可能的职业生涯发展路线，以便更好地应对未来可能出现的各种变化。

三、职业生涯规划调整的原则和方法

（一）职业生涯规划调整的原则

1. 适应性原则

在制订职业生涯规划的时候，应该充分考虑自身的实际情况，确保规划与自身条件相匹配。同时，要基于客观环境，使职业生涯规划具有可操作性和现实意义。

2. 实用性原则

在调整职业生涯规划的时候，应当尽可能地制订出具体、详细的行动方案。通过明确每一步的实施细节，确保职业生涯规划能够顺利落地，从而提高规划的可行性和实现的可能性。

3. 及时性原则

由于环境和自身条件都处于不断变化和发展之中，因此，需要及时、适时地对职业生涯规划进行调整，并对实施计划进行相应的修订。这样可以确保职业生涯规划始终具备时效性，能够适应不断变化的内外部环境。

在进行评估调整的时候，可以分为以下四种情况：

（1）短期调整：针对每个月完成的情况进行审视，及时发现并解决出现的问题，确保短期目标的顺利实现。

（2）中期调整：每三个月对计划的完成情况进行一次全面审视，根据实际情况对规划进行必要的优化和调整。

（3）中长期调整：每六个月对计划的完成情况进行一次系统审视，重点关注目标的达成情况以及策略的有效性，及时作出调整以适应变化。

（4）长期调整：每年对计划的完成情况进行一次全面、深入的审视，从宏观层面评估职业生涯规划的合理性和可行性，并作出相应的调整。

（二）职业生涯规划调整的方法

我们可以运用滚动计划法来调整职业生涯规划的实施情况。具体而言：

（1）应该将重点放在对易掌握的、可预见的短期计划上，制订与实施详细的、具体的计划。

（2）在短期计划顺利完成后，可以积累一定的经验和成果；在此基础上，进一步制订一些较为详细的具体的行动计划，将中长期计划逐步转变为中期计划，使其更具可操作性和现实性。

（3）在规划评估的基础上，对计划的完成情况进行及时的审视，查漏补缺，针对发现的问题进行及时的调整，并对新的能力进行学习，对职业生涯规划方案中的不足与缺陷进行修订与优化，最终确保能够顺利达成既定的职业目标。

体验活动

30 天职业规划挑战

通过每天完成一个小任务，探索职业方向，评估并调整规划（如表 4–11 所示）。首先，同学们需要回顾课堂所学，明确职业规划调整的关键点。接下来，为自己制订一个 30 天的挑战计划，每天一个任务，比如了解行业信息、参加线上讲座、与行业人士交流、更新简历等，每天花 15～30 分钟完成。坚持每天将任务和完成情况记录下来，并对收获和反思进行总结。30 天后全面评估挑战成果，检查目标是否达成、计划是否合理，并根据实际情况进行调整。

表 4-11“30 天职业规划挑战”任务参考

天数	任务内容
1	设定职业规划目标，明确自己想要达成的职业成就
2	自我评估：了解自己的兴趣、技能、价值观
3	环境评估：分析行业趋势、就业市场和家庭期望
4	根据自我评估和环境评估结果，初步设定职业目标
5	制订实现职业目标的行动计划
6	分析行动计划中的优势、劣势、机会和威胁（SWOT 分析）
7	根据 SWOT 分析结果，调整和完善职业目标和行动计划
8	学习与职业规划相关的知识和技能
9	参加一次职业规划讲座或研讨会
10	与行业人士交流，获取职业发展的建议和信息
11	参与社团活动，提升团队合作和沟通能力
12	完成一项技能认证或培训课程
13	更新简历，突出自己的优势和成就
14	模拟面试，提高面试技巧和应对能力
15	反思过去一周的任务完成情况，调整职业规划
16	参观企业或职场，了解实际工作环境
17	阅读与职业发展相关的书籍或文章
18	制订短期和长期职业发展目标
19	分析实现目标所需的资源和条件，并制订获取计划
20	与导师或职业规划师进行一次深入交流
21	参加志愿者活动，拓展人脉资源
22	学习一项新的技能或工具，提升职业竞争力
23	撰写职业规划书，详细记录自己的规划和思考
24	向信任的人士展示职业规划书，获取反馈和建议
25	根据反馈意见，进一步优化职业规划书
26	制订应对职业发展中的不确定性和挑战的策略
27	进行一次模拟职业转换，体验不同职业的特点
28	总结一个月来的挑战成果，反思自己的成长和不足
29	制订下一个月的职业规划调整计划
30	评估职业规划的实施效果，为未来的职业发展做好准备

任务三 撰写职业生涯规划书

职业生涯规划书是个人职业发展的行动纲领，也是将理想转化为现实的重要工具。对于大学生而言，撰写一份清晰的职业生涯规划书，不仅能帮助大学生厘清自身优势与职业方向，还能在快速变化的就业市场中抢占先机。通过系统的自我剖析、行业洞察与目标拆解，职业生涯规划书将指引你从校园迈向职场，逐步实现从“学生”到“职业人”的蜕变。

一、职业生涯规划的步骤

从前面的学习我们得知，职业生涯规划是一个动态循环的过程，要做好职业生涯规划应遵循以下基本步骤：

（一）个人能力与特质分析

个人能力与特质分析是职业规划的起点，需通过客观、全面的自我审视，明确自身优势与不足。只有准确认识自我，才能选择与之匹配的职业方向，进而制订合理的职业发展路径。

分析内容包括性格特质、兴趣爱好、专业技能及综合能力等，即“认识自我”的过程。认识自己是一件很困难的事，认识自己的短处则更加困难。如果不能准确地认识自己的长处和短处，不能“兴其利，除其弊”，就无法实现自己的职业目标。同时，需注意避免过高或过低评价自身能力，这会使我们脱离现实。过度自信易导致目标脱离实际，盲目自大；而低估自我则可能错失发展机会，陷入消极心态。

正确的自我评估应立足客观事实，才能认识真实的自己。结合当前能力作出适当、全面、客观的评估，发掘未来潜力，以发展的眼光看待个人成长。

（二）环境评估

了解外部社会环境对职业生涯规划至关重要。对于大学生而言，环境因素对职业发展影响巨大。例如，人工智能技术推动制造业智能化转型，相关岗位需求激增；乡村振兴政策带动农业技术、电商等领域人才需求等。因此，职业生涯规划需考虑社会政治、经济及组织（企业）环境等因素，评估环境条件特点、发展趋势、自身与环境的关系及环境影响等。

评估内容：社会环境分析、行业环境分析、职业环境分析、企业环境分析。

评估方法：查阅行业报告、参与企业实习、访谈从业人员等。

（三）树立职业理想与目标

职业目标如灯塔，为职业生涯指明方向。职业理想与目标的选择是多元化的，大学生应结合自我认知和环境了解，明确大学阶段奋斗目标，同时将自己的职业理想与就业市场需要和国家需求结合起来，找到实现自我价值的科学途径。

1. 直接就业

优先选择与专业匹配的岗位，注重技能实操经验积累。大学生平时要经常关注和了解国内外各相关行业的企业单位发展状况，需要对这些企业有较清晰的认识。

2. 升学进修

当高职学生希望进一步提升学历，为未来的职业发展打下更坚实的基础时，专升本是一个理想的选择。专升本不仅能够拓宽知识面，还能提升就业竞争力，为进入更高层次的职业领域创造条件。

（1）了解专升本政策：熟悉所在省份的专升本政策，包括报名时间、考试科目、招生院校及专业等信息。关注教育考试院官方网站，及时获取最新动态。

（2）制订学习计划：根据专升本考试科目，合理安排学习时间。重点复习英语、计算机基础等公共科目，同时加强对专业课程的深入学习。制订详细的学习时间表，确保每天都有固定的复习时间。

（3）参加辅导班：考虑参加专升本辅导班，借助专业教师的指导提升学习效率。辅导班可以提供系统的课程讲解、模拟试题训练以及学习方法指导，帮助学生更好地掌握知识点。

（4）利用网络资源：充分利用互联网学习平台，如慕课、学习通等，获取丰富的学习资源。这些平台上有许多专升本课程，可以自主选择适合自己的内容进行学习。

（5）模拟考试与评估：定期进行模拟考试，检验学习成果，找出薄弱环节并及时调整复习策略。通过模拟考试，适应考试节奏，增强应试信心。

（6）选择合适院校：根据自己的学习情况和目标，选择适合的本科院校和专业。考虑院校的录取分数线、专业实力以及就业情况等因素，作出合理决策。

3. 公共服务

基层公务员与社区工作者是公共服务领域的重要岗位，大学生可通过此类岗位直接参与社会治理，投身基层服务，践行社会责任，服务民生需求。

（1）基层公务员。

①岗位类型：乡镇政府工作人员、街道办事处科员、基层执法岗位（如市场监管、城市管理）等。

②报考条件：

a. 学历要求：大专及以上。

b. 专业限制：多数岗位不限专业，部分技术岗需匹配专业（如农业技术岗要求农林类专业）。

c. 年龄限制：通常为18～35周岁。

③考试内容：

a. 笔试：行政职业能力测试（含逻辑推理、资料分析）、申论（基层治理案例分析、公文写作）。

b. 面试：结构化面试（侧重解决实际问题的能力，如“如何处理村民土地纠纷”）。

④备考建议：

a．强化公文写作能力，关注时政热点（如乡村振兴、社区养老政策）。

b．参与基层实习（如街道办暑期实践），积累实际工作经验。

（2）社区工作者。

①岗位职责：社区服务管理、活动组织（如老年人关怀、青少年教育）、矛盾调解等。

②任职要求：

a．需具备较强的沟通协调能力与同理心。

b．部分城市要求持有《社会工作者职业水平证书》（初级）。

③职业发展：

a．纵向晋升：社区工作者→社区居民委员会主任→街道办事处管理人员。

b．横向拓展：转向社会组织（如公益机构），参与政府购买服务项目。

④实践路径：

a．在校期间加入志愿者协会，参与社区公益服务（如疫情防控、助老活动）。

b．考取相关证书（如社工证），提升岗位竞争力。

（3）基层服务专项计划。

①“三支一扶”计划：支教、支农、支医和扶贫，服务期 2～3 年，期满后享受考研加分、定向招录等政策。

②选聘生：深入农村参与基层建设，服务期间可积累管理经验，为后续考公务员或创业奠定基础。

4．参军入伍

参军入伍是大学生实现职业发展的重要途径，既能履行保家卫国的使命，又可享受政策支持与技能提升机会。部队每年均从应届大学毕业生中招收义务兵，每年高校毕业生入伍预征工作可以关注“全国征兵网”。

（四）职业生涯路线选择

在明确自己的职业发展目标之后，接下来需要规划实现这一目标的具体路径。职业生涯路线是指在选定职业后，为达成职业规划目标而采取的一系列行动方式。大学生接受了系统的专业教育，肩负着参与国家建设的使命。国家的发展需要众多有抱负的青年积极投身其中。因此，在确定目标后，应将注意力集中在如何向目标迈进上。

（五）制订实施方案

要实现职业目标，需要制订详细的实施方案，这一过程可以分为三个主要步骤：找准差距、选择合适的方法以及确定实施步骤与完成时间。

1．找准差距

找准差距需要从以下几个方面进行对比分析：

（1）思想观念差距：不同的思想观念会影响行为和结果。例如，在面对竞争时，有人希望竞争对手失败，而另一些人则选择不断提升自己以超越对手。这两种观念会导致截然不同的行为模式和结果。

（2）知识储备差距：在信息化时代，各行业的知识不断更新，新技术、新观念、新方法层出不穷。大学生需要具备国际视野、民族精神、社会责任感和广博的知识，同时要具备发展潜质、创新精神、实践能力和健全人格。因此，需要不断加强学习，提高吸收和运用新知识、新方法的能力。

（3）心理素质差距：心理素质的差距体现在个人的毅力和面对变故、挫折时的心理承受能力上。坚韧的心理素质是克服困难、实现目标的重要保障。

（4）业务能力差距：除了情绪智力，还可能存在其他业务能力的差距，例如具体操作能力、沟通表达能力、团队协作能力、问题解决能力等。

2. 选择合适的方法

在了解自身条件并分析差距后，需要找到适合自己的方法来缩小这些差距，并制订相应的实施方案。常用的方法包括：

（1）教育培训法：秉持“活到老，学到老”的态度，通过参加各类培训课程不断提升自己的知识和技能。

（2）讨论交流法：与同学、老师、行业人士进行交流，分享经验和见解，拓宽思路。

（3）实践锻炼法：通过实习、兼职、项目实践等方式积累实际工作经验，这是缩小差距的根本途径。

3. 确定实施步骤与完成时间

根据自我评估、环境评估以及对职业目标和职业生涯路线的分析，明确自己的定位和方法，将大目标分解为一系列小目标，并为每个小目标设定合理的完成时间，确保这些步骤和时间安排具有实际可行性。

（六）实施方案

职业生涯的规划、设计都要依靠设计者具体的实践来完成，具体内容包括实际工作、职能培训、学习深造等。

（七）评估与反馈

职业生涯规划受到多种内外因素的影响，其中一些变化是可以预见并控制的，但更多变化是难以预测的。为了使规划保持有效性，需要根据实际情况定期评估规划的进展，并在必要时进行调整。评估时要检查预定目标的完成情况，反馈时则需根据阶段目标的达成效果修订后续目标和策略，同时对环境变化作出及时响应。

体验活动

职业生涯目标的规划是一个系统且整体的工程，在设定职业生涯目标时，应明确标注每个目标的具体完成时间。通常，在短期计划与措施中，需详细列出1～2年的具体实施措施；中期计划与措施则应涵盖3～5年的具体实施计划；而长期规划与人生规划中，要制订的是5年以上的行动方案。同学们可以试着通过表4-12拟订自己的短中长期目标，并完成后面的拓展训练，为撰写职业生涯规划书做好准备。

表 4–12　个人职业生涯规划表

姓名		性别		年龄	
学历		专业		政治面貌	
个人特长		职业选择			
个人经历	主要教育经历				
	主要工作经历				
	主要培训经历				
环境分析	经济环境				
	社会环境				
	组织环境				
职业生涯目标	人生目标				
	长期目标				
	中期目标				
	短期目标				
计划与措施	人生目标				
	长期目标				
	中期目标				
	短期目标				
评估与调整方案					
其他需要说明的问题					

拓展训练

1. 自我评估

第一步：我现在处于什么位置？（了解目前职业现状）

思考一下你的过去、现在和未来。然后画一张时间表，列出重大事件。

第二步：我是谁？（考察自己担当的不同角色）

利用 3 cm×5 cm 的卡片，在每张卡片上写下“我是谁”的答案。

第三步：我喜欢去哪儿？我喜欢做什么？（这些问题有利于设置未来的目标）

思考你目前和未来的生活。写一份自传来回答三个问题：你觉得已经获得了哪些成就？你未来想要得到什么？你希望人们对你有什么样的印象？

第四步：未来理想的一年。（明确所需要的资源）

考虑下一年的计划。如果你有无限的资源，你会做什么？理想的环境应是什么样的？理想的环境是否与第三步吻合？

第五步：一份理想的工作。（明确所需要的资源）

现在，思考一下通过可利用资源来获得一份理想工作。考虑你的角色、资源、所需的培训和教育。

第六步：通过自我总结来规划职业发展。（总结目前状况）

①是什么让你每天感到心情愉悦？

②你擅长做什么？人们对你有什么印象？

③如果未达到目标，你需要做些什么？

④在向目标进军的过程中，你会遇上什么阻碍？

⑤你目前该做什么，才能迈向你的目标？

⑥你的长期职业生涯目标是什么？

2. 力场分析

力场分析是一种可以用来检测自己的职业目标是否可行的方法，是一种对影响个人的思想、情感和行为因素所进行的研究。

（1）陈述你的职业目标，这个目标应当清楚具体，如“在四年内成为一个成功的机械工程师”。实现这样一个职业目标的结果似乎会令人愉快和满足。

（2）列出支持和反对你的目标的各种因素。支持因素（+）是指对实现你的目标有帮助的因素，如某种技能或能力倾向、家庭的支持、很强的动力、可以选修的某门课程、充足的时间、经济资助、良好的态度等；而反对因素则是指任何使你难以达到自己目标的因素。

（3）确认你可以采取哪些措施来增强支持因素的力量而消除反对因素的影响。在可以加强的支持因素和可以削弱或转化为支持因素的反对因素后面都画上一个加号（+）。对于可以采取的措施应尽量具体详细，说明由谁来采取这些行动，将要做些什么，以及需要哪些资源。如果你不可能对某种因素（尤其是反对因素）采取任何行动来影响它，就在后面写上NAP（No Action Possible），即“不可能采取行动”。

（4）评估你的职业目标的可行性。如果支持因素超过反对因素，或者你能够采取措施来削弱或扭转反对因素，那么你的职业目标就是可行的。

（5）根据上述步骤填写力场分析表（如表4-13所示）。

表4-13　力场分析表

职业目标：

支持因素	反对因素
①	①
②	②
③	③
④	④
⑤	⑤
⑥	⑥
⑦	⑦
⑧	⑧
……	……

二、撰写职业生涯规划书

（一）职业生涯规划的原则

职业生涯规划实质上是对人生路径的战略性布局，其重要性不言而喻。合理的规划能助事业顺风顺水，反之则易走弯路。为制订科学的职业生涯规划，必须遵循以下九大原则：

（1）明确性原则：设定的目标和采取的措施均需清晰明了，步骤应简洁直接。

（2）挑战性原则：目标和措施是否具备挑战性，而非仅维持现状。

（3）灵活性原则：目标和措施是否具备弹性和缓冲性，是否与个人及组织目标相契合。

（4）激励性原则：目标是否契合个人性格、兴趣和特长，能否激发内在动力。

（5）协作性原则：个人目标与他人目标是否具备合作性和协调性。

（6）全程性原则：规划需涵盖职业生涯发展的完整过程。

（7）具体性原则：各阶段路线和安排必须具体且可行。

（8）实际性原则：实现目标的途径多样，规划时需考虑个人物质、社会、组织环境等因素，选择切实路径。

（9）可评估原则：规划应有明确的时间限制或标准，便于评估和调整。

（二）职业生涯规划的制订

在确定职业生涯发展方案后，行动成为实现目标的关键。为了确保目标的实现，需要制订一套周密的行动计划，并配合相应的考核措施。为了实现职业生涯目标，需要将目标量化并分解为具体的行动计划。这通常采用“逆推法”，即从大目标开始，逐步分解为小目标，并根据时限逆推至现在，明确当前应采取的行动。

行动计划的制订应包含以下五个部分：

（1）内容确定：明确计划的具体内容。

（2）期望标准：设定完成任务的期望标准。

（3）采取的途径和方法：规划实现目标的途径和方法。

（4）检验和评估结果：设定检验和评估计划执行结果的标准。

（5）适时调整和修订：根据实际情况适时调整和修订计划。

行动计划的制订和职业目标分解一样，也应该制订出长期计划、中期计划、短期计划，且与相应的职业目标相一致，只不过计划的制订要更加细化、具体（如表 4–14 所示）。

表 4–14　行动计划制订示例

时间跨度	计划内容
十年计划	确定十年内的大计，包括事业目标、收入预期、家庭资产投资及生活质量等
五年计划	将十年计划分阶段实施，更具体、详细地分解目标
三年计划	比五年计划更具体，明确前三年的目标和任务
一年计划	制订年度计划，包括具体步骤、方法和时间表
月计划	规划一个月内的工作、任务、财务收支、学习内容和社交活动
周计划	每周末制订下周计划，内容具体、详细、数字化、切实可行
日计划	每日确定 3～5 项重要任务，并按优先顺序执行

（二）职业生涯规划书的基本内容

一份完整有效的职业生涯规划书，应该至少包括八项内容，如表 4–15 所示。

表 4–15 职业生涯规划书基本内容

序号	内容	说明
1	标题	包括姓名、设计年限、年龄跨度、起止时间
2	目标确定	确立职业方向、阶段目标和总体目标
3	个人分析结果	对自己现状的分析和对将来的基本展望，包括角色建议
4	社会环境分析结果	对政治、经济、文化、法律和职业环境等社会外部环境的分析
5	组织（企业）分析结果	对将要从事的职业、行业与用人单位的分析
6	目标分解与目标组合	通过目标分解和目标组合的方法作出目标选择
7	制订实施方案	找出差距，制订具体方案，逐步缩小差距以实现各阶段目标
8	评估标准	衡量规划是否成功的标准，用于修正和调整

在撰写职业生涯规划书时，虽然规划步骤的顺序与规划书内容的呈现顺序可能不完全相同，但这并不冲突。通常，职业生涯规划的步骤包括：首先进行自我评估，接着分析外部环境，最后确立职业目标。然而，在规划书中，我们可能会先阐述职业方向和总体目标，随后再展示自我分析和外部环境分析的结果。这种安排并不矛盾，因为规划书的撰写是在遵循正确规划步骤的基础上进行的。将职业方向和目标置于规划书的前端，主要是为了便于阅读和理解，强调规划的核心主题和目标。此外，这样的结构有助于将规划内容与实施方案进行对照、检查和修订，确保规划的实施更加高效和有序。

知识拓展

请扫二维码获取职业生涯规划书范例。

（三）目标调整与职业生涯规划修订

常言道："计划赶不上变化。"职业生涯规划与发展的过程中，会受到多种因素的影响。其中一些变化是可以预见的，而另一些则难以预料。在这种情况下，为了确保职业生涯规划的有效性，必须不断地对规划进行评估和调整。调整的内容可能包括重新选择职业、调整职业发展路径、修正人生目标以及改变实施策略和计划等。

职业生涯规划是一个持续的、动态的过程。职业就像人生旅途中的阶梯，人们需要在不同阶段审视自己的位置和高度，然后作出选择。精心规划职业生涯是为了作出恰当的选择；一个适合自己的职业生涯规划，就是最好的规划。

三、职业生涯规划的调整

（一）职业生涯规划调整的重要性

职业生涯规划的调整对于个人职业发展和实现人生理想至关重要。职业发展是一个持续变化的过程，涉及个人成长、环境变化和社会需求演变。灵活调整规划有助于保持职业竞争力和生活满意度。在这个过程中，个人需要不断地审视和评估自己的职业路径，确保其与个人的长期目标和价值观保持一致。通过适时的调整，个人可以更好地适应外部环境的变化，把握职业发展的主动权。

1. 职业生涯各阶段的挑战与机遇

职业生涯目标分阶段设定，每个阶段都有特定的挑战和机遇。灵活调整规划有助于应对挑战，抓住新机遇，保持职业领先地位。在职业生涯的不同阶段，个人会面临不同的任务和责任，这要求他们必须具备适应性和灵活性，以便在变化的环境中保持竞争力。通过定期审视和调整职业规划，个人可以确保自己始终处于最佳的职业发展轨道上。

2. 实现自我价值最大化

随着年龄增长和阅历丰富，个人兴趣、能力和目标会变化。调整规划有助于实现自我价值最大化。职业生涯规划的调整不仅是为了应对当前的挑战，更是为了实现个人的长期目标和梦想。通过不断地自我评估和规划调整，个人可以确保自己的职业发展与个人成长同步，从而实现自我价值的最大化。

（二）职业生涯规划调整的时机与策略

1. 调整时机

调整规划的时机包括不喜欢当前工作，知识能力不足，专长未得到发挥，老板低估价值，提升空间有限，准备创业等情况。在这些关键时刻，个人需要对自己的职业规划进行重新评估和调整，以确保其符合自己的职业目标和生活期望。这些调整时机是个人职业发展中的重要转折点，需要谨慎对待。

2. 调整策略

30 岁：审视目标，明确优势劣势，提升工作绩效。在这个阶段，个人应该开始认真考虑自己的职业方向，评估自己的优势和劣势，并制订提升工作绩效的计划。

40 岁：修正目标，全力投入职业发展，关注身心健康和家庭责任。到了这个年龄，个人应该对自己的职业目标进行修正，确保其与个人的生活责任和长期目标保持一致。

50 岁：关注职业发展成就、贡献和未来安全感，考虑退休规划。在这个阶段，个人应该开始考虑自己的职业成就和对社会的贡献，同时为未来的生活做好准备。

60 岁：回顾职业生涯，总结经验教训，准备退休生活。到了这个年龄，个人应该对自己的职业生涯进行回顾，总结经验教训，并为退休生活做好准备。

（三）职业生涯规划调整的注意事项

1. 制订系统新计划

明确具体可行的新计划，包括职业目标、策略和时间表，考虑应对挑战和风险。在调整职业规划时，个人需要制订一个全面的计划，明确自己的职业目标，并制订相应的策略和时间表。同时，个人还需要考虑可能遇到的挑战和风险，并制订相应的应对策略。

2. 多方考虑

考虑兴趣、能力、价值观和市场需求等因素，评估新工作的强度、时间和薪酬福利。在调整职业生涯规划时，个人需要综合考虑自己的兴趣、能力、价值观和市场需求等因素，以确保新的职业路径符合自己的期望和需求。

3. 利用人际关系网

利用亲朋好友、同学和校友等资源，参加职业社交活动，扩大人脉。在调整职业生涯规划的过程中，个人可以利用自己的人际关系网，参加职业社交活动，以扩大自己的人脉和机会。

4. 总结优势与不足

评估成就、经验、教训和不足，了解职业定位和发展方向，弥补不足。在调整职业生涯规划时，个人需要对自己的成就、经验和教训进行总结，了解自己的职业定位和发展方向，并努力弥补自己的不足。

5. 展示自我

在调整职业生涯规划的过程中，个人需要展示自己的优势和能力，为此可以制作精美的简历，参加面试技巧培训，并注意自己的形象和言谈举止。

6. 维护离任公司关系

保持与同事、上级和下属的良好关系，保持职业声誉和人际关系网。在调整职业生涯规划的过程中，个人需要保持与前雇主的良好关系，维护自己的职业声誉和人际关系网。

7. 调整心态，坦然面对得失

全面考虑调整的利弊得失，保持积极心态和乐观精神状态。任何调整都有代价，个人需要全面考虑调整职业生涯规划的得失，包括职业发展前景、工作满意度、成就感、培训和进修机会、收入待遇以及家庭关系等方面的得失。在作出决定前，个人需要权衡利弊得失，确保决策符合自己的长远利益和职业发展目标。同时，还需要保持积极的心态和乐观的精神状态，以应对可能出现的挑战和困难。

◆◆◆ 经典案例

小勇的职业生涯规划调整

小勇毕业后从事销售工作，但因问题辞职，半年后未找到工作，于是求助职业咨询公司进行职业生涯规划。测评显示他适合销售，规划目标是成为高级销售员，最终成为销售经理。小勇对规划很满意，但一个月后，其他人按规划找到工作，小勇却未行动，认为规划无用。咨询师发现小勇未将规划付诸实践，未学习所需知识。咨询师指出，有效的职业生涯规划需要明确目标，目标是方向和动力，促使人排除困难，全心投入。规划需有具体行动措施，否则目标仅是梦想。咨询师帮助小勇制订了详尽的行动方案，小勇决心弥补知识不足，最终实现了职业生涯规划的第一步。

职业生涯规划的制订是一个部分，是上半场；只有把它付诸行动和实施，你才能一步一步实现目标，实现规划，这个是最重要的部分，是下半场。

知识拓展

一、职业生涯规划书制订的六个 W

面试时，主考官常常会问这样一个问题：如果你获得这个职位，你将如何开展工作？这就是你必须回答的一个简单的职业生涯规划内容。面对日益激烈的职场竞争，每个人都不得不面对这样的问题：我未来的路在哪里？如何找到我满意的工作？所以每个人其实都会下意识地在心里想过自己的职业生涯规划，也许这只是一个很模糊的意识。只要通过问自己以下几个问题，职业生涯规划过程就明确了。

1. 你是什么样的人（What you are）？

你是什么样的人？这是一个自我分析的过程，内容包括个人的兴趣爱好、性格倾向、身体状况、教育背景、专长、过往经历和思维能力。这样分析可以让你对自己有个全面的了解。

2. 你想要什么（What do you want）？

你想要什么？这是目标展望过程，内容包括职业目标、收入目标、学习目标、名望期望和成就感。特别要注意的是学习目标，只有不断确立和修正学习目标，才能不被激烈的竞争淘汰，才能不断超越自我，登上更高的职业高峰。

3. 你能做什么（What you can do）？

你能做什么？自己的专业技能何在？最好能学以致用，发挥自己的专长，在学习过程中积累与专业相关的知识和技能；同时，个人工作经历也是一个重要的经验积累。

4. 什么是你的职业支撑点（What can support you）？

什么是你的职业支撑点？你具有哪些职业竞争能力？

5. 什么是最适合你的（What fit you most）？

什么是最适合你的？行业和职位众多，哪个才是适合你的呢？待遇、名望、成就感和工作压力及劳累程度都不一样。选择最好的并不一定是最合适的，选择最合适的才是最好的。

6. 你能够选择什么（What you can choose in the end）？

你能够选择什么？通过前面几个问题，你就能够做出一个简单的职业生涯规划了。机会偏爱有准备的人，你做好了你的职业生涯规划，为未来的职业做了准备，当然比没有做准备的人机会更多。

二、职业生涯规划设计“十记”

（1）无论你现在或将来从事何种职业，都要对职业负责。

（2）与同事和谐共处将使工作效率倍增。

（3）优化你的交际技能，它可提高你谋职就业的成功概率。

（4）要善于发现变化并适应变化，善于发现其中的各种机遇并驾驭这些机遇。

（5）要善于灵活地从一个角色迅速转换到另一个角色。

（6）要善于使用新技术，并成为多项应用技术的拥有者。

（7）要舍得花钱、花时间学习各种指南型知识简介。

（8）摒弃各种错误观念，及时更新观念，以防被错误思想误导。

（9）选择就业单位前应多做摸底研究。

（10）要不断开拓进取，不断开发新技能。

任务四 掌握职业生涯“超能力”

在当今竞争激烈的就业市场中，大学生面临着前所未有的挑战与机遇。为了在毕业后顺利找到心仪的工作，大学生不仅需要掌握扎实的专业知识，还需要具备一系列与职业生涯紧密相关的能力。这些能力不仅能够帮助大学生更好地适应职场环境，还能为大学生的职业发展奠定坚实的基础。

一、人际交往沟通能力

人际交往沟通能力对于大学生而言至关重要，因为它直接关系到他们在职场中的合作效率、人际关系和职业发展。

（一）人际交往沟通能力的含义

人际交往沟通能力是指个体在社会交往中，能够准确理解他人意图，有效表达自我思想、情感和信息，并建立和维护良好人际关系的能力。它涉及个体在交往过程中的信息互换、相互作用和人际知觉，是妥善处理组织内外关系、有效表达自我、正确处理人际关系的重要能力。

（二）人际交往沟通能力的作用

（1）促进身心健康：良好的人际交往能够满足个体的社交需求，带来归属感和安全感，有益于心理和生理健康。相反，不良的人际关系可能导致心理压力和情绪问题。

（2）推动智能发展：在交往过程中，个体通过与他人的交流和互动，能够拓宽视野，学习新知识和新技能，促进思维的活跃和智能的提升。

（3）助力自我完善：通过与他人的比较和反馈，个体能够更全面地认识自己，发现自身的优点和不足，从而进行自我调整和改进。

（4）影响职业选择与实现：良好的人际关系可以为个体提供更多的职业信息和机会，影响职业理想的形成和实现。

（三）大学生人际交往沟通的特点

（1）交往范围扩大：大学生的交往对象更加多元化，包括同学、老师、朋友、家人等，交往范围从校园扩展到社会。

（2）交往频率提高：随着社交活动的丰富，大学生之间的交往频率增加，交流更加频繁。

（3）交往手段多元化：电子网络的发展为大学生提供了更多的交往手段，如社交媒体、即时通信工具等，使交往更加便捷。

（4）交往目的务实化：大学生在交往中既注重情感交流，也关注与自身利益相关的务实性目标，如职业发展、资源共享等。

（四）人际交往沟通能力的培养

（1）人际认知准备：在交往前，对交往对象进行一定的了解和认知，避免因误解或偏见影响交往效果。

（2）人际情绪控制：保持良好的情绪状态，学会控制情绪，避免因情绪波动影响交往。

（3）人际沟通培养：明确自己的沟通范围和对象，分五步走以便全面提高沟通能力。（如想了解人际沟通培养的五个步骤，扫码获得更多信息）。

（4）走出沟通误区：了解并避免常见的沟通障碍，如信息误解、情绪干扰等，掌握有效的沟通原则和技巧，如清晰表达、积极倾听、尊重他人等。

SOFTEN 法则

- S=smile，微笑，表示你很友好并乐意进行交谈。
- O=open arms，张开双臂，表示很高兴见到你。
- F=forward lean，身子前倾，表明我对你的话很感兴趣。
- T=touch，接触，陌生人见面最容易接受的一种接触就是热情地握手，表示热情和友好的态度。
- E=eye contact，眼神交流，表明你正在听对方说话，并且对他说的内容感兴趣。
- N=nod，点头，表明你正在听并且能理解对方讲的内容。

撕纸游戏

游戏规则：老师将 A4 纸发给每一个人，然后请大家闭上眼睛，并且不许说话，老师告诉大家对纸张进行“折”或“撕”的处理，最后让所有同学睁开眼睛，展开自己手中的纸，比一比和旁边的同学有什么不同之处。

游戏讨论：

（1）你认为自己最后的纸张和别人的是否不一样？如果不一样，你认为原因在哪里？

（2）你认为只是听从命令，而不询问和沟通是否对最终的结果有影响？影响之大是否能决定项目的成败？

二、压力管理能力

压力管理对于大学生这一即将踏入社会的青年群体至关重要。大学生正面临着多方面的压力，包括学业、就业、人际关系以及自我认知等。拥有有效的压力管理能力，可以将成长道路上遇到的挑战转化为动力，这不仅对个人身心健康有着重要影响，更是确保未来职业生涯顺利发展的关键所在。

（一）压力管理能力的含义

压力管理能力是指个体在面对各种压力源时，能够准确识别、合理评估压力，并采取积极有效的措施应对压力，从而保持心理平衡和良好状态的能力。它包括认知调整、情绪管理、行为应对等多个层面。

（二）压力管理能力的作用

（1）维护身心健康：有效管理压力可以减少压力对身体和心理的负面影响，预防相关疾病的发生。

（2）提高工作效率：科学的压力管理能够帮助个体保持良好的工作状态，提升工作效率和质量。

（3）促进个人成长：在应对压力的过程中，个体能够锻炼自己的心理素质和解决问题的能力，实现个人成长。

（4）增强职业竞争力：在职场中，具备良好压力管理能力的个体能够更好地应对工作中的挑战，展现更强的职业素养。

（三）大学生面临的压力类型

（1）学业压力：课程难度、考试要求等给大学生带来的学习方面的压力。

（2）就业压力：就业竞争、职业生涯规划等与未来职业发展相关的压力。

（3）人际关系压力：与同学、老师、家人等的交往中可能遇到的问题和矛盾。

（4）自我认知压力：对自我价值、人生目标的探索过程中产生的困惑和压力。

（四）压力管理能力的培养

（1）认知调整：学会正确看待压力，将其视为成长的动力而非负担，通过调整思维方式来减轻心理压力。

（2）行为应对：采取积极的行动来应对压力，如合理安排时间、寻求帮助、参与放松活动等。

（3）应用放松技巧：掌握一些有效的放松方法，如渐进性肌肉松弛法、冥想、瑜伽等，帮助缓解身体和心理的紧张状态。

三、时间管理能力

在现今这个高速运转、效率至上的社会里，大学生正面对着沉重的学业、多样的社团活动以及即将来临的职业生涯规划等众多任务。为了在限定的时间内高效地完成这些任务，时间管理技巧显得尤为关键。

（一）时间管理能力的含义

时间管理能力是指个体在面对各种任务和目标时，能够合理规划时间、有效分配资源、优化工作流程，在有限的时间内高效完成任务或实现目标的能力。

（二）时间管理能力的作用

（1）提升学业成绩：合理规划学习时间，提高学习效率，有助于取得更好的学业成绩。

（2）优化职业生涯发展：在职场中，良好的时间管理能力能够帮助个体高效完成工作任务，提升职业竞争力。

（3）增强自我管理能力：通过合理规划时间，个体能够更好地掌控自己的生活和学习节奏，培养自律意识。

（4）提升生活质量：有效的时间管理可以为个体留出更多时间用于休闲、娱乐和社交活动，提高生活质量。

（5）避免压力和焦虑：合理的时间规划能够减少因拖延或紧急任务带来的压力和焦虑。

（三）时间管理能力的培养策略

（1）明确目标：设定清晰、可实现的目标，为时间管理提供方向。

（2）制订计划：根据目标制订详细的行动计划，合理安排时间。

（3）优先级排序：运用爱森豪威尔矩阵等方法，对任务进行优先级排序，确保重要任务得到优先处理。

（4）克服拖延：采取积极措施克服拖延，如设定截止日期、分解任务等。

（5）持续评估与调整：定期评估时间管理的效果，根据实际情况进行调整。

爱森豪威尔矩阵

政治家爱森豪威尔提出了著名的爱森豪威尔矩阵，将任务分为紧急且重要、紧急但不重要、不紧急但重要、不紧急且不重要四类，并建议优先处理紧急且重要的任务，合理安排时间处理其他任务。这一理论为大学生进行任务优先级排序提供了有力支持。

番茄工作法

弗朗西斯科·西里洛提出的番茄工作法是一种简单有效的时间管理方法。使用番茄工作法，选择一个待完成的任务，将番茄时间设为25分钟，专注任务，该时间内不允许做任何与任务无关的事，番茄时钟响起后短暂休息5分钟，然后再开始下一个番茄时间。每4个番茄时段多休息一会儿。

四、目标管理能力

（一）目标管理能力的含义

目标管理能力是指个体在设定、规划、执行、监控及调整个人或团队目标的过程中所展现出的能力。它涵盖了目标清晰度、计划性、自我激励、资源调配、进度监控与适应性等多个维度。

（二）目标管理能力的重要性

（1）提升工作效率与成果：明确的目标为工作提供了方向与动力，能够提高工作效率和成果。

（2）促进个人成长与职业发展：通过设定并追求短期与长期目标，个体能够不断挑战自我，实现职业生涯的持续成长。

（3）增强自我效能感与幸福感：达成目标的成就感能够提升自我效能感和幸福感。

（三）大学生目标管理能力的现状

当前，大学生在目标管理能力上存在差异。部分学生能够有效管理自己的目标，而另一些学生则可能缺乏明确的目标或在目标管理上遇到困难。

（四）提升目标管理能力的策略

（1）明确目标设定原则：遵循 SMART 原则设定具体、可衡量的目标。

（2）制订详细行动计划：将大目标分解为小任务，设定里程碑，使用项目管理工具。

（3）建立自我监控机制：定期自我反思，可视化进度，设定检查点。

（4）培养自我激励与适应性：正向激励，建立成长心态，灵活调整目标。

（5）寻求外部支持与反馈：与他人建立良好关系，寻求建议与反馈，参加相关活动。

SMART 原则

SMART 原则不仅有利于员工更加明确高效地工作，更是为管理者将来对员工实施绩效考核提供了考核目标和考核标准，使考核更加科学化、规范化，更能保证考核的公正、公开与公平。

- Specific——具体的。指绩效考核要切中特定的工作指标，不能笼统。
- Measurable——可衡量的。指绩效指标是数量化或者行为化的，验证这些绩效指标的数据或者信息是可以获得的。
- Attainable——可实现的。指绩效指标在付出努力的情况下是可以实现的，避免设立过高或过低的目标。
- Relevant——相关性。指绩效指标与工作的其他目标是相关联的，绩效指标是与本职工作相关联的。
- Time-bound——有时限的。注重完成绩效指标的特定期限。

五、创新能力

一般而言，创新是指用现有的思考方式提出不同于常规或一般人想法的观点，运用现有的知识和物质，在特定的环境里，基于理想化需求或为了满足社会需求，而改善或创造新的事物、方法、元素、路径、环境，并能获得一定的商业价值或者社会价值的活动。

（一）创新的含义

创新是指以新思维、新发明和新描述为特征的一种概念化过程，包括更新、创造新东西和改变原有的东西。

（二）创新的类型

（1）按领域分类：技术创新、制度创新、知识创新、产品创新、工艺创新和管理创新等。

（2）按方式分类：原始创新、集成创新和引进吸收消化再创新。

（3）按主体分类：自主创新和合作创新。

（二）创新精神与创新能力

1. 创新精神

创新精神包括创新意识和创新性格，是创造发明的内在动力。

2. 创新能力

创新能力是指个体在经营活动中善于察觉事物缺陷，捕捉新事物萌芽，提出新颖推测和设想，并进行论证和解决问题的能力。

3. 创新能力的培养

（1）保持好奇心：对学习或研究的事物保持好奇心，追求知识和探索真理。

（2）持怀疑态度：不迷信权威，敢于质疑现有知识，从怀疑开始创新。

（3）追求创新的欲望：有强烈的创新欲望，勇于尝试和探索新的领域。

（4）求异的观念：避免盲目跟从，培养独立思考和求异思维。

（5）冒险精神：勇于尝试新的想法和方法，即使面临风险也不退缩。

（6）永不自满：持续追求进步，不断探索新的可能性，避免停滞不前。

实践拓展

参照职业生涯规划书范例制作属于自己的职业生涯规划书，并根据职业生涯规划书提炼约 2 000 字的职业发展规划报告。

项目五　求职准备：抢占就业先机

求职准备是大学生从校园迈向职场的关键过渡阶段，是个人能力与职业需求精准对接的重要实践过程。面对多元化就业市场和快速变化的行业趋势，科学的求职策略与充分的就业准备已成为大学生抢占职业发展先机的核心能力。本项目以“求职准备”为主线，系统解析岗位匹配、信息搜集、简历撰写、面试技巧等核心环节，结合典型案例与实践任务，引导学生深入理解就业市场动态，掌握职业选择的科学方法。

学习目标

知识目标：

1. 了解就业市场的基本结构。
2. 熟悉就业信息的来源和渠道。
3. 掌握岗位要求的分析方法。
4. 了解职业发展路径和晋升机制。

能力目标：

1. 能够具备信息搜集与筛选能力。
2. 能够具备岗位匹配与评估能力。
3. 能够具备职业规划与决策能力。

素质目标：

1. 拥有积极主动的就业态度。
2. 具备持续学习与自我提升的意识。
3. 具备良好的沟通与协作能力。
4. 养成职业素养与职业道德。

翱翔之翼

将个人职业规划与国家战略需求紧密结合，鼓励投身乡村振兴、智能制造、基层服务等领域，在“健康中国2030”“碳达峰碳中和”等国家战略中寻找职业机遇，实现个人价值与社会贡献的统一。

案例导入

小高，女，23岁，应届本科生，生物工程专业。大学期间加入学校艺术团，协助团长成功组织文艺会演，主要负责外联工作。多次参加辩论赛并获奖。寒暑假期间在某大型连锁超市做过商品促销员，完成销售目标的同时配合超市罗列每场活动物料的清单。考研失利后回到老家吉林市求职，感到迷茫，不知道什么工作适合自己。交谈之中了解到，小高性格开朗，说起过往实践经历侃侃而谈。父母希望她能继续考研，认为学历高些工作也相对好找些，在实验室里搞研究很适合女孩子。小高却觉得自己所学的专业比较枯燥，而且已经浪费了一年的时间，现在只想找份适合自己的工作，但又不知道如何着手。小高有较高的就业热情，但在找工作过程中尚未迈开第一步，不清楚自己喜欢什么工作，不知道自己能做什么工作，不明白如何寻找适合自己的工作。

请学完本任务后思考以下两个问题，并与同学互相交流。

（1）你认为小高应该从哪些渠道了解就业信息？

（2）要怎么找到适合自己的岗位？

任务一 找到适合的岗位

一、就业信息的收集途径

收集就业信息是大学生求职择业前的一项重要任务。高质量的就业信息往往存在于广泛的信息之中。职业信息是广泛的，并不局限于需求数量的概念，还包括对人的素质要求的质的概念，以及需求单位的隶属关系、单位的性质（指全民所有制单位，集体所有制单位或私营、合资企业，政府机关等）、人才结构、发展前景等。因此，必须充分利用各种渠道、运用各种手段准确地收集与就业有关的各种信息，为就业决策做好充分准备。这里介绍几种获取信息的渠道，供大学生在实践中参考。

（一）政府就业管理部门

毕业生就业工作，是教育部和人力资源社会保障部主抓的一项重要工作，县级以上的教育和人力资源社会保障部门都成立了毕业生就业的管理机构或者指导机构。这类部门的主要任务是制定辖区的毕业生就业政策和定期收集所在地用人单位的需求信息，经过整理后，通过各种渠道发布出去，为毕业生就业提供各种咨询与服务，这些信息也几乎涵盖了当地各行业的需求信息，因此，地域性较强。对于有明确的就业区域的毕业生来说，这是横向搜集信息的主渠道。

（二）高校就业指导中心

从目前就业机制看，高校是连接毕业生与社会的桥梁。高校就业指导中心通常与各级主管毕业生就业工作的部门和社会各界保持着广泛而密切的联系，每年都会及时向人力资源社会保障部门及用人单位发函征集用人信息；同时，经过多年的工作实践，与有关单位建立了长期的协作关系，每年都会为毕业生提供大量就业信息。这一特殊性使它对就业信息的占有量大于其他任何一个部门；同时，它掌握信息的准确性、权威性也是无可比拟的，全国各地各行业的就业政策，在它这里都有较完整的收集。高校就业指导中心发布的需求信息，多为用人单位直接针对高校的专业设置而来，有很强的可信度和针对性，对毕业生来说是主要的信息来源。

通过高校就业指导中心就业有以下几个特点：

1. 针对性强

高校就业指导中心发布的就业信息，多是用人单位根据高校的专业设置，向上级人力资源社会保障部门申报用人计划，然后向高校发布的需求信息，因此这些信息完全是针对该校应届毕业生的，专业对口性强。而人才市场、网络、报刊等渠道发布的需求信息，多是面向全社会的，其中很多用人单位都倾向于聘用有工作经验的人。

2. 可靠性大

高校就业指导中心在向学生公布用人单位的需求信息之前，往往会对用人单位的资质进行审核。很多高校实行了用人单位需求信息登记制度，即用人单位需到就业指导中心或其他代理点办理用人单位需求信息登记手续。办理时，为了确保所登记信息的有效性，需携带有效的材料，并且用人单位需每年办理一次登记手续，信息的准确性和可靠性是其他渠道信息所不能比的。这能在很大程度上帮助涉世不深的大学毕业生避免上当受骗。

3. 时效性强

高校就业指导中心发布的就业信息，往往都是最新的、最及时的招聘信息，而不会是过期的需求信息。这种时效性能帮助毕业生掌握第一手的求职资料。

4. 成功率高

高校就业指导中心发布用人单位招聘信息和组织招聘洽谈会的时间，往往在省、市应届大中专毕业生大型招聘会之前。在这段时间里，用人单位的需求信息不仅数量多，而且很集中。一般而言，只要大学生专业对口，并能在用人单位的考核中有突出表现的话，在学校的招聘洽谈会上，便能顺利地与用人单位签订《就业协议书》。

5. 提供相关就业政策和信息

高校就业指导中心会根据上级有关部门的精神和指示，发布各种新的就业政策和相关规定，毕业生可以通过本校就业指导中心了解本年度当地就业的动态变化及各种就业信息。

（三）毕业生就业市场

就业市场主要包括大中专毕业生就业市场、各地方主管部门兴办的各类人才市场、劳动力市场。就业市场会不断收集用人单位的需求信息，定期举办人才交流会。进入就业市场，不仅可以收集到有关的就业信息，了解到许多不同的机构及其招聘的职位，而且可以获得极好的面试锻炼机会。毕业生通过与感兴趣的用人单位的交流，也会获得许多意想不到的信息。

毕业生就业市场是毕业生求职择业的一条重要渠道。选择该渠道的优势在于：一方面毕业生可以通过与用人单位的直接交流，来获取较报纸、网络等渠道更为丰富和全面的信息；另一方面，在这种面谈过程中，毕业生也获得了一次非常好的锻炼面试技能、增强面试信心和审视自身优缺点的机会。此外，毕业生还可以从人才市场的大量信息中了解就业形势和紧缺职位，从而有利于毕业生灵活地作好就业决策。事实上，有不少毕业生是通过这种渠道落实工作单位的。毕业生可以通过本校的就业指导中心或新闻媒体，获得各种招聘会的具体信息。

（四）网络搜索

网络如今已成为大学生了解外界信息的主要途径，以下将根据网络的覆盖面分层介绍。

1. 新职业网

新职业网是由教育部主管、全国高等学校学生信息咨询与就业指导中心运营的服务于高校毕业生及用人单位的公共就业服务平台。新职业网的主要功能：

（1）精准推送职位：将往年招聘情况精准推送至毕业生，精准共享至各省、各校就业网，实现高精准、广覆盖。

（2）线上线下结合：采取手机版、二维码等移动互联网模式实现线上线下服务相结合。

（3）大型网络招聘会：定期举办全国、各省市联合招聘会、重点领域招聘会，构建人才招聘零距离通道。

（4）生源信息查询：分学历、专业查询全国 800 多万高校毕业生生源分布。

（5）大数据支撑：每年 800 多万就业数据、800 多万生源数据、学信网 1 000 万新增用户以及 3 500 万在校生数据库、1.7 亿高等教育学历信息库，为用人单位精准、高效招聘提供数据与用户支撑。

（6）学籍学历验证：求职者学籍学历信息经过验证，单位也可自主查询验证。

（7）重点领域带动：推动高校毕业生到重点领域单位就业，实现高校毕业生更高质量更充分就业。

（8）专属客户和推广服务：专属客服，提供最优解决方案；专属品牌及知名度推广服务。

2. 社会招聘网站

覆盖全国的各大招聘网站因其运作时间比较久，因而受到学生的广泛关注，例如“华图教育”这些大型的招聘网站覆盖面向全国各行各业劳动者，尤其受到大学生等高学历人才的关注。

3. 高校就业信息网

各高校的就业信息网均由高校就业指导中心主办，是针对本校学生的就业信息发布平台，相对于其他网站而言，信息更为集中与实用，发布的信息也都是长期到学校招聘的用人单位信息，对学生而言，成功应聘的机会也更高。

（五）实习单位

毕业生还可以通过毕业实习或社会实践等机会广泛地接触社会，通过多种途径和方法收集社会需求信息。社会实践是大学生自我开发职业信息的重要途径，在社会实践的过程中，通过自己的努力赢得用人单位的好感、信任，取得职业信息甚至直接谋得职业的大学生不乏其人。因此，大学生在各种社会实践活动中，在了解社会、提高思想觉悟、培养社会能力的同时，要做一个善于收集职业信息的有心人，通过社会实践和教学实习等活动去了解这些单位的需求信息和对毕业生的具体要求，并在实践过程中弥补自身的不足。这样获得的信息准确、可靠，毕业生与单位间又有一定的沟通基础，故成功率较高。一些毕业生就是在实习中获得这种准确、有效的信息而顺利实现就业的。作为一名毕业生尤其应当重视毕业实习，这也许会是你通向成功就业大门的钥匙。

（六）他人推荐

在寻找就业信息的时候千万不要忘记了周围的亲戚、朋友，以及朋友的朋友，也许他们会给你提供一些机会，如果有这种机会最好不要放过。实际上大多数用人单位更愿意录用经人介绍和推荐进来的求职者，他们认为这样录用进来的人比较可靠。用人单位每天收到数百封求职信函，而且这些求职信函在内容上并无太大的差别，所述的求职资格和工作能力也都相差无几，谁也不比谁更为突出，那么用人单位面对如此众多的区别不明显的陌生人，能有什么更好的方法分辨出究竟谁强谁弱呢？所以，在求职中，想要让用人单位更多地注意你，就必须想些切实可行的办法，比如，在关键时候找个“关系”帮你推荐一下也许是最为有效的。当然，关系要靠自己去发掘，途径也应该正当，切不可不择手段。一般可以为你提供信息的主要有以下几类人：

1. 家长亲友

他们都相当关心毕业生的就业问题，又来自社会的各个方向，与社会有多种联系，因而可以从不同渠道带来各种用人单位的需求信息。家长亲友提供的职业信息主要来源于其个人的社会关系，相对固定，也有相当大的局限性，一般不反映职业市场的实际供求状况，往往不太适合那些专业比较特殊、学生本人就业个性比较强或具有某些竞争优势（如学习成绩优秀、共产党员、学生干部、有一技之长的学生等）的毕业生。但信息的可靠性比较大，传递到毕业生的职业信息一旦被接收，转变为就业岗位的可能性也比较大。事实上由家长亲友提供的职业信息的数量和质量有很大的个人差异。

2. 本专业的教师

由于本专业的教师比一般人更了解本专业毕业生适合就业的方向和范围，同时在与校外的研究所、企业合作开发科研项目和教学活动中，对一些对口单位的人才需求信息了解得也比较详细。因此，毕业生可以通过本专业的教师获得有关这些企业的用人信息，从而不断填充自己的信息，而且可以直接找他们作为推荐人或引荐人。

3. 自己的校友

校友提供的职业信息的最大特点是比较接近本校的实际情况。近几年毕业的校友更有着对职业信息的获取、比较、选择、处理的经验和竞争择业的亲身体会，这比一般纯粹的职业信息更有参考、利用价值。

◆◆◆ 经典案例

南方某师范学院毕业生小魏，一心想在珠江三角洲工作，但自认为来自农村，要想留在大城市很困难。所以，从大三开始，她就强烈地意识到自己的就业问题不能像一些有“背景”的同学那样靠家里帮忙，只有依靠自己主动去争取。小魏对自己的状况作了以下客观的分析，认为自己虽已大三，但对就业问题一无经验，二无资料。千头万绪，该从哪开始呢？听同学讲得神神秘秘，老师在就业指导课上也讲了许多。分析来分析去，小魏打定主意，先按老师说的从掌握就业政策入手，把珠江三角洲一带的就业政策和就业信息调查研究一番，再作决定。

她首先用一段时间到图书馆把珠江三角洲各地的报纸找到，然后在网上查询一番，再加上其他一些渠道，凡是有关珠江三角洲的就业方面的信息，她都要收集起来分析研究。通过一段时间的工作，她的心中慢慢有底了，对上一年的就业形势和就业政策比较熟悉了。到了寒假，小魏决定不回家了，留下来到各地参加供需见面会，亲自摸一摸情况。根据了解到的情况，小魏对省一级的供需见面会不抱什么希望，但又想去看看，了解总的形势。这类会议主要是对研究生、重点院校的本科生有利，而且用人单位在会议上往往会抬高条件。果然，招聘现场、各用人单位都表示只收重点院校的本科生和研究生，她一份推荐表也未投出去。她于是把重点放在各市的供需见面会上。从毕业前的2月份开始，小魏参加了佛山、顺德、东莞等地区的供需见面会。

在佛山，小魏看到很多教育单位"要求本科以上学历"的条件，对一般院校的毕业生主要接收本地生源。对此她虽有准备，可还是感到心凉了大半。在佛山、顺德、东莞受挫后，她及时调整了自己的求职方向，把眼光放到更大的范围内考虑。结果，东边不亮西边亮，她从众多的资料中发现在三水、新会一带仍然有许多适合自己的机会。那些地方上一年的人才需求表明，今年仍需要一些教师，而且，那里的人事政策仍能容许接收部分外地毕业生。经过艰苦的努力，小魏终于在新会一所中学找到了比较理想的就业岗位。小魏回到学校后，在班会上谈体会，她说了一段令同学们印象很深的话，她说："政策就是信息，政策就是机会，对于就业政策以及其他一些知识，我们一定要尽可能多地掌握。"

古人云："冰冻三尺，非一日之寒。"小魏求职的成功经历也充分证明在就业问题上也需要积累，需要信息上和政策上的积累。小魏从大三就开始收集就业的有关资料，对政策方面资料的掌握采取"韩信点兵，多多益善"的策略。这是非常有远见的做法。所以她能够在求职过程中对珠江三角洲各地区的就业和人事政策了如指掌，顺利地实现了自己的职业理想。因此，在一些求职择业的关键时刻，一定要注意政策方面的信息，尤其是各地接收毕业生的基本条件，包括生源、层次、专业等方面的要求都要作一定分析、对比，从中寻找符合自身条件的政策信息，有的放矢地进行求职活动。这对毕业生在求职过程中，把握政策所带来的机遇，从而取得求职成功是大有裨益的。正如小魏说的，"政策就是信息，政策就是机会"。

（案例来源：http://cer.jlu.edu.cn/old/info/1048/1565.htm）

二、就业信息的分析

（一）就业信息分析的原则

大学生在通过各种渠道收集到就业信息之后，不要急于求职，而是要先对信息进行整理、筛选和分析，剔除无效甚至虚假的信息，根据自己的实际情况，有选择、有侧重地参加应聘活动。这是就业信息收集和运用过程中一个十分重要的环节。大学生在进行就业信息分析时要注意把握以下原则：

1. 准确性、真实性原则

准确、真实是对就业信息收集的首要要求，因为就业信息是否准确，是择业人员能否作出正确决策的关键。信息不准，会给择业带来决策上的失误。大学生在收集就业信息时必须做到准确无误。只有准确、真实地掌握了用人单位对求职者专业、层次等的具体要求，才能知道什么样的岗位适合自己，才能进行有针对性的准备，否则只会浪费时间、精力和财力。

近年来，社会上有些以营利为目的的职业中介机构，用一些过时或虚假的信息来欺骗大学生，对此大学生应当警惕。

2. 适用性、针对性原则

目前，我们正处在一个信息爆炸的时代，随着社会的进步、信息技术的普及和人才市场的逐步发展壮大，就业信息也越来越多，越来越丰富。如果收集信息时不注意适用性就可能在众多的就业信息中把握不住方向，捕捉不到真实的、有价值的信息。为此，大学生应该首先做好职业生涯规划，对自我进行充分认识，然后再结合自己的专业、兴趣、需要等进行有针对性的信息收集。

3. 系统性、连续性原则

大多数情况下，大学生获得的就业信息都来自不同的渠道，是零散的。而要对当前的就业形势和就业市场有一个整体的认识，大学生就必须对所获得的就业信息进行加工、提炼，形成能客观、系统地反映当前就业市场、就业政策、就业动向的就业信息集合。

4. 计划性、条理性原则

大学生在收集就业信息的过程中还应该坚持计划性、条理性原则。在收集就业信息时，首先，必须根据自己收集信息的目的制订收集计划，只有这样，才能在收集信息的过程中掌握主动权，避免盲目和混乱。其次，要明确自己所需的就业信息是有关就业政策的、就业动向的，还是用人单位的，这样才能有的放矢，收集的信息才能更具条理性。

5. 及时性、时效性原则

收集信息还要突出一个“早”字。越早下手，越容易掌握主动权。一般来说，大学生在大四时就应该着手进行信息收集。只有早做准备，收集到的信息才能全面、系统。另外，还应注意就业信息的时效性，对收集到的信息进行及时处理。

综上所述，就业信息有多种来源，各种来源的信息也是互补的。每个信息渠道各有特点，大学生要熟悉掌握，灵活运用。在收集信息的过程中，不同类型和不同层次的求职者应当尽量选择适合自己的求职信息收集渠道，以降低求职成本。

（二）就业信息分析的内容

就业信息一般包括用人单位的资产性质、单位现状、发展规模、发展前景，招聘岗位的专业要求、岗位描述，用人单位对求职者的相关要求及福利待遇等。分析就业信息有三层含义：

1. 分析信息的真伪

一般来说，真实可靠的招聘信息都是经人力资源社会保障部门核实的，然后通过高校就业指导中心向毕业生发布，或由人才市场电子信息屏及招聘信息橱窗公开发布，或在正规报刊、广播电视、网站等媒体上发布的信息。一个比较好的就业信息应包含以下要素：

（1）用人单位介绍：包括用人单位的全称、性质、业务经营范围、发展实力及远景规划等相关情况。

（2）详细的职位说明：包括岗位职责、工作环境、工作条件、对求职者学历或职业技能等的要求，还包括对求职者政治思想、道德品质、工作态度等方面的要求。

（3）福利待遇：包括每月薪资水平、薪酬计算办法、办理何种保险、是否享受公费医疗等。

（4）申请方式：说明求职者可以通过何种方式来申请职位，是亲自申请、电话申请还是投递简历等。

（5）联系方式：注明企业的联系电话或者邮编、地址，以及附近的交通线路。

例如，一则招聘广告上写道：

高薪诚聘：软件工程师，2名。要求：本科毕业，英语六级以上，三年以上工作经验。简历、照片请寄往：上海××路××号××先生（收）。合则约谈，不退件。

该招聘广告存在以下缺陷：其一，没有给出该岗位的具体职责，让求职者无法判断本人到底是否适合该岗位。因为软件工程师有很多种，例如，做单片机应用软件设计的软件工程师，可能就不会做数据库软件设计。其二，未说明劳资制度和工资待遇。其三，联系方式不明确，只有招聘地点。面对这样的招聘信息，大学生一定不要急着去应聘，要通过各种方式先打探虚实，确认信息可靠后再投简历。

2. 抓住信息的关键点

经过整理和筛选之后，对于那些真实可靠的信息，大学生要善于抓住其关键点。这些关键点包括以下几个方面：

（1）用人单位的准确全称。

（2）用人单位的所有制性质和规模。

（3）用人单位的人事管理权限，即它所隶属的上级主管部门。

（4）用人单位的使用意图、具体工作岗位和对所需人才的具体要求。了解这些信息是为了更好地对照自己的条件，准备求职资料，为求职成功做充分的准备。

（5）用人单位的各种联系方式，如电话、网址、人事部门联系人的邮箱、通信地址等。记住网址可以让求职者按址搜索，深入了解用人单位的具体情况。对于自己特别重视的用人单位的联系方式要铭记在心或存入手机，如果有面试电话，则一看号码便知是哪家用人单位在约自己，从而进行良好的沟通。此外，投递简历几天之后可以打电话询问对方是否收到了简历。

（6）用人单位的其他招聘职位。大学生不能仅把目光锁定在某个职位上，“一叶遮目不见泰山”，用人单位的其他招聘职位也要关注一下，那里可能有更适合你的工作。

（7）用人单位实际招聘人数的多少。对于招聘人数非常少，竞争力非常大的单位，也不妨抱着拼拼看的态度，即便求职失败，也可当作为自己争取了一次求职面试的锻炼机会。

3. 分析信息传递的内在含义及自身的适合程度

对于自己感兴趣的用人单位，大学生要仔细研究其招聘信息，认真分析信息中传递出来的内在含义或潜台词，冷静地思考用人单位到底想要招聘什么样的人。比如：如果招聘信息中要求“能吃苦耐劳”，这可能意味着工作之后也许会经常加班或出差，或者一个人要能独当几面，所承担的工作量很大，而能做到这一点的人也就会有更多的晋升机会；如果要求“要有良好的组织能力”，这往往意味着要求求职者具备良好的语言表达能力、组织协调能力、随机应变能力，而对于只懂技术、不善表达、习惯于被领导的人来说这个职位就不太合适；如果要求“要有创造力”，这可能意味着要求求职者具有较强的发散思维的能力，能独辟蹊径地提出新颖的、有价值的观点和意见，这有可能是个设计或策划的岗位；如果要求“精通某项操作”，这就要求求职者必须是这一技术领域里的专家或高手，而不能只停留在会操作、懂得、熟悉的水平，求职者在个人简历中就要重点突出这一块；如果要求“较强的语言文字功底”，这可能意味着对方要招聘一个从事文书工作的人才。分析了招聘信息的“弦外之音”后，要进一步分析自身的条件与用人单位的要求是否符合，或在多大程度上符合。大学生不妨先思考以下问题：

（1）我应聘这个职位的优势、竞争力是什么？

（2）我的个性怎样，该工作岗位是否符合我的个性？

（3）跟岗位相关的专业理论知识和技术能力有哪些？

（4）该工作是否可以挖掘和提升我的能力？

（5）哪些是别人做不到而我做得到的，我用什么去说服用人单位录用我？

总之，好的招聘信息并不一定是对自己最有用的信息，只有用人单位招聘的职位和要求与自己的条件相符或相近时，求职才会有较大希望。也就是说，适合自己的才是最好的。

4. 分析信息是否有利于自己的发展

大学生不能为了就业而就业，求职的时候还要仔细分析用人单位的招聘信息对自己的长远发展是否有利。对于那些新经济领域里的正处于成长发展期且前景良好的产业，要给予更多的关注。而对于一些夕阳产业，或受市场冲击较大的行业的招聘信息，要谨慎对待，因为即便求职成功，对自己的长期发展也是不利的。此外，不同的地区有不同的经济发展趋势，大学生要了解不同地区的宏观经济发展规划，并预测这种经济发展趋势所需要的人才类型，从而更好地就业。

（三）就业信息的使用

就业信息的使用是指对经过求职者理解并加工处理后的信息的转换过程，即依据信息进行择业的过程。大学生对经过自己的思考而筛选出来的有效信息，要学会合理、充分地利用，这样才能把信息的无形价值转换成实实在在的成功择业收益。在就业信息的使用上，大学生要把握好以下几点：

1. 掌握重点，科学筛选

就业信息可以全面收集，但是通过多种途径获取的就业信息可能会杂乱无序，这就需要科学地排序。在就业信息筛选过程中，关键是要把与自己相关的信息按重要程度排队，标明并注意留存，一般的信息则仅供参考。如同一类职位信息中，经过筛选后，要优先考虑那些未来发展空间大、企业知名度高、培训机会多、有晋升空间的信息，要慎重考虑那些管理运作一般、产品占领市场份额明显不足的企业以及一些夕阳企业。排序过后，求职者要对重要的信息深入了解，有针对性地做好求职准备，以便在未来的求职过程中掌握先机，“克敌制胜”。

2. 信息全面，注重细节

就业信息收集应遵循全面性原则，具体内容需包括单位的名称、性质，招聘意向、招聘要求、岗位特点与发展前景、联系方式等。以上信息的收集缺少任何一环都将直接导致信息的浪费。同时，在面对海量的信息时，大学生只有付出精力和努力，关注职业的细节，才能在竞争中脱颖而出。如有的大学生在大一学习职业生涯规划课程时，就开始有意识地建立自己的就业信息库，不断明确自己的职业目标，对自己有意应聘的行业、单位进行详细了解，自然能够在就业信息准备上做到胸有成竹。再如，有的大学生在就业信息收集时，

不仅收集用人单位关于招聘意向、招聘要求等信息，更是对用人单位往年用工特点、用人单位人事部门招聘"偏好"作全面的了解和分析，这样的就业信息自然比其他信息有效得多，其就业成功率也会高得多。

3. 结合自身，提升效率

大学生收集一定的就业信息后，必须立足自身素质，按照专业匹配度、工作地域、薪酬、发展前景等个人择业因素对信息进行有重点的分类、加工、整理，客观认识就业形势和行业、岗位人才的需求情况，结合本人的专业、职业兴趣、实际能力等因素适时调整个人求职的预期目标，实事求是，选择自己最需要的信息，有的放矢，少走弯路。在此基础上，充分解读信息，针对信息透露的单位性质、岗位要求等内容，采取合适的策略技巧，增强求职择业的针对性，提高就业的成功率。

4. 了解透彻，避免盲从

对于收集到的就业信息，一定要通过各种办法寻根究底，找有关人士了解透彻，不能一知半解，要全面掌握情况，全面了解信息的中心内容。大学生在获取用人信息以后，不能一味盲从，那种认为亲友告诉你的信息一定可靠，网上收集的信息肯定没问题的态度是不可取的，决不要未经筛选就轻率地作出选择，这样往往会错过良机或耽误时间。避免盲目从众，不是所有信息都适合自己，更不要好高骛远地去挑选不适合自己的工作岗位，尤其是与自己的职业目标相差太远，或者招聘条件太高的工作岗位，这样会误导自己，迷失自我。一些大学生不顾自己的专长，以待遇、地点作为首选原则，即使侥幸在求职中获得成功，在未来的发展中也会逐渐暴露出自己的弱势，发展后劲也不足。

◆◆◆ 经典案例

大学生找工作被骗 18 万元，幸亏警方追回了 11 万元

2018 年 7 月 2 日，东港公安分局经侦大队接到刚刚大学毕业的郑某报案称：其通过日照市一就业中介机构的居间介绍应聘到北京一公司工作，结果在交纳了 60 000 元的就业安置款后，中介机构迟迟未能安排就业岗位，怀疑被诈骗。

接案后，经侦大队民警立即就该案展开初查，经电话了解该北京公司人力资源部门称该公司从未通过社会中介机构对外招收工作人员。随后，大学毕业生夏某、颜某某相继到经侦大队报称被骗就业安置款 60 000 元。2018 年 7 月 6 日，经侦大队立即就该案成立专案小组，当日立案侦查。

为尽快查明案情追回大学生的被骗钱款，专案小组民警分批奔赴济南、潍坊、内蒙古包头等地调查取证，与此同时请求北京警方协助到北京公司总部调取证据。2018 年 8 月 8 日第一名被上网追逃的犯罪嫌疑人刘某迫于压力到东港公安分局投案自首。根据其交代专案组民警发现另一名犯罪嫌疑人蒋某在内蒙古一带活动。2018 年 8 月 19 日，在呼和浩特市警方的配合下，民警将犯罪嫌疑人蒋某抓获归案。经侦大队专案组民警共追缴被骗人民币 11 万元，并退还给受害人。

（案例来源：齐鲁网日照新闻，原标题《日照东港公安经侦大队破获一起大学生合同诈骗案》）

知识拓展

招聘信息中的招聘陷阱，劝你别去

很多人在网上投了很多看似很好的工作，可是去面试时却得到了不同的说法，比如招人力资源专员，其实是直销，让你发展团队而已。虽然这两个岗位有很多工作职责类似，但是求职者并不想做直销或者销售。网上类似的岗位还有很多。这个时候有求职经验和无求职经验的人差别就会非常明显，有求职经验的人一眼就可以看出这家公司招聘信息中的猫腻，无求职经验的人会感觉岗位很有吸引力，从而浪费时间和精力去面试。如果心理再脆弱些，会造成一定的心理影响，认为网络招聘骗子很多，产生不想再找工作等负面想法。

先说一下过分夸大的招聘信息，例如不限学历、不限工作经验、高薪直聘、创业合伙人、面试缴费、高薪兼职等，基本上骗子居多。当然也有一些销售公司，如保险、直销等用此种招聘信息比较多。所以我们在找工作时要学会鉴别。

本身自己的职业规划是这样的，但是到面试的时候被面试官充满诱惑力的语言一讲，从而放弃自己的理想。如果是比较符合你的工作还好，就怕白白耽误很长的时间，离职后又对职业生涯产生怀疑。那么常见的几种和实际不符的招聘信息都是哪些呢？又存在着什么陷阱？

（1）招聘管理培训生看似“高大上”，也确实有一部分是真实的，且因为招聘效果好，招聘人员素质佳，而被广泛运用，其目标人群就是应届生或者充满管理欲望的求职者。它的陷阱就是管理培训期间，接受公司安排实践岗位，其实就是哪个岗位缺人就安排到哪，大部分是一线或销售，且薪资一般不高。往后晋升看个人能力，这个不用说，哪怕不是管理培训生，能力强依然会晋升的。

除非有非常明确的管理培训生制度和流程体系，比如如何培训、实习、考核机制等，这些在新人岗前培训的时候就会告知，否则，基本上就可以判断为招聘幌子。

（2）招聘有梦想的你、合伙人以销售居多，而且基本上不是传统销售，而是保险、直销、电销等居多，一般情况下无底薪，主要靠提成或拉人头获得薪资。

（3）招聘人事、钟点工、弹性工作制、兼职等这类招聘大部分是保险或直销企业打着类似幌子招聘销售人员，以人事为招聘手段的比较少。而且这类招聘不是在面试的时候说明，而是在新人岗前培训时往业务上引导，要小心警惕。

（4）类似模特、淘宝兼职、打字员等这类招聘信息就是骗人的居多，主要骗取入门费，所以可以直接忽略。

综合而言，只要我们有清晰的职业规划，在筛选工作时认真仔细一点，不要想着天上掉馅饼就好，祝你找到一份满意的工作。

体验活动

模拟招聘会

（由就业处提供校招会岗位信息）

活动目的：让学生体验真实的招聘流程，提高求职技巧和面试能力。

活动内容：

前期准备：学生根据自己的专业和兴趣，准备一份完整的简历，并进行自我介绍的练习。

模拟招聘会：邀请企业代表或教师扮演招聘人员，设置多个招聘摊位，学生以求职者的身份参加招聘会，向招聘人员投递简历并进行面试。

面试环节：招聘人员根据学生的简历和表现进行提问，学生回答问题并展示自己的优势和能力。

反馈与总结：活动结束后，招聘人员给予学生面试表现的反馈和建议，学生反思自己的不足之处，总结经验教训。

活动效果：通过模拟招聘会，学生能够提前了解招聘流程和面试技巧，增强自信心，为将来的求职做好准备。

活动流程：

根据招聘信息分析招聘方需求：参加应聘首先要知道岗位希望招什么样的人，然后看自己是否有这方面的特质去匹配。因为人力资源部门最终录用时并非选择最好的而是选择最合适的。因此，搞清招聘方需求显得很重要。分析招聘方需求，就是分析企业的用人需求，也就是公司需要具备什么样能力的人。通过分析该公司所处的行业，以及该公司招聘这个岗位所需能力，评价是否适合自己。通过筛选公司，找到适合的岗位，有针对性地撰写及投递简历。具体步骤如下：

第一步：搜集目标岗位招聘信息。

搜集目标岗位招聘信息的目的是搞清用人单位偏好，做到有的放矢。搜集目标岗位招聘信息，就是通过阅读招聘单位要求的工作职责和任职要求，把握其要点。这个过程分两步，一是提取岗位职责中的动宾结构，如文字表达能力、创新创意能力、沟通协调能力、抗压能力等；二是按照工作性质或自己所理解的逻辑结构，将内容要点抽取合并成三项及以内。选择一家心仪的招聘单位，将相关信息填入表 5–1。

表 5–1　岗位招聘信息要点提取

序号	岗位职责	简化为动宾结构	合并
1			
2			
3			

第二步：将招聘要求按专业知识、岗位技能、个性品质及其他方面四个部分进行分类整理，填入表 5–2。

表 5–2　岗位招聘信息分类整理

序号	类型	汇总整理
1	专业知识要求	
2	岗位技能要求	
3	个性品质要求	
4	其他方面要求	

第三步：选取你认为适合你的 8 家单位，通过上述分析步骤，最后总结出 8 家不同单位对同一岗位的共同要求和不同要求，填入表 5-3。

表 5-3　目标岗位招聘要求情况

序号	招聘单位名称	岗位职责	招聘要求	
			共同要求	特殊要求
1				
2				
3				
4				
5				
6				
7				
8				

任务二　树立正确就业观念

◆◆◆ 经典案例

小陈，男，23 岁，计算机专业，大专学历，家庭条件一般，在校成绩不错，没有实习经历。小陈一直想要找离家近、月薪 6 000 元以上的工作。老师、同学介绍了几家公司，小陈都因为薪资没有达到期望值或者离家太远而拒绝了。在校招上，小陈面试了两家符合预期的企业，但因为面试表现不好，没能成功应聘。毕业半年了，看着其他同学都高兴地去上班，小陈很着急，自信心受到打击，来到就业服务中心寻求帮助。

请学完本任务后思考以下两个问题，并与同学互相交流。

（1）你认为小陈就业失败的因素有哪些？

（2）他应该做出哪些改变才能提高就业概率？

一、传统就业观念与新的社会环境对就业观的影响

1. 传统观念的影响

我国高等教育已步入大众化教育阶段，但受传统观念的影响，大学生的就业观念尚未及时转变过来，就业期望值普遍偏高，经济收入仍然是大学毕业生就业首先考虑的因素。对薪资期望过高、片面追求高层次岗位、不愿从事比较艰苦的工作是大学生就业观中的主要问题。在就业地区的选择上，大学生普遍希望留在发达的大中城市，而不愿意到急需人才的二、

三线城市或欠发达的地区工作。“铁饭碗”观念依然存在，在就业范围的选择上仍抱着老观念——求稳定，认为就业就要到国家机关、事业单位、国有企业工作；而认为到私营企业等非国有单位就业就不稳定、不可靠。过分强调专业对口。专业对口是计划经济时代国家按照毕业生所学专业对口分配就业的思想。目前，在大多数专业人才供大于求的形势下，大学生再片面强调专业对口就会无形中限制自身的就业空间。大学生主动就业意识淡薄，依赖性强，有“等”“靠”等思想，即依靠家长亲朋帮忙，等待工作能找上门。还有一些大学生不愿意到基层岗位、艰苦地区和艰苦行业就业。不少大学生缺乏社会实践的锻炼，在众多的矛盾面前不知所措，存在盲目从众心理，别人怎么做自己也就怎么做，完全不对行业、单位和岗位进行客观的认识和评价。从我国私营个体经济的发展来看，早期的创业者中低知识层次者较多，以致一度出现了“知识贬值”的感叹。虽然当前知识型人才的创业已开始出现并逐步增多，但仍只是“小荷初露”，大学生的创业意识仍有待进一步增强。

2. 新的社会环境对就业观的影响

我国正处在经济变革的历史时期，社会规范、价值标准呈多元化倾向，大学生在实现其社会化的过程中出现迷惘、无所适从，甚至个别大学生出现强烈的挫折感和失败感，无法适应，以致出现严重的心理问题。导致这种现象很重要的原因是大学生的就业观问题。不切实际的就业观使大学生在社会化过程中不能领会自己未来在社会结构中的地位，不能理解、遵从社会对这一地位的角色期待。但是大学生就业观的形成不是一朝一夕的事情，它受外界因素影响很大，因此，必须对影响毕业生就业观的环境加以分析，帮助毕业生形成科学的就业观。目前，许多学校都增加了对学生就业的相关教育内容。多数学生从大学一年级开始，就要接受有计划的职业生涯规划教育。这一方面帮助和鼓励学生形成科学、合理的就业观；另一方面使学生在学习过程中能够深入了解社会，对就业有强烈的明确性和目的性。中国现行的教育体制下的学生，从小学到大学参与社会实践相对较少，很多对社会的认识要到工作岗位上逐渐学习。对于当前就业压力较大的形势而言，学校对学生在读大学期间应有计划、有意识地培养其对社会有一些初步的了解。有些学生虽然完成了大学教育，掌握了许多专业知识，却缺少最基本的与人沟通的能力与技巧。因此，学校不仅影响着学生的就业观，还承担着学生社会角色的培养职能。

大众传播媒介对大学生就业观的影响作用也日趋重要。在当今社会，科技经济迅速发展，互联网可以实现信息在瞬间共享。作为大众传播媒体，不仅本身的舆论导向会对大学生就业观产生影响，它还可以为就业创造一个宽松的信息平台。例如，媒体对成功创业的大学生的宣传与鼓励，可以增强大学生的创业信心；媒体对下基层大学生实现自我价值的宣传与鼓励，会使大学生愿意到基层去实现自己的人生价值。

二、影响大学生就业观的因素

（一）主观因素

1. 就业认知偏差

（1）大学生自我评价较高，客观上不能全面认识自己，同时缺乏科学认知的方法和手段。多数大学生不能充分认识自己的能力特长、兴趣爱好、知识水平、气质、性格，只知道一味地追求“我想干什么”，而不明白“我能干什么”，不把自己摆在合适的位置上去求职，当然会处处碰壁。

（2）大学生对职业的了解存在着局限性和片面性，缺乏全面了解职业的渠道和信息。多数大学生对职业的认识仅靠他人的舆论，因此，什么职业“热”就向往什么职业，过分地“心往一处想，劲往一处使”。大学生对社会的了解存在着较多的想象成分，对影响就业的因素认识不足。大学生受年龄和阅历的局限，对社会没有全面、实际的体验，因此，在择业的思维认识过程中，对社会的就业形势、就业环境、就业政策等缺乏正确、全面的了解。有的把社会想象得比较美好，对社会的复杂及影响就业的因素知之甚少，因而其个人的就业期望值往往偏高，脱离了社会的实际需求；有的把社会不利于就业的因素看得太重，并且以点看面，进而认为社会太复杂，就业很困难。大学生在就业问题上需要树立自救意识和使命意识，通过创新来推进中国的就业扩展。

2. 不健康就业心态影响

（1）攀比心理。在这种心理作用下，即使有些单位适合自身发展，但因某个方面比不上同学选择的就业单位，就毅然放弃，事后却后悔不已。

（2）自负心理。部分大学生或因所学专业紧俏，或因就读学校为名牌学府，或因自己无论专业知识还是综合素质都高人一筹，或因被不少用人单位垂青，就觉得这个单位不顺眼，那个单位也不如意，从而错过不少适合自己发展的用人单位。

（3）自卑心理。部分大学生或因所学专业不景气，或因自己专业知识、专业技能及综合素质不如其他同学，再加上因求职屡次受挫，产生强烈的自卑感，进而转化为自卑心理，发展到害怕求职、不敢面对招聘者，自然无法适当地向用人单位展示自身的长处，从而严重影响了就业。

（4）不满心理。部分大学生或因自身综合素质和能力不足，或因时机把握不准而找不到理想的工作单位，但他们往往不正确归因，反而认为是老天对自己不公，抱怨自己读大学刚好碰上这个劳动力大量过剩的时代，大学中又主要接受了应试教育而缺乏动手能力，还碰上大学扩招和高等教育进入大众化教育阶段，总之，好像什么倒霉的事都被他们碰上了，从而产生不满心理。

3. 就业价值取向失衡

择业观是大学生世界观、人生观、价值观在就业上的反映，它直接影响和决定择业行为的产生和结果。

（1）在价值主体上个人取向增强。受市场经济的某些负面影响，当代大学生在就业追求上社会价值观淡化，他们更多地看重职业的个人价值，很少考虑职业的社会价值；更多地考虑自身的利益，而很少考虑个人利益和国家利益的结合。在价值目标上注重经济价值，功利主义较突出。大学生在择业时，把经济收入因素放在重要的位置，而对未来专业知识的发挥却看得较轻。

（2）在地域及单位的选择上，就业观较陈旧。如奉行“稳定高于一切”，看中的是单位姓“公”还是姓“私”，或单位的医疗、养老保障制度。普遍向往经济发达地区，追求安逸舒适的工作环境，不愿去偏远地区、基层单位、中西部地区，这更加剧了艰苦贫困地区人才缺乏的状况。事实上，与前些年相比，大学生就业的大环境已经发生了明显的变化。一方面，东部沿海地区和大城市、大机关、大企业的人才已经相对饱和，而西部地区和基层却急需大量人才；另一方面，随着经济结构的多元化和各种优惠政策的出台，民营经济、个体经济大发展的有利条件越来越多，大学生完全可以凭借自己的聪明才智，到最需要的地方成就一番事业。作为当代大学生，应当树立新的积极的就业观念，即只要能适应，只要能发挥自己的专长，只要有利于自己成长，在哪里工作都一样。对于大学生来说，人生的路还很漫长，一次就业，并不是定终身。

（3）就业能力不足。一方面，大学生“心比天高”；另一方面，他们的综合能力又满足不了用人单位的要求。新形势下的人才标准一改过去单靠文凭或职称来认定人才的普遍做法，提出了把品德、知识、能力与业绩作为衡量人才的主要标准。仅仅拥有知识是远远不够的，大学生更要加强各种能力的培养，如交际能力、组织管理能力、自学能力、运用外语和计算机等现代技术的能力等，只有具备全面的综合能力，才能把所学知识很好地应用在实践中，并在实践中充实自己的知识结构。事实也一再证明，在就业过程中，综合能力强的学生总是备受青睐。

（二）客观因素

1. 产业结构升级因素

近年来，随着创新经济的蓬勃发展和产业结构的快速升级，就业市场对人力资本的需求结构发生了显著变化。一些传统行业逐渐衰退，而新兴行业如物联网、智慧城市、远程医疗等则迅速崛起，对人才的要求也随之提高。然而，青年劳动力在技能结构上的调整往往滞后于市场变化，导致部分岗位与工作场所消失，而新兴岗位又难以迅速填补。这种人力资本鸿沟是造成青年失业率高的重要原因之一。

据教育部数据显示，我国高校毕业生人数逐年攀升。然而，高学历青年群体在就业市场上却面临着“高不成低不就”的尴尬境地。一方面，他们不愿从事低收入或低技能的工作；另一方面，由于缺乏实际工作经验和技能，又难以胜任高端职位的要求。这种供需错配进一步加剧了青年失业问题。

2. 经济不确定性因素

全球经济环境的不确定性以及国内经济结构的持续转型，对青年就业市场产生了深远影响。特别是近年来，国际经济环境陡变，加之百年不遇的疫情冲击，使得部分行业和企业经营困难重重，不得不削减招聘计划甚至裁员。这种经济下行压力直接传导至就业市场，导致青年失业率居高不下。

此外，随着传统人口红利的逐渐消失，我国经济正从依赖低成本劳动力向创新驱动型转变。这一过程中，就业市场的结构性矛盾日益突出。一方面，新兴行业对高技能人才的需求旺盛；另一方面，大量青年劳动力由于技能不匹配而无法满足市场需求。这种结构性失业现象在短期内难以迅速缓解。

3. 用人单位因素

作为市场的需求方，用人单位的选才标准对大学生就业观的影响不言而喻。由于用人单位对大学生的了解不多，因此，名校、英语、计算机、党员、学生干部、社会实践经历等这些约定俗成的“硬指标”就成了用人单位招聘人才时的衡量标准，这就导致了校园里的学生大部分时间都在“啃”英语和计算机，这样的选才标准自然起着不太好的导向作用。其实，对于用人单位来说，大学生的综合素质才是选才的根本。除专业素质外，一个人的理解能力、社交能力、亲和能力、协作能力、创新能力等都很重要。随着高等教育大众化的发展，高校所提供的各类人才越来越充足，造成严重的盲目追求学历现象，大学提供的各种专业教育仅仅是将来生活的一个基础，技能的培养是在实践中完成的。大学生可塑性强，有活力，创造性强，乐于学习，接受新事物快，只要正确引导，稍假时日便会给单位带来效益。

4. 家庭因素

家庭作为长期而权威的影响因素，在个体社会化过程中发挥着特殊的作用。从大学生入学时的专业选择上可以看到，大多数专业志愿都掺杂了家长的意志和愿望，家长的职业现状以及对职业的社会地位、经济地位、发展前途的思考往往影响着子女的就业选择，特别是在今天这种就业渠道还不完善的情况下，父母为子女选择就业岗位的现象仍较为常见。

◆◆◆ 经典案例

王韵覃任职于深圳市蓝禾技术有限公司，她认为大学期间应结合实践，主动探索职业方向。疫情期间，她通过个人爱好开始游戏直播，独立运营个人IP账号，取得了不错的成绩。她还观察了不同赛道的用户兴趣，最终选择电商直播作为职业方向。

大三时，她前往上海森马服装企业实习电商直播运营岗位，面对跨专业和地域挑战，她通过不断学习和实践，最终在一场大促中取得优异成绩，获得领导认可。实习期间，她还结识了许多前辈和同事，学习了大量专业知识。

实习结束后，她了解到应届生就业应以官方招聘为主，简历要简洁明了。经过半年实习，她对未来职业规划有了清晰认识，希望从事互联网电商运营行业。通过不断投递简历和面试，她最终获得理想职位。她明白只有不断努力和探索，才能实现理想人生。她将坚持自己的规划和目标，不负学校栽培，勇敢迈向社会。

（案例来源：大连外国语大学就业案例）

三、就业观的误区

大学生就业思想和观念有误，是就业的最大障碍，突出表现在以下几个方面：

（一）重物质利益

当前大学生在消费社会的环境下，容易受到物质利益的诱惑，加上大学期间的花费和毕业后的生活成本，他们觉得工资收入、福利待遇等是就业选择所要考虑的首位因素。因此，他们往往选择经济较好，收入较高的发达地区、一线城市，较少考虑中西部欠发达地区或者到二、三线城市就业。大学生在就业选择初期被物质利益所诱惑，很少考虑到个人职业发展的空间及个人的兴趣等因素，以致后期面临转型跳槽时问题重重。

（二）重社会地位

当代大学生对国家大事和社会热点极其关注。公务员优越的社会地位让大学生羡慕不已，在大学生的就业中存在跟风报考公务员的现象，导致公务员考试竞争程度异常激烈。报考公务员，从增加自己的就业途径和就业机会的角度来说无可厚非，但有些大学生并不考虑自己是否适合从事公务员工作，也缺少公务员工作中的行政常识、管理常识和法律常识的积累，即使积极报考了，最后也是“竹篮打水一场空”，不仅浪费了自己的时间和精力，也破坏了自己的就业方向和就业节奏。

（三）盲目效仿他人

如今大学生可以通过报纸、电视、广播、网络、手机等多媒体了解到各种社会信息，信息的畅通无阻和无孔不入让他们消息灵通，但同时他们却对信息缺少辨别能力和剖析能力。在当前浮躁的社会风气的影响下，大学生缺少对自己的冷静思考和个人发展的规划，于是看到别人怎么做，自己也跟着怎么做。在职位的选择上缺少个人的见解。盲目效仿他人，以他人的评价和选择标准作为参照。

（四）依赖学校和家长

当代大学生看起来特立独行、有想法、有个性，可是在求职过程中，他们有较强的依赖心理，缺乏主动，把眼光瞄准了可以提供帮助的人，希望依靠学校和家长的努力，获得就业机会。同时，在就业信息的收集和关注上，他们也表现出一定的依赖性，除了学校（院）提供的相关就业信息，对其他渠道的就业信息缺少主动关注和了解，也缺少开拓和探索，在择业去向上也缺乏个人的决断能力，经常犹豫观望。

四、树立正确的就业观

（一）树立自信是关键，不盲目攀比学历，注意实际能力的提升

大学生应该把树立自信作为面向社会的关键。例如，不要认为是高职高专学生就比本科学生低一等、矮一截。因为不同层次的学校培养目标是不一样的，我们应该看到高职高专学校的优势在于最贴近社会需求的专业设置和特殊人才的培养模式。学历固然重要，但学历高未必都是好事，社会需要应用型、技能型、适用型的人才，一些高学历的大学生的学历优势还有可能转变成劣势。所以，高职高专学生应树立信心，增强自信，不去盲目与人攀比学历，应更看重能力的培养、培训与提升，在就业的选择中，充分发挥自身优势。

（二）遵循成才规律，立志从小事、平凡事做起

成才立业是所有大学生的美好追求，但成才不仅仅是知识和技能的掌握，更重要的是学会如何做“人”。在面对就业竞争时，更应该务实求真、遵循成才规律，立志先从小事、平凡事做起，这不仅能较顺利地适应社会的需求，更能对毕业生的人生之路起到导向作用。

（三）先就业，再择业，寄予未来谋长远

目前，不同学历层次（研究生、本科生和专科生）的毕业生在就业形势上，表现出非常大的差异和不平衡。树立正确的择业观，“先就业，再择业”不失为最佳选择。大学生必须对自己的兴趣、心理、能力、价值观念等进行调整，把自己从“我想干什么”的一厢情愿转变到“我能干什么”的现实定位中。在择业中，勇敢地“推销”自己，以自信、冷静的态度，

扬长避短，主动出击，突出介绍自己的“闪光点”和自己与众不同的地方，以赢得择业的最后胜利。

（四）转变就业观念，适应市场需求

面对日益严峻的就业形势，大学生的就业观念必须适应市场对劳动力的需求。现在大学生越来越清醒地认识到就业市场的竞争压力，大学生的期望值也在适时地作调整，比如对收入的预期，也越来越现实，不再奢望高薪、高福利，也不计较单位是何种性质。很多大学生每逢招聘会都去参加，每次参加招聘会，都会切合实际地调整就业目标和心理预期。大学生应该适应形势，改变就业观念，以后的路还很长，树立“先就业，后择业”的心态，抱定“可以到任何地方工作”的信念，求职道路就会越来越通畅，自己也就会主动去适应就业市场的需求。思路带来出路，“先就业、再择业”是当代大学生就业观念转变后出现的一个新趋势。在人才流动加快的今天，个人在就业上选择的余地也很大，对于急需就业的毕业生来说，把这个选择的时机留给将来是比较现实的。

（五）看重经济待遇，更要看重发展前途

随着时代和社会的进步，目前大学生的自主意识逐渐加强。过去大学生只是把工资薪水等经济待遇作为首选，现在已经更加注重自我价值的实现，关注企业的发展前途，把企业发展与自我提升结合起来考虑。这是有较强事业心的表现，是可喜的。在选择职业时同样也是这个道理，你无须考虑这个职业能给你带来多少钱，能不能使你成名，而应该选择最能使你全力以赴干事业的职业，或最能使你的兴趣、爱好、品格和长处与优势得到充分发挥的职业。这样，你的未来发展前途将会迎来成功的鲜花。

（六）树立良好的就业择业心态，克服不良的就业心理

大学生就业的成功与否与是否具有良好的心理状态有着密切关系。如今，大学生面对严峻的就业形势、众多的竞争对手，如果没有良好的就业择业心态，没有正确的择业技巧和方法是难以成功的。因此，大学生在就业择业前，一定要有足够的思想准备，树立良好的就业择业心态，克服不良的心理障碍，排除不利的心理干扰，这样才能做到顺利就业。

“北上广深”不香了？报告称大学生返乡就业比例上升

麦可思研究院发布的一份调查报告显示，当下“95后”“00后”大学毕业生就业观更为理性务实，曾经“北上广深”是不少大学毕业生的向往之地，如今越来越多的毕业生选择回乡就业，非一线城市、基层就业成了他们的新选择。

这份报告的调查结果是基于麦可思研究院对于2022届本科生毕业半年后培养质量的跟踪评价，以及近5年大学毕业生就业质量的跟踪评价。

调查发现，近五届在外地（即“非生源省”）求学的应届本科生毕业半年后返乡（即“生源所在省”）就业的比例呈上升趋势。2022届外地求学本科生返乡就业的比例（47%）较2018届（43%）提升了4个百分点。

具体来看，不同性别、不同生源地的应届本科生返乡就业情况，均有所不同。

在外地求学的2022届本科女生，毕业后即返乡就业的比例（52%）明显高于男生（40%）。报告称，这可能与女性更偏向于追求安全稳定的心理机制有关。

不同生源地2022届本科毕业生，毕业即返乡就业的比例也差异较大。东部地区生源返乡就业比例最高，为59%，其后为西部地区（44%）。东北地区生源返乡就业比例相对略低，为24%。

报告称，大学毕业生返乡就业意愿或与地区经济发展水平有较大关系。家乡所在地经济发展水平越高，就业机会和发展空间越大，生活环境越好，对大学毕业生的返乡就业吸引力也就越大。

另外，对返乡就业群体所在用人单位类型进行分析，报告显示，2022届返乡就业本科毕业生在政府机构/科研或其他事业单位的比例（25%），高出全国本科毕业生平均3个百分点，在国有企业的比例（24%），高出全国本科毕业生平均水平2个百分点。

而从收入观察，返乡就业群体即便在月收入不具有优势的情况下，就业满意度并不低。调查显示，2022届返乡就业本科毕业生的月收入（5 525元）低于全国本科毕业生平均水平465元，工作专业相关度（70%）低于全国本科毕业生平均水平4个百分点，但就业满意度（78%）略高于全国本科毕业生平均水平（77%）。

（来源：中国新闻网，2023年8月）

任务三 端正就业心态

◆◆◆ 经典案例

中国青年政治学院的一项调查显示，51.4%的调查对象将大学生的心理问题归咎于“就业压力过大”。

小王是一名应届大学毕业生，在校四年，自觉学有所成，然而在就业上处处碰壁。他看中的单位，人家却看不中他；单位看中他的，他却看不中人家。毕业已经快一个月了，他还未与一家单位签约。时下，他处在焦虑、忧郁、自卑、不满、无法决断的状态，内心十分矛盾、痛苦。他该怎么办?

请学完本任务后思考以下两个问题，并与同学互相交流。

（1）小王为什么如此苦恼?

（2）问题究竟出在哪里?

一、大学生择业时应具备的心理素质

（一）择业心理素质的含义

1. 心理素质

心理素质是指个体通过教育和活动形成的对个体活动产生影响的较稳定的心理品质。它是人类在长期社会生活中形成的心理活动在个体身上的积淀，是一个人在思想和行为上表现出来的比较稳定的心理倾向、特征和能动性。

2. 择业心理素质

择业心理素质是指对大学生就业有重要影响的心理能力、活动水平及人格特点，它涉及的内容非常广泛，主要包括业务能力、职业成熟度、就业人格特点三个部分。择业心理素质是大学生在大学四年的就业准备及其他活动，如学习、社会实践影响下形成的比较稳定的择业心理特点，是大学生顺利就业、应对就业挫折、实现职业适应与成功、形成各种就业心态的心理基础。

（二）择业应具备的心理素质

大学生在择业过程中，会遇到自荐、笔试、面试等一系列的考验，会遇到专业与爱好、专业与效益、专业与地域、地域与家庭之间的种种矛盾，还会遇到无数次的挫折和失败，能否顺利地接受这些考验，能否果断地处理这些矛盾，能否正确对待就业过程中的挫折和失败，良好的择业心理素质起着非常重要的作用。一个具有良好心理素质的人在求职的过程中能充分发挥自己的聪明才智，挖掘自身的潜力，综合自己的优势，扬长避短不懈努力，从而找到最能施展自己才华、实现人生抱负的舞台。那么大学生应具备哪些择业心理素质呢？

1. 自我肯定意识强，自信心强

自信心是一种自我肯定、自我信任，相信自己的力量能够实现一定目标的心理。具备自信心是大学生择业成功的重要因素，也是大学生重要的择业心理素质之一。具备自信心的大学生，在求职中能表现出坚定的态度和从容不迫的风度，由此赢得用人单位的赏识和信任。大学生有了自信心才能进行正确的自我评价，才能充分认识自身存在的价值，对自己的性格、兴趣、能力、出色的成绩及各方面的长处给予肯定的自我评价，对自己无法补救的缺陷也能正确对待。能充分相信自己的各方面能力，择业时很投入，不怀疑自己的能力，正确地认识和估量环境以及所遇到的困难，并以最旺盛、最活跃的精神状态去克服困难，以足够的耐受力面对挫折，以足够的勇气迎接挑战。有自信的大学生对职业要求有明确的概念，求职时懂得怎样扬长避短，会千方百计地采用最有效的捷径追求目标，即使遇到暂时的挫折，也对自己的前途充满自信。

2. 优良的竞争意识

心理学认为，竞争是指人与人、群体与群体对于一个共同目标的争夺，是竞争主体通过较量而获取需要的对象的过程。人们时常把当今时代称为竞争的时代。竞争无处不在，大到国与国之间的对抗，小到人与人之间的竞争。为了获得自己理想的职业，大学生在大学期间就要努力培养自己的竞争能力，而这恰恰取决于竞争意识的确立。具有优良竞争意识的大学生，他们往往不畏强手，能够发挥潜能，顽强竞争，希望战胜其他竞争对手，胜过他人，实现自我价值。要想在求职与择业中获得成功，大学生应做到以下两点：

（1）敢于竞争。当今时代，竞争机制已经渗入社会的各个领域和人生的整个过程。学习生活一开始，同学之间便开始了学习成绩的竞争，人人都希望得到好成绩，升入好的中学和大学。在大学阶段，竞争更为激烈，评三好学生、优秀毕业生，评奖学金，推荐研究生等，无一不和竞争联系在一起。但是大学生自身的竞争意识在过去并没有得到真正的强化，有的大学生面对竞争的挑战显得手足无措。当今竞争激烈的时代对大学生强化竞争意识提出了迫切要求，也提供了客观环境。迎接新的挑战，强化竞争意识是大学生在择业中必备的心理素质之一。强化择业的竞争意识，一是要在正确自我评价的基础上，充分相信自己的实力，敢于通过竞争去达到理想的目标；二是必须在心理上强化自身的竞争意识，自觉地正视社会现实，转变观念，做好参与竞争的心理准备。

（2）善于竞争。要想在就业中取得成功，仅仅敢于竞争还不够，还必须善于竞争。善于竞争体现为具备良好的心理素质、实力和竞技状态。如果一个人自始至终都以良好的情绪对待学习、工作和生活，那他就有可能在竞争中获胜。

3. 良好的挫折承受能力

所谓挫折承受能力，是指个体在遭遇挫折情境时，能否经得起打击和压力，有无摆脱和排解困境而使自己避免心理行为失常的一种耐受能力。在当前的就业大环境下，就业压力较大，大学生在求职过程中遇到挫折是难免的，关键是如何看待它。如果能以积极的态度和适宜的疗法去对待挫折，把挫折当作磨砺成长的磨石，就能获得对挫折的良好适应，激发自己的潜能，仔细寻找失利的原因，调整好目标，脚踏实地前进，争取新的机会，从求职失败的阴影中汲取经验教训，最终战胜失败；如果抗挫折的能力较差，就会在求职择业的过程中因遭受失败而丧失信心，使挫折成为成功的绊脚石。因此良好的挫折承受能力是大学生成功择业的重要心理素质。

双向选择的本质意义是一种激励手段，对优胜者是这样，对失败者也是如此。它对失败者并不是淘汰和鄙视，相反，是促使失败者振作起来，彻底摆脱“等、靠、要”的就业心态，使他们加快自立自强的转化，成为新时代的开拓者。

4. 对环境的主动适应能力

主动适应能力是指个体为满足生存需要而积极与环境发生调节作用的能力。主动适应能力是心理素质的核心内容之一，同时也是未来社会对人才素质的基本要求之一，是大学生择业必备的素质。市场经济时代，大学生求职择业必须接受市场的筛选、竞争的考验，因此，大学生必须主动适应市场的需要，否则会被无情地淘汰。另外，社会是复杂多变的，对于刚刚步入社会的大学生来讲，难免会有些不适应，大学生只有具备了较强的适应能力，才能尽快适应环境，获得更充分的生存和发展条件，成为社会所需要的合格人才。

5. 理性的择业心理状态

当代大学生的择业心理从总体上讲趋于理性。大学生能够面对现实，接受现实，主动地适应环境的变化，对突发事件能够较好接受而不逃避现实，对生活、学习和工作中的困难能够做到妥善处理，对挫折、失败有足够的勇气和信心；不仅能接受自我、悦纳自我，也能接受他人、悦纳他人，充分认识、肯定别人存在的重要性，乐于与人交往，具有同情友善、信任、尊重等积极的态度；情绪稳定，热爱生活，乐于工作，既能尽情享受生活的乐趣，又能积极进取，不断开拓自己的生活空间，充分发挥自己的聪明才智，体验成功的喜悦，使积极的情绪多于消极的情绪；能够放下“天之骄子”的架子，抛弃“皇帝女儿不愁嫁”的传统观念。

面对就业择业，大学生的心理是复杂而多变的。具备积极的理性的择业心理，可使大学生在面对考验和矛盾时，做到镇静自如、乐观向上、勇于创新、果断决策，从而保持一种稳定而积极的心态，达到如愿就业的目的。

二、自觉地进行自我调适

大学生只有以良好的心态面对求职择业，才能比较顺利地找到职业岗位。由于影响大学生择业心理的原因比较复杂，所以每一位大学生都要根据实际情况，积极主动地调整自己，以一种正确的、合乎实际的心态来对待就业。

人的心理活动总是处于"不平衡—平衡—新的不平衡—新的平衡"的螺旋式发展过程中，大学生的心理活动也是如此。产生各种心理冲突是心理运动的必然结果，大学生应当正确对待，既不要惊慌失措，也不要被动消极。必须认识到人生的道路就是一个不断发现和变迁的过程，为了更好地适应环境个体必须在各个方面不断地调节自己，提高自己，不断增强自己对环境的心理适应能力。在求职的过程中，提高自我调适的自觉性，做好择业的心理准备，才能以良好的心态面对择业。大学生根据自己的情况应当从以下几方面做起：

（一）自我认知心理的调适

在择业中表现出的各种心理问题和心理障碍，与大学生的世界观、人生观、价值观、择业观有直接关系。因此大学生在产生问题时，要先检查自己的认知方面，并适当地进行调适。如发现自己对社会的认识有偏见，认识问题、解决问题的角度和方法有问题，对人生目的模糊，就要考虑自己的世界观、人生观是否端正，应当重新进行审视和调整。如发现自己对职业的社会价值评价与别人不一致，看法不一致，就要检讨一下自己的价值观和职业观是否正确。职业价值观是人生价值观的重要组成部分，对大学生的心理发展具有重要的影响，这方面出现的问题也比较多。树立了正确观念，才能在择业过程中科学地分析就业形势与自我特征，冷静妥善地处理择业过程中的个人与社会、个人与集体、个人与他人的关系，才能热爱所选择的职业，坚定信心，愉快上岗，事业有成。

正常的人都具有自我评价的能力，这是自我意识的功能。自我评价越接近实际，自我产生的心理障碍就越小，适应社会能力就越强。相反，过分的高估或低估自我，就会在心里出现焦虑、紧张不安及狂妄自大等不良心理状态。因此大学生在自我评价意识方面要经常进行调适，学会合理地认识自我，评价自我。但是，一个人要客观公正地评价自我并不是一件容易的事，往往是旁观者清，当事者迷，正所谓"不识庐山真面目，只缘身在此山中"。这就要求大学生在自我评价过程中掌握合理的调适方法。首先，要学会反省。面对择业，大学生除了要客观分析就业形势，最主要的是认识自己已经具备的内在素质能力，明确自己未来发展的方向，同时认真分析自己的优势和劣势，测试自己的性格和气质，有针对性地选择出最适合自己的职业、岗位。这样才能保证在择业过程中赢得主动。其次，要学会比较。在社会中生活离不开各种社会关系，这些社会关系的作用之一，就是作为比较和参照的对象。通过与自己条件、地位类似的人来作比较，从而作出类似的自我判断。同时还可以把他人对自己的评价结论、自己在社会实践中的具体表现作为自我评价的参照物来对比，如果对比结果趋于一致或接近，那就表明自我评价是合理公正的，反之则说明自我认识不够客观，自我评价不准确，缺乏自知之明。

（二）情绪方面的调适

情绪是心理反应的直接表现。如果心理得到满足，就会出现满意、快乐、兴奋、热忱等健康反应；如果心理得不到满足，就会出现失望、内疚、焦虑、恐惧、悲伤、冷漠等不良情绪。前者是积极的，后者是消极的。大学生在择业过程中解决心理矛盾、调适健康心理的关键就在于充分调动积极因素，合理调节消极因素，使困难化为动力，在情绪不断优化中实现目标。情绪调适应当从以下几方面做起：

1. 让非理性情绪向理性情绪转化

人的情绪有理性和非理性之分，这两种状态都会影响人对事物的认知程度和感受方向，也会左右人的情绪变化。研究表明，人的不良情绪产生根源来自人的非理性观念，反之亦然。要改变人的不良情绪，就要设法将人的非理性观念转变为理性观念。比如有的大学生择业时看到一些不如自己的同学找到了比自己理想的工作，就心理不平衡，产生不满情绪，抱怨自己没有抓住机会，抱怨社会不公平，坚持认为自己就应当比别人强，不甘心承认现实。其实，他们没有理性地分析在当前市场经济条件下，高校就业制度改革后“双向选择”“择优录用”的真实含义，也没有理性地分析自己与他人的具体情况，只是简单地按自己的意愿去分析问题。这显然是一种非理性的情绪，如果不及时纠正这种非理性情绪，不良心态就不能消除。

2. 合理地宣泄情绪、松弛心情

情绪管理需要平衡宣泄与压抑的关系，合理释放情绪是维护心理健康的关键。当情绪发作时，人体内潜藏着一股能量，需通过情绪的发泄来释放，否则积聚起来有害身心健康。如果情绪表达经常受到压抑或禁止，容易引起身心疾病，表现在身体上的疾病有胃病、高血压和心脏病等情况。情绪的宣泄有直接和间接两种，直接的宣泄就是直接针对引发情绪的刺激来表达情绪，当直接发泄对于别人或自己不利时，则可以用间接发泄，如向他人倾诉、自我倾诉、文娱活动等，使紧张的情绪得以缓解。但宣泄一定要注意场合、身份，注意适度，要把握“放松自我，不妨碍别人”，利己利人的原则。

3. 进行自我安慰

择业遇到挫折时，可以进行适当的自我安慰。这种调适主要是当一个人追求某项事物而得不到时，为了减少内心失望，为失败找一个借口或理由，以缓解动机的矛盾冲突，消除焦虑、抑郁、烦恼和失望情绪，用以安慰自己。人不可能处处顺心、事事顺利，择业中遇到了困难和挫折，已尽了主观努力仍无法改变时，可以说服自己适当让步，不必苛求，找一个自己可以接受的理由，让自己保持内心的安宁，承认并接受现实，以求得解脱。例如，得知自己落选了，可以安慰自己“失败乃成功之母”“与别人相比，自己还算是好的”。

（三）克服心理障碍，增强心理承受能力

1. 敢于面对挫折

人的生活道路不是一帆风顺的，遇到挫折是正常的事情，能否正确对待挫折，能否忍受挫折，是人心理健康与否的一个重要标志。大学生要维护心理健康，必须提高心理挫折的耐受力。首先，要正视挫折。客观地看待择业过程中遇到的挫折，这种事情人人都可能遇到，自己遇到了也是正常的，应当泰然处之。其次，战胜或适应挫折。遇到挫折要冷静分析原因，找出问题的根源，充分发挥主观能动性，想办法去战胜它。如果主观差距太大，经过努力也无法战胜，就要接受它、适应它，另辟新径，以便再战。最后，要经受挫折的锻炼。当代大学生大都是在顺境中长大的，没有经受过多少挫折，所以承受挫折的能力较差。要多经受锻炼，到艰苦地方去，到社会实践中增加挫折锻炼，提高耐受能力，学会在挫折中锻炼，

在困境中奋起，提高自己的心理承受能力。

2. 积极主动出击

在择业过程中，不要消极等待、畏首畏尾、盲目悲观，而应主动出击，克服依赖学校和他人为自己作出安排的依赖心理。真正理解求职择业本身就是一场竞争，谁也回避不了，做好充分思想准备，迎难而上，就一定会取得成功。

三、求职心态的调整

（一）消除紧张，耐受挫折

当前，大学生就业面临着严峻的形势，这就不可避免地给大学生带来紧张和压力。为了更好地求职择业，大学生要克服紧张的心理，设法把自己从紧张的情绪中解脱出来。

1. 建立自信

自信，是求职成功的心理基础，自信程度对推荐自我的影响要远远超过其他影响因素。缺乏自信，常常是性格软弱和事业不成功的主要原因，也是推荐自我的最大心理障碍。一般来说，缺乏自信的人多是性格内向、勤于反思而又敏感多疑的人。他们自尊心很强，但不懂得如何积极地获取自尊，为了追求一种不使自尊心受到伤害的安全感，为了不在别人面前暴露自己的弱点，不敢坦率地介绍自己，不敢大胆地推荐自己，实际上这正是低估自己的表现。而被别人轻视，也常常是由于自己的自卑和退避造成的。在求职过程中，有的大学生希望给对方留下好的印象，但又总是怀疑自己的能力，不相信自己能够做到，所以，只要置身于陌生人面前，便会产生不知所措的惊慌。在当今竞争激烈的人才市场上，自信、敢于竞争者就能够掌握求职成功的主动权；缺乏自信，唯唯诺诺的人，定会成为竞争中的失败者。建立自信心的前提是要看到自己的优势，要认识到别人也不一定什么都好，自己也不是什么都不如人。首先，不要把招聘者看得过于神秘。从心理学上讲，求职者在面试时心理上处于劣势，往往把招聘者看得过高，好像他们能洞悉自己内心的一切。其实并不是每个招聘者都学识渊博、难以对付，他们也都是普普通通的人，了解了这一点也就不会有畏惧感了。其次，不要总想着自己的缺点。每个人都有缺点和不足，也有优点和特长。多想想自己的优点和特长，即使有缺点，对这一工作来说也可能是优点。通过这样的暗示作用，可以增加自信，消除紧张。可以肯定地说，坚定、自信是求职成功的基础。

2. 消除紧张

许多大学生失败，并不是因为他们缺乏适应工作的能力，而是因为过度紧张，使招聘者对其稳定性产生怀疑而造成的。因为通过面试不仅了解大学生的知识和人品，更重要的是通过相互交谈来测试大学生的应变能力和处世能力。如果过度紧张，甚至怯场，那么大学生的能力、才华就无法展现，失去求职的机会也在所难免。那么，怎样才能克服紧张情绪呢？

（1）不要把面试看得过于重要。如果总是担心面试失败而失去工作机会，就会加重心理负担，增加紧张感。面试时应采取超然的态度，记住这样一句话：即使面试失败了，也没有失去什么，却得到了面试的经验，还有更好的机会在等待，胜败乃兵家常事。

（2）掌握说话节奏。控制说话速度也有利于减少紧张。在紧张的情况下，说话速度会越来越快，进而使思维混乱，讲话的内容也会条理不清，甚至张口结舌，让对方难以听懂你要表达的真正含义，同时还会给人以慌张或有气无力的感觉。这时，放慢说话速度有助于稳定情绪和理顺思路，从而保证口齿清楚、思路清晰、有条不紊。当然，放慢速度要适当，不要故意把话音拖长。

（3）承认紧张。如果紧张难以消除，可以坦率地告诉招聘者：“对不起，我有点紧张。”对方会理解的，甚至还会安慰你，帮助你放松。对大学生自己来说，承认紧张，心情就会慢慢安定下来，紧张情绪就会逐步消失，而且面试的气氛也会融洽起来。承认紧张，对推荐自己并没有什么消极影响，反而会表现你的诚实、坦率和求职的诚意。

有时采用破釜沉舟、背水一战的态度面试，也能消除紧张。有一位女大学生有过这样的经历：在一次毕业生与招聘单位见面会上，由于害怕失败而造成的紧张使她连续被六家单位拒绝，当见面会快结束时，她心急如焚，抱着“豁出去”的想法，找了个招聘单位发泄自己的“愤怒”。出乎意料，这家单位看中了她，当即决定录用，原因是她这种背水一战的态度，使她变得轻松、豁达、无忧无虑了。

3. 克服羞怯

羞怯是许多人都有过的一种普遍的情绪体验，主要是指由于性格内向或挫折引起过多地约束自己的言行，以致无法真实表现自己情感的一种心理障碍。羞怯感强的人，在招聘者面前会感到有一种无形的压力，不敢迎视对方的目光，缺乏表现自己的信心和勇气。面试时常出现脸红、冒汗、张口结舌、语无伦次等现象，对自己的神态举止和言谈过分敏感，生怕自己在招聘者面前失态出丑。越是害怕，越是注重自己的言谈举止，就越无法恰当地控制自己的失态行为，反而会异常紧张，不自然的表情和行为通过反馈进一步增加了紧张心理，形成恶性循环。那么怎样才能克服羞怯心理呢？增强自信心是最有效的途径之一，除此之外，还要注意以下几点：

（1）不要过多地计较他人的评论。羞怯感强的人，最怕得到否定的评价，结果越害怕越不敢表现自己，越不敢与人交往，恶性循环使他在羞怯的旋涡中越陷越深。其实，被人评论是正常的事，应把它作为改善自己的动力，而不应把它当成精神负担。

（2）扩大自己的知识面。只有具备丰富的知识，才能在各种面试活动中，不会因知识过分狭窄而受窘。这里所说的知识，不仅包括专业知识和其他科学文化知识，也包括面试的基本礼节和推荐自我的基本技巧。你可以从有关求职的书刊上获得这些知识，也可以从周围的同学、朋友身上获得。

（3）学会控制自己常用的方法是自我暗示法。每当面试自感有可能紧张、羞怯时，就提醒自己镇定下来什么都不去想，把招聘者当作自己的熟人和朋友，羞怯心理就会减少大半。心理学的研究表明，一个非常怕羞的人，当他在陌生场合讲出第一句勇敢的言语后，随之而来的将不再是新的羞怯，而可能是顺理成章的演说。

（4）争取锻炼的机会开始可以从容易的事做起，如先在熟人的范围里练习面试，锻炼自己的表达能力，运用和熟悉推荐自我的技巧，培养对羞怯心理的抵抗力；然后遵守循序渐进的原则，扩大范围、增加难度。我们建议，要尽可能地参加各种类型的人才交流会和毕业生供需见面会，把它们看成锻炼自己的机会。在有意识地克服羞怯心理的过程中，对每一个机会，都必须做好充分的准备，以获得好的效果。

4. 不怕挫折

挫折是指个人在从事有目的的活动过程中，遇到的干扰和障碍，致使动机不能实现时的情绪状态。生活中的挫折是造就强者的必由之路，挫折是锻炼意志、增强能力的好机会。崇高的职业理想与现实总会有差距，失败者常叹求职择业真难。现实确实如此，就业竞争非常激烈，尤其是理想或热门的职业。但大学生应当了解，职业理想的追求与实现，并不一定取决于职业本身。在中外众多伟大的科学家的成长过程中，我们常常可以看到他们当初职业的起点并非那么“理想”。富兰克林曾经是个钉书工人，华罗庚初中毕业后便帮助家里料理小杂货铺，也曾在母校干过杂务。可见，较低的职业起点，并不贬低职业理想的价值，现实的生活之路，也正是大多数科学家的职业理想进发、形成的环境。大学生在择业时，应该保持健康、稳定的心理，采取积极的态度，遇到挫折时，不要消极退缩。当然从根本上说，一个人战胜挫折的能力绝不是一时的努力能培养出来的，它有赖于大学生平日不断地增强自身修养，学会科学地认识、分析事物，特别是主动经受一些磨难，增加一些挫折经历。

（二）调整心态，成功求职

就业是大学生人生的重大转折，面对严峻的就业形势，大学生应客观地认识社会、认识自己，调整好自己的择业心态，做好充分的就业心理准备，积极地迎接竞争挑战。

1. 正视现实

正视现实是大学生就业必备的健康心态之一。正视现实包括两方面的内容，即正视社会和正视自身。

（1）正视社会。现实是客观的，既有有利于自己的一面，也有不利于自己的一面。随着社会的发展和国家人事制度的改革，大学生就业会面对越来越有利的环境，这将为大学生施展自己的才能提供广阔的天地，有利于大学生的发展与成才。但目前我国就业形势比较严峻，人才供需状况不平衡，边远地区、艰苦行业、基层和第一线急需人才。另外，我国的毕业生就业市场还不规范，尚需进一步完善；同时，用人单位对大学生的要求也越来越严格。这些都是客观现实。大学生应该面对这些现实，一切从实际出发，处理好理想与现实的关系。那种脱离社会、脱离现实、好高骛远、凭空臆想的做法都是不正确的，同时，逃避社会回避现实的想法更是不可取的。

（2）正视自身。常言道：知人为聪，知己为明；知人不易，知己更难。一个不能正确认识自己的人就不能把主观愿望和客观条件有机地结合起来，从而选择切合实际的目标。正视自身，首先要对自己有充分的认识，如价值取向、专业学习状况、各种能力、身心素质等。对自己有充分的认识，有助于明确自身定位，从容应对挫折和挑战。

2. 善于化解求职的心理压力

面对求职时的心理压力，大学生要学会善于化解。

（1）善于调整求职心态。大学生对就业要有正确的认识。就业是人生的一件大事，但又是一件十分平常的具有多种选择的事情，不要把它看得过分重要。对就业要有一颗平常心，找到满意的工作不要沾沾自喜；暂时找不到工作，也不要悲观失望；而要运用智慧积极寻求，耐心等待，对就业保持信心、耐心和恒心。

（2）注意自我减压。对于求职择业的大学生来说，被自己心仪的用人单位拒绝，个人情绪可能会受影响而产生挫折感和失落感，这是非常正常的现象。对此大学生要用积极的心态，认真地思考分析求职失败的原因，找出自己存在的不足，总结经验教训，改变求职策略，为下次求职成功奠定基础。

3. 调整就业期望值

面对严峻的就业形势，大学生要从以下两方面合理调整自己的就业期望值。

（1）不要盲目与人攀比。有比较才会有差距，有差距就会有压力，有压力就会有动力，有动力才会进步。但盲目比较就是嫉妒，会陷入误区，成了在别人的拥有里寻找痛苦。在就业过程中，由于许多复杂的主客观因素的存在，人与人之间有许多情况是不可比也无法去比的，比来比去，除了增加个人的烦恼，对求职没有任何帮助，也没有任何实际意义。

（2）要适时调整自己求职的期望值。对于求职者来说，求职的期望值越高，一旦遭遇失败，失落感就会越强烈，心理承受的压力就会越大。大学生在就业时，要处理好就业理想与就业现实的关系，认清就业形势，正确地评价自己，不要定位过高。这样在求职时，就不会好高骛远，不会人为提高就业难度，而是会降低就业压力。

体验活动

心理调适主题小组讨论

根据以下材料，分组讨论。

A 同学：她成绩不如我，参加的活动也没我多，居然签了一个那么好的单位，我一定不能比她差。

B 同学：找工作靠的是实力，外表根本不重要。

C 同学：给五六个单位投了简历都没有回音，唉，被打击了，不想找工作了。

请分别对以上三位同学的就业心理进行分析，分小组进行汇报。

知识拓展

暂时不能就业者应有的心理准备

1. 要有正确的自我评价

“尺有所短，寸有所长。”每个人都有自己的优点，也都有自己的缺点，所以每个大学生对自己都应有客观和正确的认识，对自己的专业、工作能力、爱好特长、优势劣势有一个完整的把握。暂时的不成功，或暂时不能找到令自己满意的工作，并不代表求职无望，要注意克服缺点，发扬优点，准确定位，同时对单位及就业市场要有所了解，俗话说“知己知彼，百战不殆”。

2. 保持平常心态，适时缓解心理压力

无论从事什么样的职业都不可能一帆风顺，遭遇挫折是在所难免的。对于刚进入招聘市场的大学生更是如此。为此，在就业前就应该做好充分的经受挫折的心理准备。无论遇到怎样的挫折和失败，首先都应该保持冷静，坦然面对；然后认真寻找原因，合理归因。千万不要悲观失望、自暴自弃或怨天尤人，应该以积极的态度和稳妥的办法对求职的方法加以改进，并总结经验，虚心请教，必要的时候可以求助于有经验的前辈或专业人员。这样才能尽快调整状态，抖擞精神，更好地展示自我，接受单位的面试与考核。

3. 脚踏实地与志存高远

有一些大学生为自己的人生设计好了宏伟蓝图：三年内做到部门经理，五年内挖掘到自己事业的第一桶金，七年内拥有自己名下的企业等。有这样的理想固然好，但在设定理想的时候，一定要与事实相联系，充分考虑到现实的情况及市场规则。大学生就业应在立足现实的基础上“志当存高远”，切忌“盲目追寻理想”。由于大学生在面对市场选择时，缺乏经验与社会阅历，因此要带着从零开始、脚踏实地的精神，坚实迈出个人事业的第一步。

实践拓展

就业心态调研与分享：以“大学生就业心态现状及影响因素”“不同专业毕业生就业心态比较”等为主题，组织就业心态调研分享会，各小组将调研报告以PPT、海报、演讲等形式向全班同学进行展示和分享，介绍调研过程、发现的问题和提出的建议。

（1）健康的就业心理有哪些内容？

（2）大学生求职过程中常见的心理问题有哪些？

（3）如何进行心理调适？

（4）大学生在就业过程中出现各种心理问题的原因是什么？如何克服它们？

项目六　求职策略：赢得就业机会

求职的意义远不止是“找到一份工作”。它是一场关于自我认知、社会担当与职业操守的综合考验。如何在求职中展现诚信与责任？如何将个人职业选择与国家需求相结合？如何通过职业发展为社会创造更多价值？这些问题不仅关乎就业成功，更关乎人生方向。让我们从战略到行动，从技巧到责任，共同开启一段充满挑战与机遇的求职之旅，为个人成长与社会发展贡献力量。

学习目标

知识目标：

1. 了解求职渠道与信息筛选方法。
2. 了解求职材料的构成与撰写要点。
3. 了解求职面试的形式。

能力目标：

1. 掌握求职信息的分析方法。
2. 掌握求职材料的制作和投递技巧。
3. 掌握求职面试的技巧。

素质目标：

1. 正确树立择业价值观。
2. 树立积极向上的就业心态。
3. 具备良好的职业道德和职业形象。

翱翔之翼

求职不仅是技能的比拼，更是职业素养的体现。大学生在求职过程中应践行社会主义核心价值观，将诚信、敬业、责任等品质融入简历制作、面试表现和职业规划中。例如，在简历中真实反映个人经历和能力，避免虚假信息；在面试中展现团队合作精神和社会责任感，体现新时代青年的职业操守。

案例导入

小兰是某食品药品职业学院的学生。刚进入大学时，在老师和师兄师姐的引导下，她很快就明确了自己的职业目标，并开始为毕业后的就业做计划。从大二起，小兰就开始关注国家关于食品药品行业的就业政策，并通过多种渠道获取信息。她不仅浏览招聘网站和行业公众号，还积极参加学校组织的企业讲座和校友活动。为了更好地管理这些信息，她将用人单位的联系方式、官网地址等分类整理，存储在一个电子文档中，方便随时查阅。凭借这些准备，小兰抓住每一次可以参与的招聘机会，投递简历后便获得了多个面试机会。不到两个月，她就在校园招聘会上找到了理想的实习岗位，并通过出色的表现顺利留任，实现了从实习到就业的无缝衔接。

点评：小兰成功就业的关键在于她的主动性和系统性。她从大一开始就明确目标，并通过多渠道收集信息、系统化整理信息，最终将这些信息转化为实际的就业机会。她的成功可以总结为以下几点：

（1）清晰的职业规划：小兰早早明确了自己的职业方向，避免了盲目求职。

（2）主动获取信息：她通过多种渠道了解行业动态和招聘信息，确保自己掌握最新的就业机会。

（3）积极行动：她不仅收集信息，还主动投递简历、参加面试，展现了强烈的求职意愿。

（4）实习表现优异：她在实习期间展现了专业能力和职业素养，为正式就业打下了坚实基础。

小兰的成功就业案例告诉我们，在信息爆炸的时代，成功就业不仅需要明确的目标和规划，更需要主动性和执行力。大学生应学会从海量信息中筛选出有价值的内容，并通过系统化的管理和积极的行动，将信息转化为实际的就业机会。同时，实习期间的优异表现也是实现就业的重要保障。因此，掌握有效的就业信息获取渠道和筛选方法是每位大学生必须具备的能力。

任务一　寻找求职机会

一、就业信息的内容

就业信息是指通过各种媒介传递的与就业有关的消息和情况。它的内容涉及范围非常广泛，一般包括就业政策、行业信息、社会需求、企业用人需求等。就业信息对大学生来说至关重要，谁能及时全面地掌握大量可靠的就业信息，谁就可以获得求职的主动权。

（一）就业政策

就业政策是国家、地区、相关部门及学校为了解决应聘者就业问题所制定和施行的一系列措施，主要包括鼓励高校毕业生到基层（如“三支一扶”等）、到中西部地区就业（西部计划），鼓励高校毕业生应征入伍服义务兵役，鼓励和支持高校毕业生到中小企业就业，自主创业，升学和出国，等等。对于就业困难学生，还有系列的帮扶政策。

大学生应在入学即做好就业规划，提前明确自己的择业方向，做好充分的择业心理准备，有针对性地选择自己的就业方向及岗位。通过对国家及所在学校就业政策的全面了解，拓宽就业择业渠道，降低求职风险和成本，提高求职的成功率，从而在人才竞争日益激烈的当下更快更好地就业。

◆◆◆ 经典案例

西部（山区）计划是我国一项重大的人才工程，意在引导广大青年到西部去，到基层去，到祖国和人民最需要的地方去，到基层工作岗位上，默默奉献，实现人生价值。

谢佳彤，广东食品药品职业学院中药学院16中药制药专业学生，在校期间参加“当代中国马克思主义——习近平新时代中国特色社会主义思想与青春学生使命担当”主题教育项目大赛“70年时光有我”荣获一等奖。

为了能够入选西部计划，她做了大量的准备工作，从一开始研究西部计划的入选条件，到搜索相关工作分享。经过翔实的信息搜集与各种“通关准备”，最终谢佳彤在重重筛选中脱颖而出，加入服务西部计划的大部队中，前往新疆维吾尔自治区进行西部援助工作。在骄阳似火的7月，她踏上了前往祖国大美新疆的征途，成为西部计划的一名志愿者，来到了祖国的西北边陲——新疆喀什疏附县，在这片陌生土地上她体会到了人生的价值和生活的乐趣，在与民族群众相处中兑现了自己的青春誓言（如图6–1和图6–2所示）。

图6–1　谢佳彤在西部计划出征仪式

图6–2　谢佳彤在新疆工作场景

（案例来源：广东食品药品职业学院团委公众号）

她说：“我深切感受到人与人之间的情结，是不分民族、年龄和距离界限的。哪怕跨越万里之遥，哪怕此前从未相识，或许在某个角落，某一瞬间就成就了彼此的缘分。这种民族间的缘分，让我感觉特别高尚和自豪。这一次，人生的远行让我豁然明白，每个人都是一颗小小的水滴，无论身处何地，只要肯努力和奋斗，一定能折射出像太阳一样的光芒。”

（二）行业信息

行业信息是指关于某个特定行业的各种信息，包括市场调研、投资分析、竞争对手、行业动态等。这些信息可以帮助人们了解该行业的现状和未来发展趋势，从而为决策提供依据。

行业信息的类型丰富多样，涵盖了从宏观到微观的各个层面。大学生通过关注行业权威网站、公众号、行业报告、相关杂志等，关注行业资讯，了解行业发展带来的影响，理智选择就业方向，并对自己的职业规划不断作出修正调整，以便实现顺利就业。在获取行业信息的过程中，应根据自身的实际情况去搜集和筛选行业信息，这样才能减少求职的盲目性。

（三）社会需求

社会需求是大学生就业、择业的晴雨表。不同领域对人才的要求也有所差异。近年来，“健康中国”上升为国家战略。在“健康中国”战略目标与规划下，大健康产业蕴含着巨大的需求和商机，发展潜力巨大，涵盖了与人类健康紧密相关的多个生产和服务领域，如医疗药品、保健用品、营养食品、医疗器械、化妆用品、休闲健身、健康管理、健康咨询、中医中药、休闲康养、婴幼儿与老人护理等产品与服务等。

同时，随着国内年龄结构、健康需求、人工智能、物联网等变化，大健康行业出现了众多新职位，如化妆品配方、家庭护理、临终关怀、养老护理等。近几年，国家发布了多个新兴职业，这些新职业进一步拓宽了大学生的就业渠道。大学生要学会对不同领域的人才需求量作出正确的判断，抓住新兴岗位，捕捉就业机遇，为自己的职业生涯作出正确判断。

（四）企业用人需求

企业用人需求是大学生就业的重要参考。在大健康产业快速发展的背景下，大学生应抓住多元化、专业化和创新化的就业机会，勇于探索新兴岗位，为自己的职业生涯作出科学规划，不断提升自身能力，实现高质量就业。

在“健康中国”战略的推动下，大健康产业迎来了前所未有的发展机遇。这一产业不仅涵盖了传统的医疗药品和医疗器械领域，还延伸到了健康管理、养老护理、营养食品等多个细分领域。例如：

（1）医疗药品领域：企业需要大量具备药学、生物技术等专业背景的人才，从事药品研发、生产和质量管理工作。

（2）医疗器械领域：机械工程、电子工程等专业的技术人才备受青睐，尤其是能够结合医疗需求进行产品创新的复合型人才。

（3）健康管理领域：健康管理师、营养师、心理咨询师等专业人才的需求持续增长，成为行业的热门岗位。

（4）养老护理领域：随着人口老龄化加剧，养老护理员、康复治疗师等岗位的需求量大幅增加。

随着行业的快速发展，企业对人才的专业能力和实践技能提出了更高要求。例如：

（1）专业技能：企业更倾向于招聘具备扎实专业知识和技能的毕业生，尤其是在医药研发、医疗器械操作、健康数据分析等领域。

（2）实践能力：企业非常看重大学生的实习经历和项目经验，希望他们能够快速适应岗位需求并独立解决问题。

（3）职业资格：许多岗位要求大学生持有相关职业资格证书，如执业药师、健康管理师等，这已成为求职的重要门槛。

二、就业信息收集的方法与途径

大学生获取就业信息能力的强弱是直接关系到求职能否顺利开展的关键性因素，因此需要大学生充分利用各种途径，运用各种方法准确地收集与就业有关的各种信息，为就业决策做好充分准备。

（一）获取就业信息的方法

1. “行业优先”法

大学生在搜集信息时，主要以自己所倾向的某个行业为主，尤其是与自己专业相关行业，更容易以专业作为敲门砖，进入目标行业。特别是要认真了解所选行业的现状及发展前景，主动获取本行业用人单位发展与相关需求信息。

2. “地域优先”法

在选择就业地域时，大学生应重点关注职业发展空间。可以优先考察目标行业在该地域的集聚程度，了解地方政府是否提供人才引进政策支持，例如就业补贴或住房优惠。同时，新兴城市或农村地区可能提供更多的创新机会和成长空间，也值得关注。

大学生不必局限于一线城市，可以根据自身职业规划和生活需求，选择更适合的地域。例如，支持家乡建设，为家乡发展贡献力量；或探索新兴城市，抓住政策红利；也可以选择生活成本较低的地域，更好地平衡工作与生活。如果目标地域暂时没有合适的职位，可以秉持“先就业再择业”的理念，灵活选择邻近城市或跨行业尝试，积累经验后再向理想岗位过渡。

3. “发展优先”法

大学生应明确自己的职业目标，选择自己想进入的行业、企业以及职业工种。根据自身优势选择适合的领域，如发挥专业特长、核心技能或结合个人兴趣，有针对性地收集目标行业的发展趋势、企业文化及岗位需求，通过招聘网站、行业论坛等渠道获取信息。

（二）获取就业信息的途径

获取就业信息的途径主要有以下几个：

1. 学校就业指导中心

学校就业指导中心与各用人单位的人事部门保持有效联系和长期合作。通过校内的就业网站、公众号等媒介及时发布国家、省、市有关就业政策、就业法规、行业信息、用人信息、招聘活动、就业讲座等一系列最新动态。这是大学生获取就业信息的最主要途径之一，例如：

广东食品药品职业学院实习就业网站：https://gdyzy.bysjy.com.cn/。

公众号：广东食品药品职业学院招生就业（GDYZYZS）。

2. 校园招聘会

随着高等教育的深入改革和国家对大学生就业的高度重视，高校积极拓展就业渠道，搭建多元化、多层次的就业平台，精心组织开展形式多样的应届毕业生校园招聘会。校园招聘会招聘对象针对性强，毕业生求职成功的概率较高。

校园招聘会一般有学校组织的校园招聘会、各二级学院自行组织的小型校园招聘会，时间由学校自行组织安排。同时还有上级教育主管部门和各市区人才中心组织的系列校园招聘会，时间一般从毕业前一年的10月底一直持续到毕业当年的4月份左右。

3. 网络媒体

通过网络求职是目前大学生中比较流行的方式。大量的人才需求信息通过招聘的官方网站对外发布。大学生可以登录网站选择自己心仪的企业和职位进行简历投递。用人单位一方面通过应聘者简历投递筛选符合条件的候选人，同时也会主动在招聘网站人才库进行简历搜索，找寻符合条件的候选人。

目前，主流的网络招聘平台有：

（1）国家 24365 大学生就业服务平台（简称 24365 就业平台）。这是由中华人民共和国教育部主管、教育部学生服务与素质发展中心运营，服务于高校毕业生及用人单位的公共就业服务平台。

（2）各省大学生就业服务平台。如广东大学生就业创业智慧服务平台，是由广东省教育厅运营管理，为大学生提供求职信息、政策信息的平台。

（3）各市人力资源和社会保障局官网。各地政府人力资源社会保障系统门户网站也为大学生提供一站式就业服务，包含招聘会信息、职称申办、继续教育、社会保险、医疗保险、就业指导等。

（4）社会招聘网站。目前主流招聘网站有前程无忧、智联招聘、BOSS 直聘、猎聘网等，企业会根据自身需求选择不同的招聘网站投放招聘信息。投放招聘信息的企业，也会出现良莠不齐的情况，大学生在筛选企业招聘信息时，应多方比较，核对企业基本信息和情况，选择优质可信的企业投递简历。

（5）企业网站。有企业官网的公司也会在自己的网站上发布职位招聘信息，大学生可直接投递简历给企业，争取进一步面试的机会。

任务二 简历制作与投递

◆◆◆ 经典案例

临近毕业，小冯与室友们一起积极参加校园招聘会，向企业投递简历，寻找面试机会。经历了几场招聘会后，室友们纷纷获得了企业面试邀约，而小冯却迟迟未获得，心里不免有些失落，也感到压力倍增。于是，小冯拿着简历找到了学校就业指导中心的老师，希望能得到老师的指导。老师听了情况并看了小冯的简历后，指出了小冯简历的问题：

（1）简历没有明确的意向职业目标；

（2）期望薪酬偏高，与职位的平均薪酬相差太大；

（3）实习经历少，且经历的描述没有凸显小冯的专业能力；

（4）个人评价没有展示出自己的优势能力。

在老师的指导下，小冯对简历进行了调整和完善，没过多久，就收到了企业面试的邀约。

简历是大学生求职的敲门砖，是全面展示大学生的教育背景、工作经验、专业技能和成果，帮助用人单位快速了解大学生的综合素质，获得面试机会的首要条件。一份高质量的简历能够在让大学生在众多竞争者中脱颖而出，为自己赢得宝贵的面试入场券。

一、打造求职简历

一份成功的简历是一件自我推销利器，它要能证明应聘者能够解决用人单位的问题或者满足特定需要，表明应聘者拥有能够满足特定工作要求的学历、技能、态度和资质等。一份出色的简历是获得面试机会的重要因素。

在制作个人简历时，要遵循诚信的原则，不在简历中弄虚作假，凭空编造个人经历和荣誉等内容。企业招聘人员的第一准则就是诚实可信，有职业道德底线。

（一）撰写简历前的个人准备

1. 正确的自我评估是写好简历的前提

在职业发展的进程中，正确的自我评估犹如基石，奠定了成功求职的基础。只有充分并清楚地了解自己的优势、劣势、兴趣、职业价值观和职业目标，才能有针对性地撰写简历。

大学生可通过自我经历复盘、职业测评工具和他人反馈等方法，对自己的职业兴趣、技能与能力、工作经验、教育背景、个人特质等进行综合评估，以更清晰地了解自我。个人优势，是大学生寻找职业的优选方向，在简历撰写时要着重突出，通过具体事例和数据加以支撑；对于不足，建议规避相应职业，并思考如何改进不足。

2. 岗位需求分析是简历撰写成功的关键

岗位需求分析是大学生提高简历亮点、获得面试成功的重要一环。通过岗位需求分析，大学生可以有针对性地调整简历内容，突出与岗位相关的技能和经验，提高简历的匹配度。岗位需求分析的具体步骤是：

（1）通过公司网站、招聘网站或就业网站、企业招聘会、宣讲会等渠道，获得企业招聘岗位信息。

（2）从招聘信息里详细解读企业招聘的条件。招聘信息一般有岗位职责和任职资格两部分内容。从岗位的主要职责分析出岗位所需的核心专业知识、专业技能以及核心能力要求；从任职资格里分析出学历、工作经验、技能等方面的要求。

（3）将分析出的能力要求等与自己的能力进行对比，看自己是否符合这些条件。如食品检验岗位通常要求具备食品科学、食品工程、生物技术等相关专业的学历背景，具备实验室操作经验、熟悉检测仪器的使用和维护及持有相关技能证书等。大学生如自身专业及经历与这些相符，则可以在简历中突出这部分能力的撰写，提高与岗位的匹配度，争取面试机会。

在进行岗位分析时，还可以进一步了解意向企业的文化、价值观和工作氛围，判断自己是否适合该企业；分析意向行业的发展趋势和未来前景，明确自己在该行业中的职业发展空间。

知己知彼，方能百战不殆。只有将自我评估与岗位需求分析相结合，用活用好自我探索与职业环境分析方法，才能撰写出一份优秀的简历，在激烈的求职竞争中脱颖而出。

（二）简历的内容和撰写

简历内容一般包括个人基本情况、教育背景、校内实践经历、校外实习经历、技能证书、自我评价等。

1. 个人基本情况

个人基本情况包含姓名、意向职位、出生年月、籍贯或常住地、政治面貌、近期彩色照片、联系方式、邮箱。需注意的是：

（1）在一份简历里不能放多个职位，如食品检验员 / 行政文员 / 食品销售员。一份简历最好只填一个意向职位。

（2）照片建议用近三个月内拍摄的彩色标准证件照，忌自拍照、生活照、艺术照等。

（3）联系方式及邮箱应确保正确无误。

2. 教育背景

采用倒序式，由高到低，即高学位、高学历先写，高中或中职阶段可不写。优先写与意向职位关联度大的学科、成绩较好的学科；忌将所有学科全部写上，或弄虚作假，自己拔高学科成绩。

3. 个人经历

这部分内容是简历的最重要部分，包括校内实践经历和校外实习经历。也采用倒序式，由近到远。

（1）校内实践经历：主要包含在学校所承担的学生干部工作、组织（参加）活动、参加各类比赛、参与课题研究、社会实践活动等经历。重点突出与意向职位关联度比较大的经历，没有关联的经历可不写或合并写。忌简单地将校内经历罗列，如学生每年都获得校奖学金，就不必每年逐一去写。

（2）校外实习经历：优先写与意向职位关联度比较大的经历，其次是与意向企业所需要的能力相符的经历，突出个人所具备的能力与获得的成果。

（3）撰写格式如下所示：

起止时间　活动名称 / 企业全称　担任职务

做什么（实习内容 / 项目内容）：负责 ××× 工作，组织了 / 开展了 ×××

做了什么（行动）：采取 ××× 措施 / 方法，运用 ××× 技能

做的怎样（成果——数据、效果）：完成了 / 获得了 / 取得了 ×××

（4）技能证书。例如，外语、计算机水平等级考试证书，获得的执业资格证书、职业技能等级证书等，优先写与意向职业有关的。

（5）自我评价。这部分是整个简历的高度概括，简明扼要写明自己的性格特征和优势能力，更要写出意向职位所需的能力，即能在这个岗位上解决什么样的问题。内容有逻辑性和条理性。

在撰写简历的过程中，要始终围绕匹配、有实例、有成果数据的核心精心撰写自己的经历，与意向职位匹配度高的经历、技能、能力、证书等是优先放进简历的内容，多用实例、数据展示个人的能力和成果。撰写时忌空虚、空洞的描述。

（三）简历格式排版要求

（1）美观。美观的简历能给招聘者留下专业、用心的第一印象。所谓美观就是简历的色彩不宜过多，不宜用色彩鲜艳和花哨的简历模板，间隔有序、整齐划一。

（2）排版规范。简历中所有内容的格式一致，字体颜色为黑色，各段标题对齐，字体、字号一致，行间距根据简历篇幅调整，整体留白得当。

（3）简历篇幅。应控制在一页以内。在撰写经历时，优选匹配度高的经历，没有关联的经历，如歌咏比赛、诗歌比赛等，可以不写。永远不要用荣誉奖励填充简历空白。

请结合自己的求职意向，制作一份精美简历，要求如下：

（1）内容：确定求职意向，梳理个人信息，总结实践经历，提炼自我评价。

（2）设计：模板选择，字体、字号、颜色选取，页面布局调整。

（3）优化：内容检查，版面优化。

二、简历的投递

制作简历只是第一步，简历投递是否得当也直接影响到能否获得面试机会。以下是简历投递的技巧：

（1）简历投递的时间。选择合适的时间投递简历至关重要。通常，工作日的上午9时到11时、下午2时到5时是企业招聘人员处理邮件的高峰期，此时投递更容易被看到。避开节假日和周末，以免简历被忽略。

（2）简历投递的渠道。根据意向企业的特点选择合适的投递渠道。招聘网站（如智联招聘、前程无忧）适合多个职位、多个企业投递，覆盖面广但竞争激烈；通过企业官网投递显得更有针对性，能直接对接企业招聘需求，提升成功率；如果有校友、朋友或老师推荐，内推渠道的成功率会更高。

（3）简历投递的格式。简历通常使用PDF格式，以避免因软件版本不同导致格式错乱，命名采用"姓名＋岗位＋联系方式"的格式，邮件正文附上简短的自我介绍和求职信，体现个人诚意。

三、简历附件资料

求职过程中，除简历外，还需要一些附件资料，如就业推荐表、成绩单、技能证书等。

（1）就业推荐表。就业推荐表是学校统一发给每位大学毕业生填写的并附有学校意见（鉴定、评价等）的书面推荐表格，具有权威性和可靠性。用人单位，尤其是大型国企、事业单位等对该表比较重视。大学毕业生要认真填写，妥善保管。

（2）成绩单。成绩单是大学毕业生学习成绩的证明，由学校教务部门出具并盖章。

（3）技能证书。这是大学毕业生求职的资格凭证，也是企业招聘部分专业人才的门槛。如大学英语四级、六级证书，普通话等级证书（教育类职业必备）、计算机等级证书、奖学金及其他荣誉证书、各种专业比赛和综合素质类比赛获奖证书、技能证书和职业资格证书（如中药调剂员证书、护士执业资格证书）等。

撰写求职信的注意事项

（1）结构清晰，格式标准。一般包括标题、称谓及问候、正文、结束语、落款和日期五个部分。通过电子邮件等方式投递，求职信写在邮件正文部分。

（2）展现应聘者的真诚。求职信表达应聘者的求职意向，既需要落落大方展示自己的优势，又要如实表达自己，切忌吹嘘。

（3）一岗一信，量体裁衣。每个招聘单位每个招聘岗位，对应聘者都有不同的要求，因此应聘者应针对不同单位和职位，撰写不同的求职信，注意要有明确的针对性，而非泛泛而谈。

（4）突出主题，简短清晰。求职信要重点突出应聘者的背景材料中与未来用人单位最有关系的内容，避免空泛和重复。

（5）语句通顺，文字规范。切忌错字、别字、病句、文理欠通。应使用专业的、正式的语言和用词，避免使用口语化的非正式语言等表达方式。

（6）细致核查，事半功倍。发送求职信之前，仔细地核查，确保收信人的姓名、职位和称呼准确，本人联系方式正确，尤其是确保附件简历和相关材料及时上传。

求职信示例：

求职信

尊敬的陈经理：

您好！

我叫张三，是广东食品药品职业学院中药学专业2024届应届毕业生。在学校就业网站看到贵公司招聘中药调剂员的职位信息，我对此职位非常感兴趣，并希望能够加入贵公司，为传承和发扬中医药文化贡献自己的力量。

在大学期间，我系统学习了中药学专业的核心课程，如中药鉴定、中药炮制、药用植物识别和中药调剂等，具备扎实的中药学理论基础。通过课堂学习和实践操作，我熟练掌握了中药的鉴别、炮制、调剂等技能，能够准确辨别各类中药材的真伪优劣，并熟悉中药的药理作用和应用。我积极参加学校组织的各类实践活动，加入中药传统技能协会，积极学习中药标本制作、中药药膳制作等，积累了丰富的实践经验。此外，我荣获广东省职业院校学生专业技能大赛中药传统技能赛项（高职组）二等奖，进一步提升了自己对中药的理解和应用能力。

北京同仁堂广州药业连锁有限公司，作为中医药行业的百年老字号，以其精湛的制药工艺、卓越的产品质量和良好的企业声誉闻名于世，致力于传承和弘扬中医药文化，这与我对中医药事业的追求不谋而合。我相信自己能够融入贵公司的团队，为传承和发展中医药事业贡献自己的一份力量。

我坚信自己具备胜任中药调剂员岗位的能力和素质。专业上，我中药基础扎实，熟悉调剂流程，并考取了中药调剂员的高级证书；在与人沟通交流上，我性格开朗、热情大方，善于倾听顾客需求，能够耐心细致地为顾客解答关于中药的各类问题；学习上，我具备较强的学习能力和适应能力，能够快速熟悉贵公司的产品和业务流程，为顾客提供优质的服务。此外，我对中药学的热爱和对中医药事业的执着追求，将使我始终保持高度的工作热情和责任心，努力为顾客提供最满意的服务，为公司创造良好的经济效益和社会效益。

我期待能够加入贵公司，成为一名优秀的中药调剂员。如果有机会参加面试，我将携带我的简历及相关证书原件供您查阅。我的联系方式是［手机号码］，电子邮箱为［邮箱地址］。感谢您在百忙之中审阅我的求职信，期待您的回复。

此致

敬礼！

张三

2025年1月17日

任务三 打造职业形象

在求职过程中，仪容仪表是构成第一印象的关键因素。招聘者会通过应聘者的外在形象，初步判断其专业能力和任职资格。因此，保持良好的职业形象，如得体的着装、整洁的仪容和自信的举止，能够为大学生争取更多加分，提升面试成功率。

一、面试着装

面试时，国企、政府机关及事业单位一般倾向正装，尤其是面试公务员时，对着装要求会更高。一般公司虽对面试着装没有提出要求，但应聘者也不能随意穿着无领T恤、沙滩裤、拖鞋等休闲装去面试，给面试官留下散漫的印象。

具体面试着装要求如下：

（一）女士着装

女士着装以美观、稳重大方、协调为原则。一般以西装套装或套裙为宜，西装外套应合身，长度适中，裤子避免过长或过短，裙的长度应在膝盖上下，保持端庄得体。着裙装搭配肤色长筒丝袜，避免有勾丝或破洞的问题。忌无袖、低胸、薄透、超短、紧绷等服装。鞋子选择中跟皮鞋为宜，颜色以深色为主，忌超高跟、拖鞋、厚重运动鞋等。萝莉装、汉服等服装不适合面试场合。

（二）男士着装

男士着装应遵循“三色原则”，即整体着装颜色不超过三种，保持简洁和谐。西装外套选择深色系，如黑色、深蓝色或深灰色，衬衫颜色应与外套形成反衬，白色或浅蓝色衬衫是合适选择。如需戴领带，则颜色应选择与西装和衬衫搭配协调的款式，避免过于花哨的图案。搭配深色的皮鞋，保持鞋面干净、光亮。袜子颜色应与裤子或鞋子相协调。注意领口和袖口整洁，衣服无褶皱。口袋里不宜放过多东西，以免显得鼓鼓囊囊。

二、仪容仪表

在面试中，仪容仪表是个人职业形象的重要展现，直接影响招聘者对应聘者的第一印象。无论是女生还是男生，都应注重细节，展现整洁、专业的形象，以体现对面试的重视和对职业的尊重。

（一）女生仪容仪表

（1）妆容以淡雅为主，避免浓妆艳抹，突出学生自然清爽的身份。忌香气浓烈的香水。

（2）保持面部清洁，避免油光或脱妆。面试当天忌吃有刺激性气味的食品。

（3）发型应干净、利落，避免过于复杂或夸张的造型。长发建议扎起或梳理整齐，短发保持清爽干练，避免遮挡面部。发色为自然色，不宜染成浅色或彩色系。

（4）手部干净，指甲不宜过长或做成装饰过多的美甲。

（5）配饰以简单为宜，避免夸张的项链、耳环及手链等。

（二）男生仪容仪表

（1）保持面部清洁，不留胡须，避免长胡须或未刮干净有胡茬。面试当天忌吃有刺激性气味的食品。

（2）可适当使用护肤品，避免油光或干燥起皮。忌香气浓烈的香水。

（3）发型干净、干练，避免过长或油腻或凌乱，发色为自然色，不宜染成浅色或彩色系。

（4）手部干净，指甲修剪整齐，避免过长。

（5）配饰以简单为宜，避免夸张的项链、耳环及手链等。可选择简约的手表。

三、谈吐举止

“未见其人，先闻其声”，谈吐得当是面试中的重要加分项。举止主要通过表情、姿势、动作等表现出来，体现一个人的修养和素质。在面试中，良好的谈吐举止能够给招聘者留下深刻印象，直接影响面试结果。以下是面试中需要注意的几个方面：

（1）表情管理：保持自然微笑，展现自信与亲和力，避免过于严肃或紧张的表情。眼神交流要适度，与面试官有目光接触，及时点头回应面试官的提问。

（2）仪态管理：坐姿端正，背部挺直，双脚平放地面，忌跷二郎腿或抖腿。手势自然，避免过多的小动作，如频繁挥手或手指绕圈等。站立时，身体站直，双手自然垂直或交叉在身前，避免倚靠墙壁或桌椅。

（3）语言表达：应答时，语速适中，吐字清晰，避免过快或过慢，确保面试官能够听清。语气谦逊有礼，避免使用口头禅或网络用语等表达方式。面试过程中，主动与面试官打招呼，注意使用礼貌用语，如“您、您好、请您、不好意思、再会”等。

（4）举止礼仪：进入面试室前敲门示意，得到允许后再进入。面试结束后，主动起身致谢，将椅子摆放整齐。

任务四　掌握面试技巧

◆◆◆ 经典案例

李梦的求职经历

李梦是某高职院校药学专业的应届毕业生。在求职前，她听说就业市场竞争激烈，虽然招聘信息很多，但适合缺乏实践经验的应届毕业生的好岗位却很少。因此，她将目标定得较低，打算应聘一家单体药店的营业员岗位。李梦认为自己专业对口、成绩优异，还有一些相关实习经验，面试应该十拿九稳，因此没有认真准备。

面试当天，李梦只简单熟悉了一下简历，没有做其他准备。到达现场后，她发现其他应聘者都经过精心打扮，手里拿着简历，嘴里念念有词，显得非常认真。相比之下，李梦连简历都没带，不免开始感到紧张。

进入面试室后，李梦看到两位表情严肃的面试官，紧张加剧，头脑一片空白。面试官要求她做自我介绍，但她几乎忘记了准备的内容，只能生硬地背诵简历，声音微弱，还不自觉地拨弄头发，没有那么自信了。当被问到“你觉得自己应聘这个岗位有什么优势？”时，李梦虽然之前有所准备，但由于紧张，只能简单回答：“我是这个专业的毕业生，学习成绩挺好的，有过实习经历。”回答缺乏条理和深度，未能展现自己的优势。由于准备不足、紧张过度以及面试表现不佳，李梦最终未能通过面试。

分析：

从上面的案例可以分析出李梦的失败主要在三个方面：

（1）准备不充分：她对面试没有足够重视，也没有认真准备简历、自我介绍和常见问题的回答，在回答面试问题时不知如何应对。

（2）缺乏自信：面对严肃的面试官，李梦过度紧张，加上没有提前准备，缺乏自信心，未能充分展现自己的专业能力和优势。

（3）忽视细节：小动作、声音微弱等不自信行为，影响了面试官对她的整体印象分。

建议：

（1）充分准备：面试前应认真准备简历、自我介绍和常见问题的回答，并进行模拟练习，提升自信心。

（2）注重细节：注意仪容仪表、肢体语言和语气语调，增强自信心。

（3）调整心态：保持冷静，积极应对面试中的压力，充分展现自己的真实能力和优势。

面试是用人单位考核应聘者的一种招聘测试，是评价应聘者素质特征的一种考试方式，考察应聘者是否具备胜任该岗位的能力。通过面试，用人单位可直接了解应聘者的言谈举止、综合素养和特定能力。而对大学生而言，面试是对自己多年的学习、实践成果的一次检验，也是获得心仪职位，迈向企业的重要途径。

一、面试主要类型

面试的方法很多，方式灵活多样，不同的企业根据面试对象不同，会选择不同的面试类型。主流面试形式有：

（一）笔试

笔试作为招聘流程中的重要环节，可以为企业提供客观、量化的筛选应聘者的依据。通过科学设计试题、优化评分标准、动态调整权重，企业可以进一步提升笔试的效度和信度，快速筛选出知识储备扎实、逻辑思维能力强的应聘者，为后续面试环节缩小范围。

笔试侧重理论知识，而面试侧重实践能力（如沟通、应变、团队协作），两者结合可避免单一考核的局限性。笔试重点考查岗位相关的核心知识，如药学专业岗位的药剂学理论、食品检测岗位的食品安全法规等，为面试官提供应聘者专业水平的客观依据。虽然笔试成绩在综合评分中的占比小于面试评分，但也是评分的权重之一。例如，笔试占 30%，面试占 70%，从而综合评估应聘者的整体素质。

大型国企、事业单位和公务员考试中普遍会有笔试环节。除基础政策、职业道德等以外，还会涉及较多专业知识。例如：药企招聘研发人员时，笔试内容涵盖药物化学、药理学、药剂学等专业知识；食品企业招聘质量检测人员，重点考核食品微生物学、食品分析检测技术和食品安全法规。通过笔试，企业可以了解应聘者的专业知识程度、逻辑思维能力以及书面语言表达能力等。

（二）测评

测评也是一些企业会选用的面试方式之一，一般在面试前进行。测评是通过心理测量工具、行为模拟任务或情景模拟问卷，评估应聘者个性特质、职业倾向、心理素养和潜在能力的过程。例如，药品销售代表岗位通过性格测评判断应聘者的外向性和抗压能力；食品研发创意岗位通过创造力测评挖掘创新潜能；药企质量管控岗位通过责任心测评确保应聘者具备高度责任感。

在企业招聘中，常用的测评工具包括性格测评（如 MBTI、DISC）、职业倾向测评（如霍兰德职业兴趣测试、职业锚测试）、能力测评（如逻辑推理测试、情景模拟测试）以及心理素养测评（如抗压能力测试、情绪智力测试）等，也有企业会选用本企业的测评问卷。这些测评工具能够帮助企业快速筛选出符合岗位软性素质要求的候选人，提升招聘效率。

（三）结构化面试

结构化面试是一种标准化的面试形式，面试官根据预先设计好的一系列标准化问题，按照固定的流程和评分标准对每一位应聘者进行提问和评估。这种面试形式旨在通过统一的测评方式，确保对应聘者的评估更加公平、客观和全面。

结构化面试通常在应聘人数较多的情况下，能够快速筛选出符合岗位基本要求的候选人。它也广泛应用于公务员招聘、事业单位招聘以及大型企业招聘中。如公务员的结构化面试时间一般在 20～30 分钟，应聘者需要在规定的时间内完成规定题数的应答，且在回答问题过程中，面试官不会做时间提醒，这就考察应聘者对时间的把控，每个问题的思考维度、表述逻辑等能力，还有面对多位面试官时的心态和抗压能力。

结构化面试的题目类型会涉及专业知识与技能、职业素养与价值观、问题解决与应变能力、沟通与团队协作、自我认知与职业规划等。

（四）非结构化面试

非结构化面试与结构化面试相反，它是一种灵活、开放的面试形式，没有固定的提问提纲和问题顺序。面试官会基于岗位胜任力素养要求，根据应聘者的简历、背景以及现场表现，随机提出各种问题，这些问题没有固定的模式和标准答案，旨在全面评估应聘者的综合素质、应变能力、沟通能力以及与岗位的匹配度。

与结构化面试相比，非结构化面试更加注重应聘者的实际表现和现场反应，能够更真实地反映应聘者的个人能力和特点。这对应聘者提出了更高的要求，因为面试问题的不确定性，应聘者需要具备较强的应变能力和沟通能力，才能在面试中脱颖而出。

非结构化面试会涉及的问题范围有个人背景与经历、专业知识与技能、问题解决与应变能力、沟通与团队协作、职业素养与价值观、开放性与创新思维等。例如，某食品广告公司招聘创意文案，面试官从应聘者小周的旅行经历聊起，询问旅行中的所见所闻对其设计理念的影响。小周结合旅行中的文化体验，提出将地方特色融入食品包装设计的创意，展现了独特的视角和创新思维，成功获得录用。案例中面试官就是根据小周的简历和回答，灵活追问，挖掘更多细节信息，通过交流，对小周的思维方式、创新能力、专业水平、沟通技巧等进行综合评估，认为他符合岗位要求，确定录用。

（五）模拟操作面试

模拟操作面试是让应聘者在与实际工作岗位高度相似的环境中，完成特定任务，以此考察其行为反应和实际操作能力。它是一种功能模拟测试法，能够直观检验应聘者在真实工作场景中的表现。这种面试方式广泛应用于企业的一些技术或动手能力强的岗位，例如药品检验员、食品质检员、制剂工等。

在模拟操作面试中，面试官会根据岗位需求布置具体任务。例如，药品检验员需使用高效液相色谱仪测定药品有效成分含量，食品质检员需检测食品微生物指标。面试官会全程观察应聘者的操作步骤是否规范、设备使用是否熟练、问题处理是否得当，并根据操作过程和结果评估其专业能力和岗位适配度。这种面试方式能够直观地检验应聘者在实际工作场景中的动手能力，避免出现“纸上谈兵”的情况。

（六）无领导小组讨论面试

无领导小组讨论面试是一种集体面试形式，通过模拟实际工作场景中的团队任务或问题讨论，评估应聘者的多种能力。面试中，应聘者被分成若干小组（通常每组 5～12 人），在没有指定领导的情况下，围绕一个与工作相关的问题展开讨论。面试官作为旁观者，不参与讨论，而是通过观察应聘者在团队环境中的互动、沟通、决策和问题解决能力，来评估其是否适合岗位胜任力素养要求。

面试流程通常分为四个阶段，每个阶段都有其独特的功能和考察重点。

（1）入场准备阶段，应聘者阅读题目并准备发言提纲。主要考察应聘者的快速理解能力和逻辑思维能力，看其能否在有限时间内抓住问题核心，并形成清晰的思路。

（2）个人陈述阶段，每位应聘者依次表达自己的观点。重点评估应聘者的语言表达能力、思维深度以及观点的独特性，同时也为后续讨论奠定基础。

（3）自由讨论阶段，小组成员围绕问题展开自由交流，尝试达成共识。这是整个面试的核心环节，能够充分展现应聘者的团队协作能力、沟通技巧、领导潜质以及问题解决能力。

（4）总结陈词阶段，小组推选代表汇报讨论结果。不仅考察代表的总结能力，也能反映团队内部的合作效率和分工合理性。

无领导小组讨论的题型丰富多样，不同题型考察侧重点各有不同，依据岗位胜任能力要求来设计，例如：

（1）开放式问题：考察应聘者的思维广度和深度，看其能否从多角度分析问题并提出创新性见解。

（2）两难问题：评估应聘者的分析能力和决策能力，看其如何在矛盾中权衡利弊并作出合理选择。

（3）多项选择问题：侧重考察团队合作与决策能力，看小组能否在有限时间内达成一致意见。

（4）操作性问题：通过模拟实际工作场景，考察应聘者的实际操作能力和执行力。

（5）资源争夺问题：评估应聘者的协调与分配能力，看其如何在资源有限的情况下实现团队目标。

面试官在无领导小组讨论中主要从多个方面对应聘者进行综合评估。第一是发言内容，面试官关注的重点是应聘者表达是否清晰，逻辑是否严谨，论据是否充分，能否为团队讨论提供有价值的见解。第二是团队协作能力，考察应聘者是否积极参与讨论，能否尊重他人意见，是否愿意为团队目标作出妥协。第三是领导能力，评估应聘者是否能够引导讨论方向，协调团队成员，推动讨论进程。第四是沟通能力，看其表达是否流畅，能否有效传递信息，是否善于倾听他人观点。第五是情绪控制，评估应聘者在压力或冲突中能否保持冷静，能否以建设性态度处理分歧。第六是非言语行为，观察其肢体语言是否得体，是否表现出自信和开放的态度。

无领导小组讨论面试的最大优势在于其模拟了真实的场景，能够全面考察应聘者在团队环境中的表现。它不仅关注应聘者的个人能力，还注重其在团队中的角色定位和贡献度，为企业选拔具备综合素质的人才提供了可靠依据。

（七）在线面试

在线面试也是企业招聘中的常用方式，主要有电话面试、视频面试和 AI 面试三种形式。随着互联网技术和人工智能的快速发展，在线面试因其高效、便捷、成本低等优势，被广泛应用于招聘的初期筛选阶段。它不仅打破了地域限制，节省了双方的时间和交通成本，还能帮助面试官快速了解应聘者的专业知识、沟通能力和求职意向。对于在线面试，应聘者需要提前做好充分准备，熟悉流程，提升表达能力，展示自己的专业素养和综合素质，才能在面试中脱颖而出。

1. 电话面试

电话面试通常用于招聘流程的早期阶段，是一种高效的筛选方式，主要考察应聘者的语言表达能力和沟通技巧。应聘者在面试前需要做好充分准备：要熟悉简历内容，确保能够清晰描述每一段经历和项目；准备好简历、纸笔，方便随时记录重要信息，最好选择安静的环境，避免背景噪声干扰。应聘者要注意在接听电话过程中使用礼貌用语，回答问题要做到语言简洁、逻辑清晰，抓住机会展示自己的专业能力和优势，用具体案例进行佐证。

2. 视频面试

视频面试更接近线下面试，面试官综合评估时都会考察应聘者的形象、气质和非言语沟通能力。视频面试的面试官，除了招聘人员，还有岗位所在部门的主管或专业技术人员等一起组成面试小组，对应聘者进行面试。应聘者要重视视频面试，提前熟悉视频面试平台（如 Zoom、腾讯会议等），检查摄像头、麦克风、扬声器是否正常工作，确保网络稳定。要选择安静、明亮、整洁的背景，避免干扰。同时，虽然是在线面试，应聘者仍要按线下面试的要求，选择得体的服装，保持整洁，忌忽视下装的正式着装要求。

3. AI 面试

AI 面试是当前和未来都会常用的一种新型面试形式，通过预设的算法和评分标准，能够快速、客观地筛选出符合岗位要求的候选人。AI 面试的优势在于高效便捷，能够快速筛选大量候选人。通过算法分析，AI 面试减少了面试官的主观偏见，提升了招聘的公平性。此外，AI 面试不仅能评估应聘者的语言表达能力，还能分析表情、语速、情绪等非语言信息，提供多维度的评估数据。同时，应聘者可以随时随地进行面试，不受时间和地点的限制，极大提升了面试的灵活性和便利性。

三种在线面试的对比如表 6-1 所示。

表 6-1　三种在线面试的对比

对比维度	电话面试	视频面试	AI 面试
面试形式	仅通过语音交流，无法观察应聘者的表情和肢体语言	通过视频实现“面对面”交流，能够观察应聘者的表情、肢体语言和环境背景	通过视频录制或在线答题，AI 系统分析应聘者的语言、表情和行为，全程无面试官参与
考察维度	主要考察语言表达能力和沟通技巧	综合考察语言表达、形象气质、非言语沟通能力（如眼神交流、肢体语言）	通过算法分析语言表达、逻辑思维、情绪管理、表情变化等多维度数据，提供量化评分
互动性	互动性较强，面试官可根据回答灵活追问	互动性最强，面试官与应聘者实时交流，可深入挖掘信息	互动性较弱，应聘者根据预设问题作答，无法与 AI 系统进行实时互动
效率与公平性	效率较高，但受面试官主观影响较大	效率适中，面试官的主观判断对结果影响较大	效率最高，能够快速处理大量数据，评分相对客观，减少人为偏见
适用场景	适用于初步筛选，尤其是大规模招聘的早期阶段	适用于异地远距离的面试，尤其是需要深入了解应聘者综合能力的岗位	适用于大规模初步筛选，尤其是对沟通能力、逻辑思维等要求较高的岗位

随着人工智能技术的不断发展，AI 面试正朝着更智能化、个性化和公平化的方向迈进。这一趋势不仅为企业招聘提供了更高效的解决方案，也为应聘者创造了更公平、便捷的面试体验。应聘者应密切关注企业面试形式的变化，积极适应人工智能在招聘中的应用。

二、面试前的准备

◆◆◆ 经典案例

小丽收到某药品公司的面试邀请，通知她第二天上午 9 时 30 分到达公司参加面试，并要求携带个人简历、身份证、毕业证及相关证书的原件和复印件。然而，面试当天，小丽因未设定闹钟而起晚了。原本计划先乘地铁再打出租车前往面试地点，但因大雨一直叫不到车，小丽到达面试现场时已是上午 10 点多钟。此时已有其他应聘者在面试，轮到小丽时，面试官要求查看她的证件原件，小丽这才意识到自己因匆忙出门忘记携带了。在回答面试官问题时，小丽显得紧张，表现不佳。面试很快结束，小丽意识到这次面试失利了。

分析：

小丽之所以面试失利主要有以下几个问题：

（1）时间管理不当。小丽未定闹钟导致起床过晚，匆忙出门，未能预留足够的时间应对突发情况（如大雨和交通问题）。迟到不仅影响了她的面试状态，也给面试官留下了不守时的负面印象。

（2）准备不充分。小丽未按要求携带身份证、毕业证及相关证书的原件和复印件，导致面试官无法核实她的基本信息，影响了面试的顺利进行。

（3）应对突发情况能力不足。面对恶劣天气及交通难题，未能迅速调整计划，最终导致迟到。在招聘流程中，企业通常会依据既定的面试顺序安排应聘者面试，应聘者的迟到不仅会打乱企业的面试计划，还可能干扰面试官的工作安排。

通过这个案例我们可以看出，在面试过程中，无论是在线面试还是线下面试，充分的准备都是面试成功的关键。

（一）了解面试形式与流程

首先，应聘者在接到面试通知时，要了解面试的形式。在线面试需特别注意设备、网络和环境布置。其次，熟悉面试流程，包括开始时间、预计时长、是否有笔试等。如果是线上面试，要提前熟悉所使用的平台（如 Zoom、腾讯会议、AI 面试软件等），确保能够熟练操作。

（二）仔细研究企业与应聘岗位信息资料

在面试前，应聘者要深入研究企业背景和仔细分析所要应聘的岗位要求。通过企业官网、社交媒体、新闻报道等渠道，了解企业的基本情况、企业文化、业务范围和最新动态。仔细解读招聘信息，了解岗位职责里所需的知识、技能等能力要求和期望的候选人特质。同时，还要关注行业内的新技术、新趋势和热点问题，帮助展示自己对行业的关注和学习能力。

（三）准备材料与设备

准备好最新的简历和求职信，确保内容清晰、准确、突出重点。如果是线下面试，带上多份简历以及个人的相关佐证材料，如毕业证复印件、各类证书复印件、毕业作品集等。对于线上面试，笔记本电脑、摄像头、麦克风、扬声器等所用设备提前检查测试，并确保网络稳定。面试环境要整洁、无噪声，准备好备用设备（如耳机、备用手机）和网络连接（如移动热点），以防突发情况。

（四）着装与形象

根据面试形式和企业文化选择合适的着装，注意季节变化的着装搭配，展现干练的职业形象。在线面试视同线下面试，选择得体服装，并确保发型整齐、面部干净，给面试官留下良好的印象。

（五）模拟练习

面试前，可以让朋友或家人帮助自己进行模拟面试，通过回答常见问题模拟，练习清晰、简洁、有条理地表达自己的观点，控制回答时间，确保每个问题的回答在合理的时间内完成，增强面试信心。同时还要注意眼神交流、肢体语言等非言语沟通技巧练习。

特别注意的是，结构化面试、无领导小组讨论面试、模拟实操面试等都需要反复模拟练习，才能熟练掌握面试应对技巧，在面试中才有充足把握。

（六）心理准备

应聘者在面试时，要保持自信和积极的心态。如果紧张，可在面试前进行深呼吸、积极暗示、正念冥想等心理调节，减少紧张感，帮助自己保持冷静和专注。当然，能提前准备好简洁明了的自我介绍，准备好回答常见问题，如个人背景、职业规划、专业知识等，展示出自己的优势和与岗位相关的经验，才是最好的调整心态的办法。

（七）面试前的最后检查

提前确认面试的具体时间，了解到达线下面试场地的路线和搭乘工具，规划好出行路线，包括天气变化情况，要确保提前 15～30 分钟到达或进入面试场地。如果是线上面试，手机静音，关闭电脑上的其他应用程序，避免在面试过程中被打扰。如果是线下面试，要多次检查简历、身份证、相关证书或作品集等材料，避免遗漏。

面试前的全面准备是面试成功的关键。只有充分准备，应聘者方可在面试中展现出最佳状态，赢得面试官的认可。

三、常见问题应答思路

在招聘过程中，面试官通过提问评估应聘者是否适合岗位。这些问题通常涵盖个人背景、专业知识、问题解决能力、团队协作、职业素养和创新思维等多个方面，以全面评估应聘者的能力和潜力。不同企业的面试官，提问方式和角度各有不同，以下问题仅供学习和模拟参考，应聘者要掌握答题思路，灵活运用，避免死记硬背。

（一）个人背景与经历类问题

这类问题能够帮助面试官快速了解应聘者的背景、动机和职业目标，判断其是否与岗位和企业相匹配，同时也可以考察应聘者的语言表达能力和逻辑思维能力。例如：

（1）请做一个简单的自我介绍。

（2）为什么想应聘这个岗位？

（3）你过去是否有过相关的实习或项目经验？如果有，能否详细介绍一下？

（4）你为什么选择我们公司？

应答思路：以“请做一个简单的自我介绍”为例，应聘者可以用“过去—现在—未来”的结构，突出与岗位相关的经历和技能；概括到位、简洁明了，时间控制在 1～2 分钟；重点突出与岗位相关的经历和技能，聚焦核心优势。

解答示范

面试官好，我是某食品药品职业学院2023届食品质量与安全专业的毕业生。在校期间，我系统学习了食品检测和食品安全法规等课程，并通过实训和实习积累了一定的实践经验。如，参与了××××项目。此外，我与团队成员密切合作，共同策划和执行“食品安全宣传周”活动，担任志愿者向社区居民普及食品安全知识。在活动中，我耐心解答居民的疑问，帮助他们更好地理解和应用食品安全知识。这些经历也让我在实践中积累了团队协作经验，我的沟通能力也得到了锻炼。

毕业前，我在一家食品检测机构实习，主要负责样品的采集、检测和数据分析。在实习期间，我使用××检测食品添加剂，用×××检测重金属含量，完成了多个批次的检测任务，并提供了详细的检测报告，及时发现和处理了食品安全问题。这段实习经历让我把理论知识真正应用到了实际工作中。

我期望能够加入贵公司，从食品检测岗位做起，扎实工作，积累更多实践经验。我能够快速适应工作、积极学习，融入团队，较好地完成检测服务工作。同时，我也期待能够跟随团队和企业一起成长，为公司的食品安全管理贡献自己的力量。谢谢！

（二）专业知识与技能类问题

这些问题能够考察应聘者对行业的了解程度及其专业知识和技能的实际应用能力。应聘者需要提前熟悉和了解行业趋势、企业和岗位资讯，熟悉自己实践经历中与岗位的关联能力，这样才能有的放矢。例如：

（1）你认为××岗位的核心职责是什么？

（2）你在实习中有没有接触过与××岗位相关的工作？能具体说说吗？

（3）你在××公司实习中主要负责哪些任务？遇到过什么挑战？

（4）你觉得自己的专业知识和技能还有哪些需要提升的地方？

（5）你平时通过哪些方式学习新知识或提升技能？

应答思路：以“你在××公司实习中主要负责哪些任务？遇到过什么挑战？”为例，这个问题不仅是要了解应聘者的专业能力，也是对应聘者团队协作能力、抗压能力等的评估。

在回答这个问题时，应聘者应该清晰、有条理地描述实习期间的主要任务和责任，同时分享在实习过程中遇到的挑战以及如何克服这些挑战。

（1）描述主要任务时，可以用“概括任务+具体做法+取得成果”的结构回答。简要说明实习期间的主要职责和任务，突出与应聘岗位相关的内容；并说明使用的技术、工具或设备，以及具体的操作流程，用实效成果或量化数据展示任务的规模和影响力。

（2）描述遇到的挑战时，要列举实例，并突出问题是如何解决的，自己有什么收获和成长。描述在实习过程中遇到的具体挑战，这些挑战可以是技术问题，也可以是时间管理问题、团队协作问题等。要说明采取的措施、使用的资源以及最终的解决方案。

（3）简要总结经验，强调这些经验如何帮助你在未来的工作中应对类似问题。突出个人成长，展示对岗位的适配性和职业潜力。

解答示范

在 ×× 公司实习期间，我主要负责食品样品的采集、检测和数据分析工作（概括任务）。我使用 ×××× 检测食品中的添加剂含量，确保检测结果的准确性（具体做法）。通过优化样品前处理流程，我成功完成了多个批次的检测任务，为公司提供了详细、准确的检测报告（取得成果）。

在实习中，我遇到的挑战是：某批样品的检测结果异常，与预期值相差较大。我首先重新检查了实验步骤和设备设置，确认操作无误后，查阅了相关资料，发现可能是样品前处理不当导致的。于是，我优化了样品前处理流程，重新检测后得到了准确的结果（解决方案）。

通过这次经历，我不仅提升了问题解决能力，还学会了如何更严谨地处理实验数据。这让我对食品检测工作有了更深的理解，也让我更加注重细节和流程的规范性（收获与成长）。

（三）问题解决与应变能力类问题

这些问题能够考察应聘者的应变能力和问题解决能力，判断其是否能够在压力下保持冷静并找到有效的解决方案。例如：

（1）如果项目突然延误或资源不足，你会怎么处理？

（2）在工作中遇到突发问题时，你通常如何快速找到解决方案？

（3）在时间紧迫的情况下，你会如何高效完成任务？

（4）当计划被打乱时，你通常会采取哪些措施来调整？

应答思路：以“如果项目突然延误或资源不足，你会怎么处理？”为例，应聘者既要展示自己的能力，还要用曾经经历过的一个案例来佐证。可采用“冷静分析—制订方案—团队协作—总结改进”的结构进行应答，应聘者就可以清晰、有条理地回答面试官的问题。这种应答思路不仅适用于项目延误或资源不足的场景，也可以灵活应用于其他类似的面试问题。

解答示范

如果项目突然延误或资源不足，我会先冷静分析原因，比如设备故障、材料短缺或人手不足。我会与团队和负责人沟通，重新规划任务顺序，确保核心目标不受影响。如果设备不足，我会联系供应商或从其他部门借用设备；如果人手不够，我会申请调配人员。同时，我会提前制订风险管理计划，避免类似问题再次发生。在实习期间，我遇到了实验室的检测设备故障问题影响了工作进度。我及时与团队沟通，重新分配了任务，优先完成关键检测。我主动联系供应商维修设备，同时与其他部门沟通先借用备用设备，最终按时完成了项目。这次经历让我学会了冷静应对问题，并通过团队协作和资源调配高效解决问题。

（四）沟通与团队协作类问题

这类问题会从不同角度考察应聘者的沟通能力、团队协作能力、冲突解决能力以及管理能力。有时通过对具体案例的提问，面试官可以更深入地了解应聘者的实际经验和思维方式，从而判断其是否适合岗位需求。例如：

（1）如果团队成员对方案有不同意见，你会如何处理？

（2）你如何与不同性格的同事或上级沟通？

（3）你如何处理团队中的冲突或分歧？

（4）如果项目需要跨部门协作，你会怎么做？

（5）如果团队中有成员表现不佳，影响了整体进度，你会如何应对？请分享一次你处理类似问题的经历。

应答思路：以“如果团队成员对方案有不同意见，你会如何处理？”为例，应聘者可以采用“倾听理解—分析讨论—寻求共识—总结经验”的应答结构，这种结构不仅清晰、有条理，还能全面展现应聘者的沟通能力、协调能力和管理能力。这种应答思路不仅适用于这类问题，也可以灵活应用于其他的面试问题。

解答示范

如果团队成员对方案有不同意见，我会先认真倾听每个人的想法，因为分歧往往是大家看问题的角度不同。有些人可能更看重效率，有些人可能关注细节，这都很正常。面对这样的问题，我会组织大家一起讨论，把意见都摆出来，一起分析问题根源，看看是不是对目标理解不一致，或者对执行方式有不同看法。明确问题后，我会结合项目整体目标和优先级，提出一个折中方案给大家讨论，如果大家认可这个折中方案，大家就可以保持一致意见，这样既能尊重大家的意见，也能保证项目顺利推进。

在××公司实习时，我们团队就曾对实验方案的设计有不同意见。通过充分讨论，我们最终达成了一致，不仅按时完成了任务，团队协作也更默契了。

（五）职业素养与价值观类问题

这类问题可以涵盖职业道德、责任感、时间管理、抗压能力、团队合作等多个方面，面试官可以全面考察应聘者的职业素养和价值观，直观地了解应聘者的工作态度、思维方式以及适应企业文化的能力，从而判断其是否适合岗位需求。例如：

（1）如何看待工作中的责任与义务？

（2）如何平衡工作与学业或其他事务？

（3）如何看待加班和额外的工作任务？

（4）如果工作任务突然增加，你会如何调整自己的时间安排？

（5）在工作中，难免会出现失误或错误。请分享一次你处理工作失误的经历。

（6）你将如何在工作中不断学习和提升自己？

（7）在团队合作中，个人贡献与集体利益有时可能存在冲突。你如何看待这种关系？请结合具体经历，谈谈你是如何平衡的。

应对思路：以“如何看待加班和额外的工作任务？”为例，这是考察应聘者对加班和额外工作任务的态度，应聘者要重点表达自己对加班和额外工作任务的理解和积极态度，再结合具体事例说明一下。

解答示范

我认为加班和额外的工作任务是工作中不可避免的一部分，尤其是在项目紧急或任务繁重的情况下。我愿意承担这些任务，并会努力保持高效的工作状态。例如，在××公司实

习时，有一个重要的项目临近截止日期，我主动加班完成自己负责的部分，同时还协助同事完成他们的工作，最终确保项目如期交付。在高强度环境下，我会通过合理规划时间和任务优先级，确保工作质量和效率。

（六）开放性与创新思维类问题

这些问题可以全面了解应聘者的创新思维、应变能力、解决问题的能力、开放性思维、学习能力和团队协作能力等，评估应聘者是否能够为团队带来新的视角和解决方案。应聘者在回答时应结合具体案例，清晰、简洁地表达自己的观点，并展现与岗位和企业文化的匹配度。例如：

（1）请分享一个你曾经提出的创新想法或解决方案，并说明它如何为团队或项目带来积极影响。

（2）如果你发现现有的工作流程效率低下，你会如何改进？能否举例说明？

（3）在面对一个全新的挑战时，你会如何快速找到解决方案？

（4）你如何保持对行业新技术和新趋势的敏感度？能否举例说明你如何将新知识应用到工作中？

应答思路：以“你如何保持对行业新技术和新趋势的敏感度？请举例说明你如何将新知识应用到工作中？”为例，应聘者应展现出对行业动态的关注、学习能力以及将新知识转化为实践的能力。通过“学习渠道—具体案例—持续学习”的结构，应聘者可以清晰、有条理地回答面试官的问题，要着重展现自己的学习能力和实践能力。

解答示范

我会通过多种方式关注行业的新技术和趋势，比如关注行业公众号、查阅行业报告，或者留意权威机构的动态（注：要真的知道并了解）。像现在AI发展很快，我就特别关注它在食品药品领域的应用，比如智能检测和数据分析。如果发现AI技术有新的应用，我会及时学习。目前我正在学习AI在提升工作效率上的方法，希望将来能用到工作中。未来，我也会继续关注AI的一些新技术，争取把它们应用到实际工作中，提高工作效率。

（七）应聘者提问环节

这个环节既能够帮助应聘者更好地了解岗位和公司，同时也能够让面试官考察其对岗位的兴趣和求职动机。如：

（1）公司对大学毕业生的期望是什么？

（2）公司内部针对新入职的员工有哪些培训计划？

（3）在日常工作中，这个岗位与其他部门协作的频率高吗？主要和哪些部门协作？

（4）请问公司如何衡量这个岗位的工作绩效，量化指标或评估周期大致是怎样的？

（5）如果在这个岗位上表现优秀，未来有机会晋升到哪些相关的职位呢？

思路：应聘者提问的时候要避免过多询问薪酬、福利待遇、是否加班、是否双休等方面的问题，从自身发展、利于工作的角度提问。

下面是一些无领导小组讨论面试题目，供无领导小组讨论面试的模拟练习用。

（1）某食品公司因产品质量问题导致消费者投诉，网上出现大量负面舆论且股价下跌，作为公司管理团队，你们如何在短时间内应对危机？

（2）如何利用人工智能技术提升养老服务的效率和质量？请设计一个具体的解决方案。

（3）在环保政策日益严格的背景下，食品药品企业如何实现可持续发展？

（4）某社区获得一笔资金用于改善居民健康环境，有修建健康步道、设立健康咨询中心等多个项目可供选择，但资金有限只能选三项，你们需要讨论决定并说明理由。

（5）如何应对食品药品行业中的虚假宣传问题？

（6）人工智能技术的快速发展可能对就业市场产生冲击，作为应届大学生，你们如何看待这一问题并做好准备？

（7）公司新招聘一批应届大学毕业生，为让他们尽快了解公司文化、适应工作环境并提高工作效率，你们需要制订一个新员工融入计划，包括入职培训内容、导师安排、团队建设活动等方面。

四、面试后的复盘和跟进

面试结束并不代表求职过程的结束。面试后的复盘和跟进可以帮助应聘者持续改进面试技巧，不断提升自己的面试表现和求职竞争力，实现高质量就业。

（1）认真复盘：面试结束后，应聘者通过回顾面试官提出的问题和反馈，以及自己的应答内容，分析回答是否条理清晰，是否充分展示了自己的能力和优势，时间管控是否得当，从中找出不足之处。通过复盘，可以清楚自己需改进的方向，为下一次面试做好准备。

（2）积极跟进：应聘者可以在面试结束后联系面试官或推荐人，对给予面试机会表示感谢，表达对岗位的兴趣和期待进一步沟通的意愿。如果面试官未明确告知结果公布时间，可以礼貌询问。通过积极跟进，展现自己的职业态度和对岗位的诚意。

（3）持续改进：根据面试复盘情况，制订改进计划，弥补知识和能力上的短板。可以通过模拟面试或录制练习视频的方式，优化临场发挥，观察自己的表情、语速和肢体语言，找出需要改进的地方。应聘者还要继续优化调整简历内容，突出与岗位匹配的经历和技能，扩大面试机会。把每次面试都当作一次成长的机会，不断提升自己的求职竞争力。

五、面试禁忌

面试过程中，应聘者需要重视并避开以下禁忌，展现个人专业、自信、积极的形象，从而提高面试成功率。

（1）迟到：面试减分项，最好是提前15～30分钟到达。

（2）着装不得体：衣服不整洁、有污渍或过于随意（如拖鞋、短裤），香水浓烈，有刺鼻气味，头发凌乱，指甲不干净等细节问题会降低面试官的评价，面试前需整理好个人形象，保持良好精神状态。

（3）行为举止问题：面试时手机没有静音、频繁看手机，候场时玩游戏、看视频声音过大等，都会显得不重视、缺乏素养。跷二郎腿、东倒西歪等坐姿会显得不尊重且缺乏素养，候场和面试时都要保持良好坐姿。

（4）缺乏自信：不敢与面试官目光交流，面试官再三诱导也只回答“是”或“不是”，或是回答简短。

（5）刻意攀关系：不合时宜地提到自己认识公司内部人员，想以此拉关系，会显得不专业甚至引起反感。

（6）提问不当：问与应聘职位无关的问题，如公司规模、董事会成员等，会显得准备不足。

（7）打断面试官：打断面试官说话是不礼貌且不尊重的行为，需耐心等待面试官说完再作答。

（8）抱怨前雇主或同事：抱怨前雇主或同事会显得不够专业，影响职业素养评价。

（9）“海投简历”盲目应聘：应聘者求职目标意向不明确或对用人单位及招聘岗位的要求不清楚，“病急乱投医”，盲目“广撒网”投简历，会导致面试成功率低。

项目七　签约入职：了解维权路径

根据教育部、工业和信息化部、财政部、人力资源社会保障部、应急管理部、国资委、市场监管总局和中国银保监会印发的《职业学校学生实习管理规定》（教职成〔2021〕4 号），职业学校学生实习，是指实施全日制学历教育的中职学校、高职专科学校、高职本科学校（以下简称“职业学校”）学生按照专业培养目标要求和人才培养方案安排，由职业学校安排或者经职业学校批准自行到企（事）业等单位进行职业道德和技术技能培养的实践性教育教学活动，包括认识实习和岗位实习。其中，岗位实习指具备一定实践岗位工作能力的学生，在专业人员指导下，辅助或相对独立参与实际工作的活动。

劳动合同是劳动者与用人单位确立劳动关系，明确双方权利和义务的协议。依据《中华人民共和国和劳动合同法》（以下简称《劳动合同法》）规定，建立劳动关系，应当签订书面劳动合同。通过学习劳动合同的必备条款和可备条款，能明确、具体、全面地了解劳动合同对劳动者基本权益的保护，以及对劳动者与用人单位双方权利义务的规范。

通过本项目学习，学生能了解实习与就业的关系，掌握实习的定义、性质与目的，做好顶岗实习规划；了解劳动合同的签订、变更与解除相关规定，熟悉掌握劳动合同的签订、变更与解除程序，以期更好地履行劳动合同，实现合同订立的目的。

学习目标

知识目标：

1. 了解实习与就业的关系，掌握实习的定义、性质。
2. 了解劳动关系建立与劳动合同，掌握劳动合同的必备条款与可备条款。
3. 掌握劳动合同的签订、变更与解除。
4. 了解劳动者的合法权益，能运用相关法律法规维护自身合法权益。

能力目标：

1. 签订《职业学校学生岗位实习三方协议》。
2. 掌握劳动合同的必备条款、可备条款，签订劳动合同。
3. 了解劳动争议解决途径，能运用劳动法律知识维护自身合法权益。

素质目标：

1. 了解《职业学校学生岗位实习三方协议》的权利义务，做好顶岗实习规划。
2. 了解《劳动合同法》赋予劳动者的权利义务。
3. 熟悉劳动相关法律、法规、政策，丰富劳动法律知识，提高自身维权意识。

翱翔之翼

法律既是保障权益的基石，也是履行责任的准绳。在大学生实习与就业过程中，需恪守

契约精神，尊重劳动关系的法律约束，将法治观念内化为职业行为准则，让自己成为既懂技术、守法律，又重责任、有情怀的新时代职业人才。

案例导入

大三的江某通过学校招聘会应聘，进入甲公司实习，双方签署了《实习三方协议》，约定江某与甲公司建立实习关系，其关系至江某毕业时终止。同年6月，江某因部分课程考核不及格，只能领取结业证。7月，江某实习期结束，甲公司要求江某提供毕业证书办理入职手续，江某因课程不及格而无法提供，但甲公司仍然将其留用。

12月，甲公司出于经营原因，主动解除与江某的劳务关系；但是，江某表示，自7月份起，自己已在甲公司全职工作，虽未取得毕业证书，但与甲公司仍然成立劳动关系，故甲公司应支付解除劳动关系的经济补偿金，遂申请劳动仲裁。

思考：

（1）在6月江某毕业（结业）之前，江某与公司是何种法律关系？

（2）在7月江某毕业（结业）之后，江某与公司又是何种法律关系？

（3）江某与公司并未签订劳动合同，在法律上劳动关系是否成立？

（4）江某应如何运用法律知识，维护自身合法权益？

任务一 了解实习与就业

◆◆◆ 经典案例

顶岗实习属于劳动关系吗？

1. 案情概要

李某经学校招聘会，应聘到深圳某公司实习，但未签订相关实习协议。招聘信息显示，实习补贴为80元一天，公司配有工作餐，但不安排住宿。入职后，李某兢兢业业，除了日常的工作，部门里的大小事务都让他协助帮忙。可是实习近三个月，李某从未领取过实习补贴；公司回应称，实习岗位是公司给予李某学习锻炼的机会，并无劳务报酬或补贴。随后，李某以公司未支付实习补贴，与招聘信息不符，提起诉讼。

2. 裁判结果

审理认为，李某虽未与公司签订实习协议，但实际在岗工作近三个月，事实清晰，且公司招聘简章明确了实习岗位、实习补贴等内容，应按招聘时的条件给予李某实习补贴。

一、大学生实习概述

实习是职业教育贯通理论与实践的关键纽带，是大学生从校园迈向职场的重要过渡阶段。在产业转型升级与技能人才需求多元化的背景下，高职教育通过实习构建“学用结合”的育人模式，不仅强化大学生的专业能力，更塑造其职业素养与社会适应性。通过厘清实习与就业的关联性、规范实习全流程管理、强化劳动法治意识，帮助大学生在真实工作场景中实现知识转化与能力提升，同时筑牢诚信履约、爱岗敬业的职业根基。

（一）实习的定义

实习是大学生适应劳动岗位的一个重要活动，指职业学校学生按照专业培养目标要求和人才培养方案安排，由职业学校安排或者经职业学校批准自行到企（事）业等单位进行职业道德和技术技能培养的实践性教育教学活动，包括认识实习和岗位实习。岗位实习指具备一定实践岗位工作能力的学生，在专业人员指导下，辅助或相对独立地参与实际工作的活动。

（二）实习的性质

实习是专业教学的延伸，是专业学习的一部分，其学习场所从教室转移到企业岗位上。从本质上看，实习是由企业为在校学生提供一个参与专业实践的平台，让学生进行理论与实践的结合，培养学生的专业技能，使学生将课堂学习的理论知识通过岗位实践转化为专业技术与实操能力。在法律层面，学生顶岗实习期间，其学籍档案等关系都在学校，并同时接受学校和实习单位的双重管理、教育。因此，学生在顶岗实习期间，与实习单位并未建立劳动关系，而是民事上的劳务关系。

（三）实习学生的权益保障

实习协议应当明确各方的责任、权利和义务，协议约定的内容不得违反相关法律法规。此外，实习协议应当包括但不限于以下内容：

1. 各方基本信息

（1）实习的时间、地点、内容、要求与条件保障；

（2）实习期间的食宿、工作时间和休息休假安排；

（3）实习报酬及支付方式；

（4）实习期间劳动保护和劳动安全、卫生、职业病危害防护条件；责任保险与伤亡事故处理办法；

（5）实习考核方式；

（6）各方违约责任；

（7）三方认为应当明确约定的其他事项。

2. 实习学生的基本权利

职业学校和实习单位要依法保障实习学生的基本权利，不得有以下情形：

（1）安排、接收未满 16 周岁的学生进行岗位实习；

（2）安排未成年学生从事《未成年工特殊保护规定》中禁忌从事的劳动；

（3）安排实习的女学生从事《女职工劳动保护特别规定》中禁忌从事的劳动；

（4）安排学生到酒吧、夜总会、歌厅、洗浴中心、电子游戏厅、网吧等营业性娱乐场所实习；

（5）通过中介机构或有偿代理组织、安排和管理学生实习工作；

（6）安排学生从事Ⅲ级强度及以上体力劳动或其他有害身心健康的实习；

（7）安排学生从事高空、井下、放射性、有毒、易燃易爆，以及其他具有较高安全风险的实习；

（8）安排学生在休息日、法定节假日实习；

（9）安排学生加班和上夜班；

（10）职业学校和实习单位不得向学生收取实习押金、培训费、实习报酬提成、管理费、实习材料费、就业服务费或者其他形式的实习费用，不得扣押学生的学生证、居民身份证或其他证件，不得要求学生提供担保或者以其他名义收取学生财物。

（四）实习与就业的区别

1. 实施目的不同

实习的目的，是学生为完成学业，提高自身技能与素质而参与的教学活动，旨在将在课堂学到的理论知识通过岗位实习转化为实际工作能力和技术技能。实习单位聘用实习学生，是接受学校的委托，为在校学生提供一个参与岗位实践的平台，对学生进行理论与实践相结合的教育，其目的也在于“教”而非“用”。就业是劳动力与生产资料相结合，生产出社会所需要的物质财富和精神财富的过程。劳动者就业的目的在于通过就业取得劳动报酬，从而获得生活来源，并促进社会劳动力能够不断再生产。就业既有利于保障劳动者的生存与发展的权利，让劳动者实现自身的社会价值，丰富精神生活，促进全面发展；也有利于社会充分利用劳动力资源，促进经济发展，维护社会稳定，创造良好社会经济环境。

2. 法律身份不同

实习是学生通过学校组织安排或本人应聘等途径进入实习单位开展顶岗实习，其法律身份是在校大学生，并以学生的身份与用人单位签订实习协议。就业则是毕业生以劳动者的身份与用人单位签订劳动合同，享有劳动者相关的权利保护，接受用人单位的管理，并履行相应义务。

3. 权利义务关系不同

实习学生并非严格意义上的劳动者，实习学生与用人单位之间签订的是实习协议，其权利义务按协议约定执行。就业是毕业生与用人单位之间存在劳动关系，用人单位对劳动者承担无过错责任，向劳动者支付的薪资报酬不得低于当地最低工资标准，并与劳动者共同履行缴纳社会保险费用的义务。

4. 法律依据不同

实习期间，实习学生与所在的实习单位之间是民事上的劳务关系，若发生纠纷，一般按照民事合同纠纷或侵权纠纷处理。而毕业生与用人单位之间的法律关系，由《劳动合同法》及其相关规定进行规范。

体验活动

认真研读《职业学校学生岗位实习三方协议》的内容条款，了解顶岗实习期间自身的权利与义务。

知识拓展

法条链接

1.《劳动合同法》

第七条：用人单位自用工之日起即与劳动者建立劳动关系。

2.《关于贯彻执行〈中华人民共和国劳动法〉若干问题的意见》

第十二条：在校生利用业余时间勤工助学，不视为就业，未建立劳动关系，可以不签订劳动合同。

3.《职业学校学生实习管理规定》（教职成〔2021〕4号）

第十四条：学生参加岗位实习前，职业学校、实习单位、学生三方必须以有关部门发布的实习协议示范文本为基础签订实习协议，并依法严格履行协议中的有关条款。

任务二 入职与签订劳动合同

◆◆◆ 经典案例（一）

建立劳动关系，应当签订书面劳动合同，员工拒绝签订劳动合同，用人单位应及时终止劳动关系

1. 案情概要

杨某任甲公司的销售总监，入职后，甲公司人力资源部一直催促杨某尽快签订劳动合同，但杨某每次都以出差为由拖延。入职近一个月，甲公司人力资源部决定以快递形式将劳动合同邮寄给杨某，并电话告知了杨某，但是杨某仍然以各种理由拒绝签订劳动合同。入职6个月后，因杨某在工作中表现不佳，公司人力资源部找到杨某沟通解除劳动关系，杨某要求公司支付5个月的二倍工资以及相应的经济补偿金。公司认为，因杨某故意拖延导致合同一直未签署，公司不存在违法解除的情况，不同意支付二倍工资差额。协商未果后，杨某将公司诉至劳动争议仲裁机构，要求公司支付未签订劳动合同的二倍工资差额及违法解除劳动关系的经济赔偿金。

2. 裁判结果

审理认为，虽然杨某在限期内未签订劳动合同，公司在签订劳动合同过程中也不存在过错，但是，公司应在杨某拒签劳动合同之时便与其解除劳动关系。公司一直未予解除，理应承担支付未签订劳动合同的二倍工资差额的责任。

一、劳动合同的签订

劳动合同是劳动者与用人单位确立劳动关系、明确权利义务的核心法律文书，是保障职业权益、规范劳动行为的制度基石。对大学生而言，劳动合同的签订不仅是迈入职场的“第一课”，更是从学生身份向职业身份转化的关键环节。根据《劳动合同法》规定，自入职之日起，应在一个月内签署书面劳动合同，若未签订书面劳动合同的，劳动者有权要求用人单位支付二倍工资差额。对于劳动者拒签劳动合同的，法律也有明确规定如何应对。

（1）劳动者在入职后拒绝签订劳动合同，且无正当理由的，用人单位可以不予录用，或书面通知劳动者解除劳动关系，无须向劳动者支付经济补偿。

（2）若劳动者自用工之日起，超过一个月不满一年，拒绝签订劳动合同，且用人单位有证据证明劳动者拒绝签订的，用人单位应当书面通知劳动者解除劳动关系，并依照《劳动合同法》第四十七条支付经济补偿金。

（3）若劳动者自用工之日超过一年仍未签署书面劳动合同，视为双方已经建立了无固定期限的劳动合同，无论用人单位是否有证据证明是劳动者原因未订立书面劳动合同的，用人单位都不得以劳动者未签订劳动合同为由单方解除劳动关系。

劳动者在入职后拒绝签订劳动合同，且无正当理由的，用人单位可以不予录用。若劳动者拒绝签订劳动合同，用人单位未及时解除与劳动者的劳动关系，仍然与其保持正常的事实劳动关系的，应承担因未签订劳动合同所需支付的二倍工资。在实务中，用人单位欲规避因未签订劳动合同需支付二倍工资差额的风险。首先，用人单位在与劳动者签订劳动合同时，可以要求劳动者签订劳动合同的签收单和通知单，用以证明用人单位已履行告知义务，且劳动者已经收到劳动合同。其次，用人单位需保留向劳动者下发的劳动合同签署通知以及劳动合同签收单等书面材料，以及劳动者拒签的相关视听资料，或者要求劳动者写明拒签理由，以此作为证据来证明劳动者拒绝签署劳动合同。最后，用人单位应在合理期限内，及时解除与该劳动者的劳动关系。

关于高级管理人员或者人事行政管理人员未签署劳动合同的二倍工资差额问题，基本采取无过错原则，只要用人单位未与劳动者签订劳动合同就需要支付二倍工资差额，无论用人单位是否存在过错。例外的情形是，对于分管公司人力资源工作的高级管理人员，或者专门从事企业的人力资源和人事行政管理工作的主管人员，若能证明其故意拒签劳动合同的，用人单位可以免责，不需要承担二倍工资的赔偿。所以，用人单位的管理者在具体执行过程中需要以法律法规为准则来应对法律风险。

法条链接

1.《劳动合同法》

第十条：建立劳动关系，应当订立书面劳动合同。

已建立劳动关系，未同时订立书面劳动合同的，应当自用工之日起一个月内订立书面劳动合同。

用人单位与劳动者在用工前订立劳动合同的，劳动关系自用工之日起建立。

第八十二条：用人单位自用工之日起超过一个月不满一年未与劳动者订立书面劳动合同的，应当向劳动者每月支付二倍的工资。

用人单位违反本法规定不与劳动者订立无固定期限劳动合同的，自应当订立无固定期限劳动合同之日起向劳动者每月支付二倍的工资。

2.《中华人民共和国劳动合同法实施条例》

第五条：自用工之日起一个月内，经用人单位书面通知后，劳动者不与用人单位订立书面劳动合同的，用人单位应当书面通知劳动者终止劳动关系，无需向劳动者支付经济补偿，但是应当依法向劳动者支付其实际工作时间的劳动报酬。

第六条：用人单位自用工之日起超过一个月不满一年未与劳动者订立书面劳动合同的，应当依照《劳动合同法》第八十二条的规定向劳动者每月支付两倍的工资，并与劳动者补订书面劳动合同；劳动者不与用人单位订立书面劳动合同的，用人单位应当书面通知劳动者终止劳动关系，并依照《劳动合同法》第四十七条的规定支付经济补偿。前款规定的用人单位向劳动者每月支付两倍工资的起算时间为用工之日起满一个月的次日，截止时间为补订书面劳动合同的前一日。

第七条：用人单位自用工之日起满一年未与劳动者订立书面劳动合同的，自用工之日起满一个月的次日至满一年的前一日应当依照《劳动合同法》第八十二条的规定向劳动者每月支付两倍的工资，并视为自用工之日起满一年的当日已经与劳动者订立无固定期限劳动合同，应当立即与劳动者补订书面劳动合同。

◆◆◆ 经典案例（二）

劳动合同的必备条款

1. 案情概要

张某入职某公司任项目总监，双方先签署了书面的劳动合同，该合同中薪酬数额未填写，在签订劳动合同时，公司告知沈某，试用期为 6 个月，工资为 12 000 元 / 月。通过试用期后，双方签订了正式劳动合同，劳动合同中约定的工资数额为 15 000 元 / 月。张某工作了 8 个月后离职，在离职单中显示，因为公司拖欠工资，故解除与公司的劳动关系。张某诉至当地劳动争议仲裁机构，要求公司补发拖欠的工资，并因此支付劳动关系解除的经济补偿金。

2. 裁判结果

审理认为，依据法律的规定，公司提交的劳动合同，因未填写薪酬，根据劳动者的薪酬构成及数额由用人单位负举证责任，故公司应负责提供证据证明双方约定的工资为 12 000 元，否则不予认可。对于公司提出的“双方正式劳动合同中约定的 15 000 元，是转正后的工资，而试用期工资应为转正后工资的 80%”的意见，不予支持。因此，公司应补齐张某的工资并支付解除劳动关系的经济补偿金。

二、劳动合同的必备条款

劳动合同是用人单位与劳动者确立劳动关系，明确双方权利和义务的协议。《劳动合同法》第十七条规定了劳动合同的必备条款和可备条款，使劳动合同能够明确、全面、具体，更好地规范双方的权利和义务。

必备条款就是劳动合同应该具备的内容，欠缺了必备条款的劳动合同就不能成立。必备条款有些是由法律规范规定的，是劳动合同当事人必须遵守的法定内容，直接反映劳动合同的法定性；也有部分是由劳动合同当事人协商议定的，表现私法的特点，包括：

（一）用人单位的名称、住所和法定代表人或者主要负责人

劳动合同中必须具备这一项内容，目的是明确劳动合同中用人单位方的主体资格，确定劳动合同的一方当事人。

（二）劳动者的姓名、住址和居民身份证或者其他有效身份证件号码

这也是劳动合同中必须具备的一项内容，目的是明确劳动合同中另一方主体资格，即劳

动者，确定劳动合同的另一方当事人。

（三）劳动合同期限

劳动合同期限是劳动合同的有效期限，是双方当事人相互享有权利、履行义务的时间界限。劳动合同期限与劳动者的工作岗位、工作内容、劳动报酬、合同终止时间、经济补偿金等有紧密关系，也与劳动关系的稳定紧密相关。劳动合同期限可分为有固定期限、无固定期限和以完成规定工作任务为期限。

（四）工作内容和工作地点

工作内容是指劳动者具体从事什么种类或者内容的劳动，是劳动合同的核心条款之一，具体指工作岗位和工作任务或职责。工作内容是建立劳动关系极为重要的因素，是用人单位使用劳动者的目的，也是劳动者通过自己的劳动取得劳动报酬的依据。因此，劳动合同中的工作内容条款应当规定得明确具体，便于遵守执行。

工作地点是劳动合同的履行地，是劳动者从事劳动合同中所规定的工作的地点，它关系到劳动者的工作环境、生活环境以及劳动者的就业选择，是劳动合同中必不可少的内容。工作地点如果约定为全国的，最终的劳动合同履行地仍然以劳动者所处固定办公地为准，而并非全国范围内的所有用人单位办事处、办公场所均为劳动合同履行地，且用人单位无权在全国范围内单方作出变更，变更须经劳动者同意。

（五）工作时间和休息休假

工作时间是指劳动者在企业、事业、机关、团体等单位中，必须用来完成其所担负的工作任务的时间。一般由法律规定劳动者在一定时间内（工作日、工作周）应该完成的工作任务，以保证最有效地利用工作时间，不断提高工作效率。工作时间包括工作时间的长短、工作时间方式的确定等。如：是 8 小时工作制还是 6 小时工作制，是日班还是夜班，是实行正常工时还是不定工时制，或者综合计算工时制。工作时间对劳动者的就业选择、劳动报酬等均有影响，是劳动合同不可缺少的内容。

休息休假是指企业、事业、机关、团体等单位的劳动者按规定不必进行工作，而自由支配的时间。休息休假的权利是每个公民都应享受的权利。《中华人民共和国劳动法》（以下简称《劳动法》）第三十八条规定："用人单位应当保证劳动者每周至少休息一日。"休息休假的具体时间根据劳动者的工作地点、工作种类、工作性质、工龄长短等各有不同，用人单位与劳动者在约定休息休假事项时应当遵守《劳动法》及相关法律法规的规定。

（六）劳动报酬

劳动报酬是指劳动者与用人单位确定劳动关系后因提供了劳动而取得的报酬。劳动报酬是满足劳动者及其家庭成员物质文化生活需要的主要来源，也是劳动者付出劳动后应该得到的回报。因此，劳动报酬是劳动合同中必不可少的内容。部分薪酬，如果涉及奖金、提成或者其他工资构成的，建议在劳动合同中详细约定核发办法，而不能仅简要写出种类，以免加大拖欠工资的风险，具体包括以下几个方面的内容：

（1）用人单位工资水平、工资分配制度、工资标准和工资分配形式；

（2）工资支付办法；

（3）加班、加点工资及津贴、补贴标准和奖金分配办法；

（4）工资调整办法；

（5）试用期及病假、事假等期间的工资待遇；

（6）特殊情况下职工工资（生活费）支付办法；

（7）其他劳动报酬分配办法。

劳动合同中有关劳动报酬条款的约定，也要符合我国有关最低工资标准的规定。若报酬约定不明确的，实行同工同酬。

（七）社会保险

社会保险由国家强制实施，是劳动合同不可缺少的内容。社会保险是政府通过立法强制实施，由劳动者、劳动者所在的工作单位或社区以及国家三方面共同筹资，帮助劳动者及其亲属在遭遇年老、疾病、工伤、生育、失业等风险时，防止收入的中断、减少和丧失，以保障其基本生活需求的社会保障制度。社会保险由国家成立的专门性机构进行基金的筹集、管理及发放，不以营利为目的，一般包括医疗保险、养老保险、失业保险、工伤保险和生育保险。

（八）劳动保护、劳动条件和职业危害防护

劳动保护是指用人单位为了防止劳动过程中的安全事故，采取各种措施来保障劳动者的生命安全和健康。在劳动生产过程中，存在着各种不安全、不卫生因素，如不采取措施加以保护，极有可能发生工伤事故，危害劳动者的安全和健康，妨碍工作的正常进行。国家为了保障劳动者的人身安全和生命健康，通过制定相应的法律和行政法规、规章，规定劳动保护，用人单位也应根据自身的具体情况，制订相应的劳动保护规则，以保证劳动者的健康和安全。

劳动条件，主要是指用人单位为使劳动者顺利完成劳动合同约定的工作任务，为劳动者提供必要的物质和技术条件，如必要的劳动工具机械设备、工作场地、劳动经费、辅助人员、技术资料、工具书以及其他一些必不可少的物质、技术条件和其他工作条件。

职业病是指企业、事业单位和个体经济组织等用人单位的劳动者在职业活动中，因接触粉尘、放射性物质和其他有毒、有害物质等因素而引起的疾病。根据《中华人民共和国职业病防治法》第三十条的规定，用人单位与劳动者订立劳动合同时，应当将工作过程中可能产生的职业病危害及其后果、职业病防护措施和待遇等如实告知劳动者，并在劳动合同中写明，不得隐瞒或者欺骗。用人单位应当按照有关法律、法规的规定严格履行职业危害防护的义务。

（九）法律、法规规定应当纳入劳动合同的其他事项

一般情况下，用人单位应避免遗漏该部分内容，尤其需要注意以下内容：

（1）基于通信方式的发达，建议在劳动合同中添加劳动者联系方式一栏，包括电话、电子邮箱、QQ 号码、微信号码，以便将来发生争议时，将通话记录聊天记录作为有效证据使用。

（2）将试用期员工不符合录用条件的情形可以约定在劳动合同中。

（3）将规章制度作为劳动合同的附件公示给劳动者，当员工出现严重违反规章制度的情形，可以此为由解除劳动关系时，可以详述严重违反公司规章制度的行为或者公示规章制度的某一条款。

知识拓展

法条链接:《劳动合同法》

第十七条：劳动合同应当具备以下条款：

（一）用人单位的名称、住所和法定代表人或者主要负责人；

（二）劳动者的姓名、住址和居民身份证或者其他有效身份证件号码；

（三）劳动合同期限；

（四）工作内容和工作地点；

（五）工作时间和休息休假；

（六）劳动报酬；

（七）社会保险；

（八）劳动保护、劳动条件和职业危害防护；

（九）法律、法规规定应当纳入劳动合同的其他事项。

劳动合同除前款规定的必备条款外，用人单位与劳动者可以约定试用期、培训、保守秘密、补充保险和福利待遇等其他事项。

第十八条：劳动合同对劳动报酬和劳动条件等标准约定不明确，引发争议的，用人单位与劳动者可以重新协商；协商不成的，适用集体合同规定；没有集体合同或者集体合同未规定劳动报酬的，实行同工同酬；没有集体合同或者集体合同未规定劳动条件等标准的，适用国家有关规定。

◆◆◆ 经典案例（三）

劳动合同的可备条款：试用期条款

1\. 案情概要

严某与某网络公司签订劳动合同，约定试用期6个月，网络公司向严某公示了规章制度，制度规定月度内连续迟到、早退3次，年度内连续迟到、早退6次，或者连续旷工3天的，属于严重违反公司规章制度的行为，单位可以严重违纪为由解除劳动关系。严某入职后，在一个月内迟到3次、早退3次，并依照流程在考勤表中标明连续迟到、早退达6次，且签字确认。网络公司认为，严某严重违纪，解除了与严某的劳动关系。严某要求网络公司支付违法解除劳动关系的经济赔偿金，认为网络公司并未约定录用条件，不能因此解除劳动关系。

2\. 裁判结果

审理认为，网络公司已经向严某公示了规章制度，且严某书面认可了其迟到的行为，公司以严重违纪为由将其辞退，符合法律的规定，无须支付严某解除劳动关系的经济赔偿金。

三、试用期相关知识

（一）试用期的定义

试用期是指用人单位对劳动者是否合格进行考核，劳动者对用人单位是否符合自己要求进行了解的期限。

试用期包括在劳动合同期限内，试用期的劳动关系还处于非正式状态。依据法律规定，合同是双方当事人意思表示一致的结果，并在充分表达各自意见的基础上，就合同条款取得一致后达成的协议，如果双方没有事先约定，用人单位不能以试用期为由解除劳动合同。

（二）试用期的时间

实践中用人单位滥用试用期侵犯劳动者权益的现象比较普遍，用人单位通常不管是什么劳动岗位，对于是否需要约定试用期，约定多长的试用期，约定几次试用期，以什么作为参照设定试用期等都比较混乱。有的用人单位为了规避法律责任，约定变相的试用期，如试岗、适应期、实习期等，其目的无非是将劳动者的待遇水平下调，方便解除劳动合同。为了保护劳动者的合法权益，《劳动合同法》《中华人民共和国劳动合同法实施条例》对试用期作了相应的规定。

试用期是一个约定的条款，劳动合同双方当事人必须就试用期条款充分协商，取得一致后试用期条款才能成立。依据法律规定，劳动合同期限三个月以上不满一年的，试用期不得超过一个月；劳动合同期限一年以上不满三年的，试用期不得超过二个月；三年以上固定期限和无固定期限的劳动合同，试用期不得超过六个月。法律规定上述“不满”“以外”不包括本数，“以上”“以下”包括本数。

对于不约定试用期的情形，法律也有明确规定。为遏制用人单位变相利用试用期进行短期用工的现象，《劳动合同法》明确规定，以完成一定工作任务为期限的劳动合同或者劳动合同期限不满三个月的，不得约定试用期。此外，非全日制用工也不得约定试用期。

（三）关于录用条件的约定

在试用期里，用人单位与劳动者约定录用条件时，一定要注意如下事项：

（1）录用条件一定要与岗位职责相适应，而且约定要具体，不能泛泛约定。

（2）录用条件的考核点一定要可量化，比如迟到几次、旷工几天、被投诉多少次都需要明确规定。

（四）试用期内劳动关系的解除

依据法律规定，在试用期内解除劳动关系的，用人单位需要向劳动者说明理由。据此，很多用人单位认为只要向劳动者解释一下即可。但是，实际上用人单位与试用期劳动者解除劳动关系，且无须支付解除劳动关系的经济补偿金的情形只有两种：一是在试用期证明劳动者不符合录用条件，二是劳动者在试用期存在严重违反公司规章制度的行为。对于第一种情形，需要用人单位举证证明劳动者不符合用人单位的录用条件，且该条件劳动者认可或者无法不认可。第二种情形中，需要用人单位举证证明规章制度、规章制度已公示给劳动者以及劳动者存在严重违纪的行为，且该行为劳动者认可或者无法不认可，如视频资料、录音资料等。

当然，试用期劳动者与用人单位也可以选择协商一致解除劳动关系或者依据《劳动合同法》第四十条的相关规定，证明劳动者不能适应岗位职责，经调岗或者培训后，仍不能适应岗位职责，用人单位支付解除劳动关系的经济补偿金后，也可以解除与试用期劳动者的劳动关系。

知识拓展

法条链接:《劳动合同法》

第十九条：劳动合同期限三个月以上不满一年的，试用期不得超过一个月；劳动合同期限一年以上不满三年的，试用期不得超过二个月；三年以上固定期限和无固定期限的劳动合同，试用期不得超过六个月。

同一用人单位与同一劳动者只能约定一次试用期。

以完成一定工作任务为期限的劳动合同或者劳动合同期限不满三个月的，不得约定试用期。

试用期包含在劳动合同期限内。劳动合同仅约定试用期的，试用期不成立，该期限为劳动合同期限。

第二十条：劳动者在试用期的工资不得低于本单位相同岗位最低档工资或者劳动合同约定工资的百分之八十，并不得低于用人单位所在地的最低工资标准。

第三十九条：劳动者有下列情形之一的，用人单位可以解除劳动合同：

（一）在试用期间被证明不符合录用条件的；

（二）严重违反用人单位的规章制度的；

（三）严重失职，营私舞弊，给用人单位造成重大损害的；

（四）劳动者同时与其他用人单位建立劳动关系，对完成本单位的工作任务造成严重影响，或者经用人单位提出，拒不改正的；

（五）因本法第二十六条第一款第一项规定的情形致使劳动合同无效的；

（六）被依法追究刑事责任的。

第八十三条：用人单位违反本法规定与劳动者约定试用期的，由劳动行政部门责令改正；违法约定的试用期已经履行的，由用人单位以劳动者试用期满月工资为标准，按已经履行的超过法定试用期的期间向劳动者支付赔偿金。

第四十条：有下列情形之一的，用人单位提前三十日以书面形式通知劳动者本人或者额外支付劳动者一个月工资后，可以解除劳动合同：

（一）劳动者患病或者非因工负伤，在规定的医疗期满后不能从事原工作，也不能从事由用人单位另行安排的工作的；

（二）劳动者不能胜任工作，经过培训或者调整工作岗位，仍不能胜任工作的；

（三）劳动合同订立时所依据的客观情况发生重大变化，致使劳动合同无法履行，经用人单位与劳动者协商，未能就变更劳动合同内容达成协议的。

◆◆◆ 经典案例（四）

劳动合同的可备条款：服务期条款

1. 案情概要

彭某2022年6月毕业后，应聘到一家科技公司工作，入职后公司支付培训费12 000元对彭某进行了1个月的专业技术培训。同时，公司要求彭某签订一份培训协议，协议约定小彭需在公司服务3年，如违约彭某需承担违约金50 000元。彭某在公司服务2年后，提出辞职，公司要求彭某支付违约金50 000元，双方发生劳动争议，遂诉至劳动争议仲裁机构。

2. 裁判结果

审理认为，科技公司与彭某签订的培训协议合法有效，但是，公司提供的培训费为12 000元，却约定了50 000元的违约金，显然不符合法律的规定。根据法律规定，约定的服务期为3年，按照3年分摊培训费12 000元，每年应当分摊的培训费用为4 000元；目前，彭某在公司已经服务了2年，已经服务的2年应当按照比例折抵相应的违约金，尚未履行的服务期为1年，因此，彭某只需向公司支付违约金4 000元。

四、劳动合同的可备条款：服务期条款

（一）服务期的定义

服务期是指用人单位和劳动者在劳动合同签订之时或劳动合同履行的过程中，由用人单位为劳动者支付特别投资的前提下，劳动者同意为该用人单位工作一定期限的特别约定，是用人单位的投资回收期。因此，服务期是劳动者因接受用人单位给予的特殊待遇而承诺必须为用人单位服务的期限。

（二）服务期的约定

服务期可以在劳动合同中约定，也可以通过其他专项协议约定，用人单位为劳动者提供培训费用，并支付劳动报酬和其他待遇，使劳动者学到了本事后回来为单位提供约定服务期期间的劳动。通过约定服务期，可以平衡用人单位与劳动者双方利益，以免劳动者服务期未满离职，使用人单位期待落空。

服务期只对劳动者具有约束力。劳动者违反服务期约定的，应当按照约定向用人单位支付违约金，违约金的数额不得超过用人单位提供的培训费用。用人单位要求劳动者支付的违约金不得超过服务期尚未履行部分所应分摊的培训费用。用人单位与劳动者约定服务期的，不影响按照正常的工资调整机制提高劳动者在服务期期间的劳动报酬。

（三）关于专项培训

签订服务期的前提条件是用人单位为劳动者提供专项培训费用对其进行专业技术培训。培训分为一般培训和专项培训两种。一般培训主要指员工的上岗培训、安全生产教育等法定职业技能培训。专项培训，是指在员工的职业技能已经满足了本企业要求的情况下，为了进一步提高员工的素质、能力和职业技能，提高企业的竞争力，专门出资对特定的劳动

者进行的以职业发展为目的的专业技术培训。专项培训费用，包括有支付凭证的培训费用、培训期间的差旅费以及因培训产生的其他直接费用。

法条链接:《劳动合同法》

第二十二条：用人单位为劳动者提供专项培训费用，对其进行专业技术培训的，可以与该劳动者订立协议，约定服务期。

劳动者违反服务期约定的，应当按照约定向用人单位支付违约金。违约金的数额不得超过用人单位提供的培训费用。用人单位要求劳动者支付的违约金不得超过服务期尚未履行部分所应分摊的培训费用。

用人单位与劳动者约定服务期的，不影响按照正常的工资调整机制提高劳动者在服务期期间的劳动报酬。

◆◆◆ 经典案例（五）

劳动合同的可备条款：保密条款

1. 案情概要

王某任职旅游公司的导游，公司与员工签订劳动合同的同时，还签订了一份保密协议。协议约定，员工在劳动关系存续期间以及劳动关系终结后，不得透露并利用公司的客户资料、旅游路线、商业合作伙伴等资料，如公司发现员工泄露公司商业秘密，员工须向公司支付10万元的违约金。王某离职后，成为一名旅游博主，并利用担任导游期间获得的旅游资源组建定制旅行团，被原公司发现后，遂以侵犯公司商业秘密为由，要求王某支付违约金。

2. 裁判结果

审理认为，王某作为旅游公司的一名导游，其接触公司的旅游路线的开发战略、客户情况等可以视为企业商业秘密的表现形式，是企业竞争具有优势的商业信息、经营信息和技术信息，具有实用性和经济性；并且，公司为了确保经营信息不为竞争对手所知晓和利用，与员工在协商的基础上签订了保密协议，是符合法律规定的。现王某利用其担任导游期间获取的信息资源，自行组织旅行团作营利用途，是侵犯了公司的商业秘密，应按照保密协议规定支付违约金。

五、劳动合同的可备条款：保密条款

（一）商业秘密的定义

《劳动合同法》第二十三条规定，用人单位与劳动者可以在劳动合同中约定保守用人单位的商业秘密和与知识产权相关的事项。

关于商业秘密，根据《中华人民共和国反不正当竞争法》规定：商业秘密是指不为公众所知悉、能为权利人带来经济利益、具有实用性并经权利人采取保密措施的技术信息和经营信息。

商业秘密具有私密性、价值性、管理性三个特征。秘密性，即不为公众所知悉或公众不易得到，一般指不为本行业的人普遍知悉或本行业的人不易得到。价值性，指该商业秘密能为权利人带来利益，具有经济上的价值。管理性，指商业秘密权利人为拥有的商业秘密采取的合理保密措施。

（二）商业秘密的内容

商业秘密包括技术信息和经营信息。其中：

技术信息指专业技术、技术诀窍。主要包括大家熟知的产品配方、制作工艺、制作方法、设计、绘图、建筑规划、蓝图和地图，应用于计算机程序的算法、流程图以及程序本身，文件跟踪程序，制造或修理程序，研究开发的文件如会议纪要，实验结果、检验方法、图纸改进的机器设备、工艺程序、产品等。

经营信息主要指技术秘密以外的能够构成商业秘密的其他信息。主要包括企业战略、企业规划、开展业务的方法、营销规划、客户情报、客户名单、货源情报、产销策略、招投标中的标底及标书内容等，财务信息、人事档案、教学方法、研究和开发活动的信息，以及其他与竞争和效益相关的商业信息，如采购计划、供货渠道、重要的管理方法、管理诀窍等。

总之，商业秘密是对其所有者具有实际或潜在价值的、通常不为公众所知的或公众不易得到的技术信息和经营信息，并且其所有者已经作出合理努力来保守秘密。商业秘密的开发通常是要花费代价的，因此，它不是本行业的普通知识，甚至可能是负面信息，比如经开发并被认为没有价值的研究方向，也可以成为商业秘密。实际上，如果满足要求，任何类型的技术和商业信息均可作为商业秘密来保护。

知识拓展

法条链接：《劳动合同法》

第二十三条：用人单位与劳动者可以在劳动合同中约定保守用人单位的商业秘密和与知识产权相关的保密事项。

对负有保密义务的劳动者，用人单位可以在劳动合同或者保密协议中与劳动者约定竞业限制条款，并约定在解除或者终止劳动合同后，在竞业限制期限内按月给予劳动者经济补偿。劳动者违反竞业限制约定的，应当按照约定向用人单位支付违约金。

◆◆◆ 经典案例（六）

劳动合同的可备条款：竞业限制条款

1. 案情概要

姜某是某公司的工程师，与公司签订了无固定期限劳动合同。工作中，姜某参与了公司的一项新工艺流程设计，经公司与姜某协商一致，双方签署了保密与竞业禁止协议。协议约定：姜某在工作期限内应对公司的技术秘密予以保密，公司同意按月支付姜某一定数额的津贴。姜某如要解除合同离开公司，在离开后三年内不得前往与公司有竞争关系的单位工作；如违约，须偿还公司支付的津贴并承担因此给公司造成的损失。

数月后，姜某出于个人原因申请辞职，公司要求姜某按照协议约定，在三年内不得到有竞争关系的单位工作。姜某认为这份协议过于苛刻，对其今后就业极为不利，于是要求公司取消有关“离开公司后三年内不得前往与公司有竞争关系的单位工作”的协议规定。公司认为，协议经双方协商同意并已签字，履行保密义务和竞业禁止协议是员工的职责，因此拒绝了姜某的要求。姜某不服，双方发生劳动争议。

2. 裁判结果

审理认为，新工艺流程设计属于技术信息，具有实用性和经济性，并且公司为了确保该信息不为竞争对手所知晓和利用，专门与姜某在协商的基础上签订了保密和竞业禁止限制协议，符合法律规定，姜某应该遵守协议的规定。竞业限制本身是对自由竞争的一种限制，因此，竞业限制必须是保护合法权益所必需的。由于竞业限制限制了劳动者的劳动权利，竞业限制一旦生效，劳动者要么改行，要么赋闲在家，所以，竞业限制的范围、地域，应当以能够与用人单位形成实际竞争关系的地域为限，不能任意扩大竞业限制的范围。竞业限制的范围、地域、期限由用人单位与劳动者约定，且不得违反法律、法规的规定。

姜某在解除或者终止劳动合同后，仍然受竞业限制的约束，不能到与本单位生产或者经营同类产品、业务的有竞争关系的其他用人单位，或者自己开业生产或者经营与本单位有竞争关系的同类产品、业务；但根据法律规定，期限不得超过二年。本案中要求三年，明显超过了法律的期限，并不合理。

六、劳动合同的可备条款：竞业限制条款

（一）竞业限制的定义

所谓竞业限制，是指为保护用人单位的商业秘密，避免其被侵犯，依法律规定或双方协议约定，员工在劳动关系存续期间或劳动关系结束后的一定时期内，不得到生产同类产品或经营同类业务且具有竞争关系或其他利害关系的其他用人单位兼职或任职，也不得自己生产与原单位有竞争关系的同类产品或经营同类业务。

（二）约定竞业限制义务的人员

可以约定竞业限制义务的员工只有三类：高级管理人员、高级技术人员和其他知悉用人单位商业秘密的人员。《中华人民共和国公司法》规定，高级管理人员是指公司的董事、监事、经理、副经理、财务负责人、上市公司董事会秘书和公司章程规定的其他人员。关于高级技术人员和其他知悉用人单位商业秘密的人员，目前还没有相关法律予以明确规定。但实践中，知悉本单位商业秘密或者其他对本单位经营有重大影响的信息的劳动者都列入竞业限制范围。

竞业限制的目的是保护用人单位的商业秘密，劳动者违反竞业限制约定的，应当按照约定向用人单位支付违约金，给用人单位造成损失的，还要依法支付损害赔偿金。但由于竞业限制的劳动者负有不得披露和使用商业秘密的义务，显然要比一般劳动者承担更多的忠诚义务。从深层次来讲，竞业限制协议限制的是员工的劳动权，而劳动权属于宪法保障的公民基本权利之一，因此，竞业限制协议的合法有效关键在于是否有损员工的基本生活利益。

作为竞业限制协议生效的一个基本条件，企业必须对员工的竞业限制行为作出经济补偿，竞业限制协议中必须同时写明补偿金的数额和发放办法，并且竞业限制经济补偿金不能包含在工资中。用人单位未按照约定在劳动合同履行、终止或者解除时向劳动者支付竞业限制经济补偿的，竞业限制协议无效。

知识拓展

法条链接：《劳动合同法》

第二十四条：竞业限制的人员限于用人单位的高级管理人员、高级技术人员和其他负有保密义务的人员。竞业限制的范围、地域、期限由用人单位与劳动者约定，竞业限制的约定不得违反法律、法规的规定。

在解除或者终止劳动合同后，前款规定的人员到与本单位生产或者经营同类产品、从事同类业务的有竞争关系的其他用人单位，或者自己开业生产或者经营同类产品、从事同类业务的竞业限制期限，不得超过二年。同时，在竞业限制期限内，公司需要按照上年度本市职工平均工资标准向员工支付补偿金。

◆◆◆ 经典案例（七）

劳动合同的变更

1. 案情概要

苏某与公司签订了劳动合同，劳动合同约定："苏某的岗位为专业技术岗。工作期间，公司按工作标准对员工进行年度考核；若经考核确认员工不胜任本岗位工作，公司可以对员工进行调换岗位。在本合同履行期间，若公司生产经营发生变化，经双方协商一致，也可以变更员工的岗位。根据公司考勤管理规定，员工连续旷工超过 3 日的，属于严重违反公司规章制度，公司可以解除劳动关系并不支付解除劳动关系的经济补偿金。"苏某在某生产车间担任技术人员，在年度考核中，其综合得分为 60 分，低于公司的合格线 80 分。因此，公司于次年向苏某发出《调岗通知单》，将苏某从生产车间调至售后维修车间，岗位性质与工资待遇均未变。苏某对此存有异议，坚持不到售后维护车间工作，并连续 3 日未到岗。随后，公司以苏某旷工为由解除劳动合同，苏某认为公司违法调岗并违法解除劳动合同，要求公司支付赔偿金。

2. 裁判结果

审理认为，公司制订有关于调岗调薪单的规章制度，并且依照规章制度对苏某进行了考核，而苏某考核不合格，故该公司对其调岗调薪合理合法。而苏某拒绝到新岗位工作，构成旷工，故该公司有权依据相关规章制度以严重违纪为由解除与苏某的劳动关系，因此驳回了苏某的诉讼请求。

七、劳动合同的变更

劳动合同的变更，是指劳动合同依法订立后，在合同尚未履行或者尚未履行完毕之前，经用人单位和劳动者双方当事人协商同意，依照法律规定的条件和程序，对原劳动合同内容作部分修改、补充或者删减的法律行为。劳动合同的变更是原劳动合同的派生，是双方已存在的劳动权利义务关系的发展。

根据《劳动合同法》，劳动合同一经依法订立，即具有法律约束力，受法律保护，双方当事人应当严格履行，任何一方不得随意变更劳动合同约定的内容。但是合同订立后，在履行劳动合同的过程中，由于社会生活和市场条件的不断变化，订立劳动合同所依据的客观情况也发生了变化，使得劳动合同难以履行或者难以全面履行，或者使合同的履行可能造成当事人之间权利义务的不平衡。这就需要用人单位和劳动者双方对劳动合同的部分内容进行适当的调整，否则在劳动合同与实际情况相脱节的情况下，若继续履行，有可能会对当事人的正当利益造成损害。因此，允许合同双方当事人在一定条件下，依据有关法律法规的规定，经协商一致，就劳动合同的部分条款进行修改、补充或者删减，重新调整和规定合同当事人双方的权利义务关系，使劳动合同适应变化发展了的新情况，从而保证劳动合同的继续履行。

（一）劳动合同变更的原则

（1）合法、公平原则。劳动合同的变更应依法进行，用人单位和劳动者约定的变更内容必须符合国家法律、法规的相关规定。劳动合同的变更是在原合同的基础上对原劳动合同内容作部分修改、补充或者删减，部分条款的修改增加或取消，不影响未变更的部分，未变更的部分仍然有效，变更后的内容取代了原合同的相关内容，变更协议条款与原合同中其他条款具有同等法律效力，对双方当事人都有约束力，用人单位和劳动者都应全面、合法履行相应的义务。

（2）平等自愿、协商一致原则。劳动合同的变更须遵循平等自愿、协商一致的原则，就变更的事项进行协商，直至形成一致的意见。

（3）及时原则。劳动合同变更必须是在劳动合同生效后、终止前进行，用人单位和劳动者都应当及时向对方提出变更劳动合同的要求，说明变更劳动合同的理由、内容和条件等，不能拖到劳动合同期满后再提出；当事人一方得知对方变更劳动合同的要求后，应在对方规定的合理期限内及时作出答复，不得对对方提出的变更劳动合同的要求置之不理。根据《劳动合同法》第四十条的规定，劳动合同订立时所依据的客观情况发生重大变化，致使劳动合同无法履行，如果用人单位经与劳动者协商，未能就变更劳动合同内容达成协议的，则可能导致用人单位单方解除劳动合同。

（二）劳动合同变更的条件

（1）订立劳动合同所依据的法律、法规已经修改或者废止。劳动合同的签订和履行必须以不得违反法律、法规的规定为前提。如果合同签订时所依据的法律、法规发生修改或者废止，合同若不变更，就可能出现与法律、法规不相符甚至是违反法律、法规的情况，导致合同因违法而无效。因此，根据法律、法规的变化而变更劳动合同的相关内容是必要而且是必需的。

（2）用人单位经上级主管部门批准或者根据市场变化决定转产、调整生产任务或者生产经营项目等。用人单位的生产经营不是一成不变的，可能会根据上级主管部门批准或者根据市场变化经常调整自己的经营策略和产品结构；在此情形下，有些工种、产品生产岗位就可能因此而撤销，或者被其他新的工种、岗位所替代，原劳动合同就可能因签订条件的改变而发生变更。

（三）劳动合同变更的程序

（1）提出变更的要约。用人单位或劳动者提出变更劳动合同的要求，说明变更合同的理由、变更的内容以及变更的条件，请求对方在一定期限内给予答复。

（2）承诺。合同另一方接到对方的变更请求后，应当及时进行答复，明确告知对方同意或者不同意变更，不得对对方提出的变更劳动合同的要求置之不理。如果一方同意接受另一方提出的变更建议，承诺生效；如果变更建议不能或不能全部被对方接受，双方需继续协商，直到意见一致。

（3）签订书面变更协议。当事人双方就变更劳动合同的内容经过平等协商，取得一致意见后签订书面变更协议，协议载明变更的具体内容，经双方签字、盖章后生效。变更后的劳动合同文本由用人单位和劳动者各执一份。

（4）对于特定的情况，如用人单位名称、法定代表人、主要负责人或者投资人等事项发生变更的，不需要办理劳动合同变更手续，只需向劳动者说明情况即可，劳动关系双方当事人应当继续履行原合同的内容。

知识拓展

法条链接：《劳动合同法》

第二十九条：用人单位与劳动者应当按照劳动合同的约定，全面履行各自的义务。

第三十五条：用人单位与劳动者协商一致，可以变更劳动合同约定的内容。变更劳动合同，应当采用书面形式。

变更后的劳动合同文本由用人单位和劳动者各执一份。

第三十九条：劳动者有下列情形之一的，用人单位可以解除劳动合同：

（一）在试用期间被证明不符合录用条件的；

（二）严重违反用人单位的规章制度的；

（三）严重失职，营私舞弊，给用人单位造成重大损害的；

（四）劳动者同时与其他用人单位建立劳动关系，对完成本单位的工作任务造成严重影响，或者经用人单位提出，拒不改正的；

（五）因本法第二十六条第一款第一项规定的情形致使劳动合同无效的；

（六）被依法追究刑事责任的。

第四十条：有下列情形之一的，用人单位提前三十日以书面形式通知劳动者本人或者额外支付劳动者一个月工资后，可以解除劳动合同：

（一）劳动者患病或者非因工负伤，在规定的医疗期满后不能从事原工作，也不能从事由用人单位另行安排的工作的；

（二）劳动者不能胜任工作，经过培训或者调整工作岗位，仍不能胜任工作的；

（三）劳动合同订立时所依据的客观情况发生重大变化，致使劳动合同无法履行，经用人单位与劳动者协商，未能就变更劳动合同内容达成协议的。

◆◆◆ 经典案例（八）

非全日制用工合同

1. 案情概要

林某与某茶饮店签订非全日制用工劳动合同，约定林某每周工作 5 天，每天工作 4 小时，茶饮店按小时计薪，每小时 30 元，按工作天数计薪，为了方便领取，双方约定每 15 日发放一次工资。工作半年后，茶饮店通知林某解除劳动关系，林某要求茶饮店支付解除劳动关系的经济补偿金，但遭到拒绝，遂将茶饮店诉至劳动争议仲裁机构。

2. 裁判结果

审理认为，双方签署的是非全日制用工的劳动合同，林某按小时计薪，每天工作 4 小时，每周工作 5 天，属于非全日制用工，故驳回林某的诉求。

八、非全日制用工

（一）非全日制用工的概念

非全日制用工为全日制用工形式的有力补充，可以最大限度地降低用工成本及解聘风险。非全日制用工，是指以小时计酬，劳动者在同一用人单位平均每日工作时间不超过 4 小时，每周累计工作时间不超过 24 小时的用工形式。在管理实务中，很多公司对非主营业务所涉岗位都选择该类用工形式。非全日制用工一般仅在临时性、辅助性的工作岗位中适用。但是，非全日用工仍属于劳动关系，发生纠纷时，属于劳动争议的受理范围，因此不能违反《劳动法》《劳动合同法》的相关规定。

（二）非全日制用工合同的形式

用人单位与非全日制劳动者建立劳动关系，应当订立劳动合同。非全日制用工的劳动合同一般以书面形式订立，合同期限在一个月以下的，经双方协商同意，可以订立口头劳动合同。但劳动者提出订立书面劳动合同的，应当以书面形式订立。如果用工单位确因自身问题无法签订书面劳动合同，可以会议纪要、备忘录等形式约定双方用工关系。

法律允许非全日制用工存在多重雇佣关系，也即劳动者可以与一个以上的用人单位存在雇佣关系，但是后订立的劳动合同不得影响先订立的劳动合同的履行。

（三）非全日制用工试用期规定

非全日制用工无须约定试用期，用人单位可以随时单方通知劳动者解除双方的用工关系，且无须支付解除劳动关系的经济补偿金。非全日制劳动合同的内容由当事人协商确定，应当包括工作时间和期限、工作内容、劳动报酬、劳动保护、劳动条件等必备条款。非全日制用工双方当事人不得约定试用期，以最大限度地维护劳动者的权益，用人单位违反《劳动合同法》相关规定与非全日制用工的劳动者约定了试用期的，应当承担相应的法律责任。按照《劳动合同法》第八十二条的规定，由劳动行政部门责令改正，违法约定的试用期已经履行的，由用人单位以劳动者试用期满月工资为标准，按已经履行的试用期的期限向劳动者支付赔偿金。

（四）非全日制用工劳动合同的终止

非全日制用工双方当事人任何一方均可随时通知对方终止用工。终止用工，用人单位不向劳动者支付经济补偿金。这是对用人单位权利的救济，维护了用人单位的合法权益。

（五）工资标准及支付

非全日制用工时长有法定限制，一般为每天 4 小时，每周不超过 24 小时。建议双方签订劳动合同时，明确具体工作时间，如上班时间、下班时间等，超出的时间需要用其他工作时间折抵或者经公司书面审批认可后才能生效。

非全日制用工一般情况下以小时计酬，结算支付周期最长不超过 15 日。用人单位可以与劳动者约定结算周期为 15 日，为方便劳动者领取，可以按月发放。非全日制用工的小时计酬标准不得低于用人单位所在地人民政府规定的最低小时工资标准。用人单位应当按时足额支付非全日制劳动者的工资。

对非全日制用工的劳动者可以安排加班，但双方应提前约定如有加班加班费该如何计算与支付，并且这一约定不能违反法律的相关规定。

对非全日制用工的劳动者，用人单位一般只缴纳工伤保险，在劳动者发生工伤事故后，用人单位可依照工伤程序承担责任。

知识拓展

法条链接：《劳动合同法》

第六十八条：非全日制用工，是指以小时计酬为主，劳动者在同一用人单位一般平均每日工作时间不超过四小时，每周工作时间累计不超过二十四小时的用工形式。

第六十九条：非全日制用工双方当事人可以订立口头协议。

从事非全日制用工的劳动者可以与一个或者一个以上用人单位订立劳动合同；但是，后订立的劳动合同不得影响先订立的劳动合同的履行。

第七十条：非全日制用工双方当事人不得约定试用期。

第七十一条：非全日制用工双方当事人任何一方都可以随时通知对方终止用工。终止用工，用人单位不向劳动者支付经济补偿。

第七十二条：非全日制用工小时计酬标准不得低于用人单位所在地人民政府规定的最低小时工资标准。

非全日制用工劳动报酬结算支付周期最长不得超过十五日。

任务三 谨防就业陷阱

案例导入

实习期间遇工伤，如何维权

1. 案情概要

大三学生黄某，根据学校顶岗实习的安排，应聘到一家器械制造公司进行顶岗实习。黄某在一次安装设备时，不慎把脚砸伤，住院治疗花费2万元，经过劳动能力鉴定委员会鉴定为八级伤残。

2. 案件评析

顶岗实习学生可以依据实习协议的约定主张自己的合法权益。首先，实习学生从本质上而言，其在校学生的身份并没有改变，并不是《劳动法》中的劳动者。其次，实习学生与实习用人单位之间并未建立起事实上或法律上的劳动关系，双方的权利义务不受《劳动法》《劳动合同法》约束。最后，实习学生在实习劳动过程中遇到的意外伤害或工伤，可依照《中华人民共和国民法典》关于侵权责任编的相关规定进行维权。

以案释法

要保障实习学生的合法权益，既需要有健全的制度，也需要学生自身具备法律意识、规则意识。首先，在签订实习协议时，学生应该熟悉协议条款，对于工作过程中可能发生的意外伤害，提前约定妥善的处理措施和划分责任，一旦出现问题，可以根据实习协议的约定主张合法权利。其次，用人单位在用工时，也应按照法律、法规的相关规定，健全本单位安全生产责任制，执行相关安全生产标准，健全安全生产规章制度和操作规程，制定生产安全事故应急救援预案，配备必要的安全保障器材和劳动防护用品，加强对实习学生的安全生产教育培训和管理，保障学生实习期间的人身安全和健康。再次，高校方面也要完善对实习学生的管理和指导，为学生购买商业保险，这样一来，学生在实习期间受到的人身伤害，由承保保险公司按保险合同赔付标准进行赔付。最后，各方需按照法律、法规及政策要求，落实相关规定，保障实习学生的合法权益。

知识拓展

法条链接

1.《职业学校学生实习管理规定》(教职成〔2021〕4号)

第十五条：实习协议应当明确各方的责任、权利和义务，协议约定的内容不得违反相关法律法规。

实习协议应当包括但不限于以下内容：

(一)各方基本信息；

（二）实习的时间、地点、内容、要求与条件保障；

（三）实习期间的食宿、工作时间和休息休假安排；

（四）实习报酬及支付方式；

（五）实习期间劳动保护和劳动安全、卫生、职业病危害防护条件；

（六）责任保险与伤亡事故处理办法；

（七）实习考核方式；

（八）各方违约责任；

（九）三方认为应当明确约定的其他事项。

第三十条：职业学校和实习单位要确立“安全第一、预防为主”的原则，强化实习单位主要负责人安全生产第一责任人职责，严格执行国家及地方安全生产、职业卫生、人格权保护等有关规定。职业学校主管部门应当会同相关行业主管部门加强实习安全监督检查。

第三十一条：实习单位应当健全本单位安全生产责任制，执行相关安全生产标准，健全安全生产规章制度和操作规程，制定生产安全事故应急救援预案，配备必要的安全保障器材和劳动防护用品，加强对实习学生的安全生产教育培训和管理，保障学生实习期间的人身安全和健康。未经教育培训或未通过考核的学生不得参加实习。

第三十六条：学生在实习期间受到人身伤害，属于保险赔付范围的，由承保保险公司按保险合同赔付标准进行赔付；不属于保险赔付范围或者超出保险赔付额度的部分，由实习单位、职业学校、学生依法承担相应责任；职业学校和实习单位应当及时采取救治措施，并妥善做好善后工作和心理抚慰。

2. 广东省人社厅、省财政厅、国家税务总局广东省税务局印发《关于单位从业的灵活就业劳动者等特定人员参加工伤保险办法》（粤人社规〔2024〕6号）

第三条：本办法所指在从业单位工作且未建立劳动关系的灵活就业劳动者等特定人员（以下简称“从业人员”）主要包括：

（一）超过法定退休年龄人员（包括已享受和未享受城镇职工基本养老保险待遇人员）；

（二）已享受一级至四级工伤伤残津贴或病残津贴人员；

（三）实习学生（包括签订三方实习协议或自行联系实习单位的实习学生和从业单位使用的勤工助学学生、未建立劳动关系的学生学徒等）；

（四）单位见习人员；

（五）在家政服务机构从业的家政服务人员；

（六）通过互联网平台注册，互联网营销师或者提供网约车外卖、配送等劳务的新就业形态劳动者（以下简称“新业态从业人员”）；

（七）基层快递网点的从业人员（包括从事快递收寄、分拣、运输、投递和查询等服务的人员）；

（八）依托交通运输公司开展运输业务的运营车辆司机和乘务人员；

（九）村（社区）党组织书记、副书记、委员，村（居）民委员会主任、副主任、委员等以及有关工作人员（本项目人员以下简称“村（社区）从业人员”）；

（十）国家规定可以参加工伤保险的从业人员。

◆◆◆ 经典案例（一）

促进平等就业，禁止就业歧视

1. 案情概要

郑某，女，毕业后到某公司面试。经过三轮面试后，公司通过邮件向郑某发送了录用通知书，并详细讲解了办理入职手续的流程与入职的条件，其中有一项条款是：能否承诺入职五年内没有结婚、生育的计划，郑某选择了“否”。在提交了入职相关材料，准备办理入职手续时，郑某接到公司的通知，取消了录用。郑某经过与公司人力资源部联系，才知晓公司决定拒绝与其签订劳动合同的原因是郑某对该承诺选择了“否”。因此，郑某将该公司告上了法庭，并要求赔偿经济损失。

2. 裁判结果

审理认为，该公司已向郑某发送录用邮件，并为其办理入职手续；后又因郑某没有承诺入职五年内没有结婚、生育的计划，而拒绝对其录用，公司的行为构成了就业歧视，应当赔偿郑某由此产生的经济损失。

以案释法

就业是民生之本和安国之策。招聘条件是录用条件的重要组成部分，其内容可以包括公司所需的岗位工资构成、工作环境、岗位职责、晋升途径等，还可以作出某些约束，如年龄、性别、学历、工作经验或者工作年限、健康状况、婚育情况等，特殊岗位比如空乘岗位也可对身高、长相等提出要求。但是，用人单位不能有针对性地对某一类人进行限制，比如“生育”“已婚”等，或提出一些禁止性条件，例如“几年内不得婚配”“几年内不得生育”等，这些都属于无效约定，构成就业歧视。

知识拓展

法条链接：《中华人民共和国就业促进法》

第三条：劳动者依法享有平等就业和自主择业的权利。

劳动者就业，不因民族、种族、性别、宗教信仰等不同而受歧视。

第二十六条：用人单位招用人员、职业中介机构从事职业中介活动，应当向劳动者提供平等的就业机会和公平的就业条件，不得实施就业歧视。

第二十七条：国家保障妇女享有与男子平等的劳动权利。

用人单位招用人员，除国家规定的不适合妇女的工种或者岗位外，不得以性别为由拒绝录用妇女或者提高对妇女的录用标准。

用人单位录用女职工，不得在劳动合同中规定限制女职工结婚、生育的内容。

◆◆◆ 经典案例（二）

违法约定“试工期”，合同无效

1. 案情概要

蒋某入职某公司，与该公司签订培训协议，约定：“入职培训期为七天，培训期间双方不属于劳动关系；如果经培训后通过测试，则双方签订劳动合同，建立劳动关系；如果未能通过测试，则不予录用，且公司的培训费折抵七天的工资。在培训期间，发生旷工、迟到、早退等情况，则视为未通过测试。”培训过程中，蒋某发现该公司所称的培训，实质为开展实际工作，与所从事岗位的工作无异，公司也并未提供任何实质性的培训内容。七天培训期后，蒋某被告知未通过测试，要求即时离职。蒋某则要求公司支付七日的工资，并支付因解除劳动关系发生的经济补偿。

2. 裁判结果

审理认为，虽然蒋某与公司达成了一致意见并签订了培训协议，但是公司未提供证据证明向蒋某提供了实质性的培训和为此所支出的培训费用。因此，公司无法证明培训费与蒋某的工资相抵扣，故公司应该支付蒋某七天的工资。其次，公司的解聘行为也存在问题，公司无合理的测试标准，且不能合理说明蒋某没有通过测试的原因，因此，无法证明蒋某不符合录用条件，故公司的解聘行为属于违法解聘，应该支付解除劳动关系的经济赔偿金。

以案释法

很多用人单位利用所谓的试工期、见习期、实习期、培训期等说辞，确认在试工期、见习期、实习期、培训期内，劳动者属于学习阶段，用人单位并未从中获益，因此试工期、见习期、实习期、培训期内无工资。实际上，这些约定是违法的，法律并未规定在试用期外还有试工期、见习期、实习期、培训期。此外，所谓的试工期、见习期、实习期、培训期均视为双方建立劳动关系且未约定试用期。

根据《劳动合同法》规定，用人单位违法解除劳动合同，应承担的法律责任包括继续履行劳动合同、支付赔偿金。

1. 继续履行劳动合同

继续履行是合同实际履行原则在违约责任中的体现。继续履行，是指当事人一方不履行合同或者履行不符合合同约定时，另一方当事人有权请求人民法院或者劳动争议仲裁机构强制违约者按合同约定履行义务，而不得以支付违约金或者损害赔偿金的方式代替履行。劳动关系的属性决定继续履行对劳动者具有重要意义。对劳动者来讲，劳动不仅是劳动者获取劳动报酬、维持本人及其抚养的家人生活的物质保证，劳动过程本身还是劳动者习得技能、提升劳动能力以及实现本人社会价值的需要。工作的中断不仅意味着维系劳动者本人及其家庭生活的物质保障丧失，而且劳动者的技能甚至人格提升均会受到影响。因此，《劳动合同法》的一个重要目标是维护劳动关系的稳定性。

2. 支付赔偿金

赔偿金是违约方因不履行合同义务或履行不符合合同约定或者法律规定而给另一方当事人造成损失，依法或依合同约定所承担的法律责任。用人单位违反《劳动合同法》规定解除或者终止劳动合同，需要支付经济补偿金或赔偿金。

经济补偿金是在劳动合同解除或终止后，用人单位一次性支付给劳动者的经济上的补助。经济补偿金的支付是根据法律、法规的规定直接适用的，在主体的适用上具有平等性与强制性，只要双方确立了劳动关系，那就有可能需要给付经济补偿。经济补偿金是用人单位的法定附随的义务。

赔偿金是指用人单位违法解除或终止劳动合同，劳动者不要求继续履行劳动合同或劳动合同已经不能履行的，用人单位应当按照经济补偿标准的二倍向劳动者支付的赔偿。

知识拓展

法条链接:《劳动合同法》

第四十七条:经济补偿按劳动者在本单位工作的年限，每满一年支付一个月工资的标准向劳动者支付。六个月以上不满一年的，按一年计算；不满六个月的，向劳动者支付半个月工资的经济补偿。

劳动者月工资高于用人单位所在直辖市、设区的市级人民政府公布的本地区上年度职工月平均工资三倍的，向其支付经济补偿的标准按职工月平均工资三倍的数额支付，向其支付经济补偿的年限最高不超过十二年。

本条所称月工资是指劳动者在劳动合同解除或者终止前十二个月的平均工资。

第四十八条:用人单位违反本法规定解除或者终止劳动合同，劳动者要求继续履行劳动合同的，用人单位应当继续履行；劳动者不要求继续履行劳动合同或者劳动合同已经不能继续履行的，用人单位应当依照本法第八十七条规定支付赔偿金。

第八十七条:用人单位违反本法规定解除或者终止劳动合同的，应当依照本法第四十七条规定的经济补偿标准的二倍向劳动者支付赔偿金。

实践拓展

开展劳动仲裁模拟法庭活动

一、角色分配

首席仲裁员:1人

仲裁员:2人

书记员:1人

申请人:1人

申请人委托代理人:1～2人

被申请人:1～2人

被申请委托代理人:1～2人

证人:1～3名

二、案件概况

温某毕业后入职了珠海某公司，公司表示，温某刚入职要经历试用期，试用期为六个月，试用期合格后，才能正式签订劳动合同，在六个月的试用期内，公司只与温某签订《试用期合同》。六个月的试用结束后，温某继续留在公司工作，公司对温某试用期和考核结果以及未来的去留并未有任何表示。过了三个月，因温某在某一项目中出现了差错，使公司遭受损失；公司遂以温某“不能胜任岗位工作”为由，提出解除与温某的《试用期合同》，并拒绝支付经济补偿金。

温某认为，自己已经通过试用期考核，目前与公司存在正式的劳动关系，公司以“不能胜任岗位工作”为由单方提出解除劳动合同属于违法解除，遂申请劳动仲裁，要求公司支付经济补偿金二倍的赔偿金。

三、庭审流程

（一）审理前

1. 查明到庭情况

书记员查明当事人和其他仲裁参与人是否到庭，查明当事人、代理人、证人等参与人身份证信息、律师执业资格证及委托权限等。

2. 宣读仲裁庭纪律

仲裁员入庭就座，书记员向仲裁员报告案件基本信息、出庭人员基本情况。

以播放录音的方式宣告仲裁庭纪律、当事人权利义务。

3. 询问庭前调解意见

仲裁员询问双方当事人是否愿意庭前调解（如果同意则进入庭前调解，不同意进入庭审）。

（二）审理时

1. 宣布开庭

仲裁员宣布开庭、案由和仲裁员、书记员名单。

2. 核对当事人

仲裁员核对出庭人员的基本情况，询问当事人对对方的出庭人员有无异议。

3. 告知权利义务

仲裁员询问当事人是否清楚有关的权利义务。

4. 询问回避意见

仲裁员询问双方当事人是否提出回避申请。

（三）审理中

1. 听取陈述与答辩

仲裁员听取申请人的陈述（当庭明确仲裁请求）。

仲裁员听取被申请人的答辩。

2. 庭审调查、质证和辩论、征询最后意见

仲裁员主持庭审调查。

仲裁员主持双方当事人围绕证据进行质证。

双方当事人就案件情况进行辩论。

仲裁员征询当事人最后意见。

3. 调解

仲裁员再次组织双方当事人进行调解（如果同意则进入调解，不同意审理结束后另行裁决）。

4. 宣布闭庭

仲裁员宣布闭庭（闭庭后当事人校阅庭审笔录并签名，仲裁员、书记员签名）。

四、法律依据

1.《劳动合同法》

第十条　建立劳动关系，应当订立书面劳动合同。

已建立劳动关系，未同时订立书面劳动合同的，应当自用工之日起一个月内订立书面劳动合同。

用人单位与劳动者在用工前订立劳动合同的，劳动关系自用工之日起建立。

第十九条　劳动合同期限三个月以上不满一年的，试用期不得超过一个月；劳动合同期限一年以上不满三年的，试用期不得超过二个月；三年以上固定期限和无固定期限的劳动合同，试用期不得超过六个月。

同一用人单位与同一劳动者只能约定一次试用期。

以完成一定工作任务为期限的劳动合同或者劳动合同期限不满三个月的，不得约定试用期。

试用期包含在劳动合同期限内。劳动合同仅约定试用期的，试用期不成立，该期限为劳动合同期限。

第三十九条　劳动者有下列情形之一的，用人单位可以解除劳动合同：

（一）在试用期间被证明不符合录用条件的；

（二）严重违反用人单位的规章制度的；

（三）严重失职，营私舞弊，给用人单位造成重大损害的；

（四）劳动者同时与其他用人单位建立劳动关系，对完成本单位的工作任务造成严重影响，或者经用人单位提出，拒不改正的；

（五）因本法第二十六条第一款第一项规定的情形致使劳动合同无效的；

（六）被依法追究刑事责任的。

第四十条　有下列情形之一的，用人单位提前三十日以书面形式通知劳动者本人或者额外支付劳动者一个月工资后，可以解除劳动合同：

（一）劳动者患病或者非因工负伤，在规定的医疗期满后不能从事原工作，也不能从事由用人单位另行安排的工作的；

（二）劳动者不能胜任工作，经过培训或者调整工作岗位，仍不能胜任工作的；

（三）劳动合同订立时所依据的客观情况发生重大变化，致使劳动合同无法履行，经用人单位与劳动者协商，未能就变更劳动合同内容达成协议的。

第四十七条　经济补偿按劳动者在本单位工作的年限，每满一年支付一个月工资的标准向劳动者支付。六个月以上不满一年的，按一年计算；不满六个月的，向劳动者支付半个月工资的经济补偿。

劳动者月工资高于用人单位所在直辖市、设区的市级人民政府公布的本地区上年度职工月平均工资三倍的，向其支付经济补偿的标准按职工月平均工资三倍的数额支付，向其支付经济补偿的年限最高不超过十二年。

本条所称月工资是指劳动者在劳动合同解除或者终止前十二个月的平均工资。

第四十八条　用人单位违反本法规定解除或者终止劳动合同，劳动者要求继续履行劳动合同的，用人单位应当继续履行；劳动者不要求继续履行劳动合同或者劳动合同已经不能继续履行的，用人单位应当依照本法第八十七条规定支付赔偿金。

第八十七条　用人单位违反本法规定解除或者终止劳动合同的，应当依照本法第四十七条规定的经济补偿标准的二倍向劳动者支付赔偿金。

2. **劳动争议调解仲裁法**

第二条　中华人民共和国境内的用人单位与劳动者发生的下列劳动争议，适用本法：

（一）因确认劳动关系发生的争议；

（二）因订立、履行、变更、解除和终止劳动合同发生的争议；

（三）因除名、辞退和辞职、离职发生的争议；

（四）因工作时间、休息休假、社会保险、福利、培训以及劳动保护发生的争议；

（五）因劳动报酬、工伤医疗费、经济补偿或者赔偿金等发生的争议；

（六）法律、法规规定的其他劳动争议。

第二十八条 申请人申请仲裁应当提交书面仲裁申请，并按照被申请人人数提交副本。

仲裁申请书应当载明下列事项：

（一）劳动者的姓名、性别、年龄、职业、工作单位和住所，用人单位的名称、住所和法定代表人或者主要负责人的姓名、职务；

（二）仲裁请求和所根据的事实、理由；

（三）证据和证据来源、证人姓名和住所。

书写仲裁申请确有困难的，可以口头申请，由劳动争议仲裁委员会记入笔录，并告知对方当事人。

项目八　逐梦前行，开启职业新篇

进入职场，开启崭新的人生篇章。职场新人初入公司，会面临不少挑战，但只要掌握方法，就能快速适应并脱颖而出。入职前，迅速熟悉环境，了解公司基本信息，如发展历程、业务范围、公司文化等。入职后，积极参加公司培训，明确工作内容，仔细研读岗位说明书，明确职责与目标。制订工作计划，合理安排时间，高效完成任务。建立良好的人际关系，尊重同事，主动沟通，积极参与团队协作。遇到分歧，保持开放心态，理性解决。注重工作态度，保持积极主动，遇到问题不推诿，主动承担责任。养成终身学习的理念，保持学习热情，不断掌握新技能，更新知识体系。向经验丰富的同事请教，提升工作能力。在工作过程中，逐渐培养良好的职业道德，助力事业长远发展，迎接我们的就是光明的未来。

学习目标

知识目标：

1. 了解职场形象塑造原则。
2. 熟悉职场人际交往原则。
3. 熟练掌握职业技能内容、职业道德内容。

能力目标：

1. 能够塑造职业形象。
2. 能够处理职场中人际交往的场景。
3. 具备良好的人际沟通能力、团队协作能力、终身学习能力、解决问题能力等。

素质目标：

1. 形成积极正确的职业价值观，明确职业发展目标和理想追求。
2. 主动适应职场发展需求变化和行业变化。
3. 培养高尚的职业道德，获得职业长远发展。

翱翔之翼

职场人际关系的和谐与团队协作的高效，是集体主义精神的具体实践；职业道德的养成需以服务国家战略为引领。大学生在沟通协作中应以大局为重，主动承担社会责任，在公共服务岗位中秉持“人民至上”理念，在专业技术岗位上以精益求精的工匠精神推动技术创新。

案例导入

一家贸易公司新来了一位员工，冬天他总是穿着一件全黑的帽衫进入办公室，并且一整天都不拿掉帽子。这种与众不同且怪异的着装打扮，让同事们觉得很不舒服，与公司整体的工作氛围格格不入。大家开始在私下里对这位新人的行为议论纷纷，逐渐对他产生了不好的印象，认为他不注重职场形象和公司的整体环境，进而在工作中也不太愿意与他密切合作。最终，这位新人因为自己糟糕的职业形象，难以融入团队，在工作中处处受限，业绩也受到了很大的影响，没过多久就选择了离职。

思考：这位员工为什么难以融入团队，没过多久就选择了离职？

点评：案例中这名员工因为着装等职业形象让同事不舒服，与公司的整体形象也不符合，最终难以融进公司二被迫离职，非常遗憾。良好的职业形象对职场新人非常重要，它往往是快速融入职场环境的钥匙，能增强我们的职业信心，也能是获得同事新人的基础。从学校初入职场，我们一定要学会塑造职业形象。

任务一　塑造职业形象

英国形象设计师庞德认为：“这是一个两分钟的世界，一分钟让人们知道你是谁，一分钟让他们喜欢上你。”莎士比亚说：“一个人的穿着打扮，就是他教养和身份的体现。”如何让新同事喜欢上你？良好的职业形象是开端。职业形象包括穿着打扮、仪容仪表、言谈举止等方面。

一、职业形象的重要性

职场新人塑造良好的职业形象，是职业发展的“隐形基石”。其重要性体现在多个维度，直接影响职业起步的质量与后续成长的空间。

从人际融入角度看，良好的职业形象是打破陌生壁垒的“通行证”。职场新人与工作团队首次接触时，着装得体、举止稳重、沟通礼貌等细节，会快速传递“我懂职场规则”“我重视这份工作”的信号，减少同事的疏离感，更易获得接纳与帮助。反之，若形象随意、言行失当，可能给人“不够专业”的印象，增加融入团队的阻力。

从职业信心层面讲，塑造职业形象的过程也是自我认同的过程。通过规范仪表、调整言行以符合职场期待，新人会逐渐从“学生思维”转向“职业思维”，在外在的专业感中强化对职业身份的认知，进而更从容地应对工作任务、表达观点，形成“形象自信—能力发挥”的正向循环。

从信任建立维度看，职业形象是专业度与责任感的“可视化标签”。守时不拖沓、汇报有条理、遇事有担当等细节，本质是职业形象的延伸，能让领导和同事感受到新人的可靠度。这种信任一旦建立，不仅会获得更多实践机会，在遇到困难时也更易得到支持，为能力提升创造条件。

对职场新人而言，良好的职业形象并不只是表面的“精致”，而是职业素养的外在投射。它能为职业发展筑牢基础，让起步阶段更稳健，为长期成长积蓄势能。

二、学会塑造职业形象

（一）了解着装礼仪原则

TPO 原则是国际上公认的穿衣原则，TPO 是英文 Time（时间）、Place（地点）、Object（目的）三个单词的缩写。它的含义是：人们在选择服装、考虑其具体款式时，首先应当兼顾时间、地点、目的，并力求使自己的着装及其具体款式与着装的时间、地点、目的协调一致，做到和谐般配。

1. 时间原则

时间原则指的是着装要考虑时代的变化、四季的变化和一天中不同时间段的变化。冬天选择保暖的冬装，夏天选择轻薄的夏装，工作时间着装以庄重大方为原则。如果安排了社交活动或公关活动，则应以典雅端庄为基本着装格调。晚间的宴请、舞会、音乐会等正式社交活动，着装以晚礼服为宜，以形成高雅大方的礼仪形象。

2. 地点原则

地点原则指的是服饰打扮要与场所、地点、环境相适应。在不同的地点，着装的款式也应有所不同。员工在工作单位，服饰应当合乎本单位、本部的规范，做到正规、整洁、文明。例如，把运动衣、牛仔服、拖鞋穿进办公室和社交场合，都是与环境不相符的。

3. 目的性原则

目的性指的是服饰打扮要考虑此行的目的。着装应适应自己扮演的社会角色，因为服饰是一种特殊意义的交际语言，能够传达特定的信息。要根据不同的交际目的和具体的交际对象的需要来选择不同的服装。

作为职场新人，我们应了解公司文化。首先要观察公司的着装风格。如果是金融、法律等传统行业，可能需要着正装。例如，在大型银行的前台岗位，女性员工通常穿着套装裙，搭配白色衬衫，颜色以黑、灰、深蓝为主，显得专业严谨。男性员工则穿着西装，系领带，皮鞋擦得锃亮。而对于互联网等新兴行业，着装可能相对休闲，像一些科技创业公司，员工穿着 T 恤、牛仔裤搭配运动鞋也很常见。

（二）保持整洁原则

无论何种着装风格，衣服都要保持干净、平整。有污渍、褶皱的衣物会给人不注重细节的印象。比如，一件有咖啡渍的衬衫会让别人觉得你工作不够认真。衣服要熨烫平整，鞋子要擦亮，袜子要无破损，每天出门上班前检查一下衣服是否有线头、纽扣是否完好等细节，整洁的着装能够给人留下良好的第一印象，体现职场新人的专业和认真态度。

（三）选取适当的配饰

可以佩戴一些简单的配饰来提升整体形象。对于职业女性来说，一条简约的项链、一对小巧的耳钉可以增加气质。但要注意配饰不宜过多、过于夸张，数量一般不超过三件。像一些大型的、闪亮的耳环或者繁复的手链，在正式的商务场合可能会显得过于张扬，分散他人的注意力。男性可以选择佩戴一块合适的腕表，既能体现时间观念，又能增添职业感。

（四）注意服饰整体搭配风格，彰显个人品位

职场新人在衣物鞋袜搭配上，需以“整体协调”为核心，在符合职场规范的前提下融入个人品位。

1. 确立风格基调

根据行业特性选择基础风格，如金融行业以简约西装套装为主，创意行业可尝试休闲西装配亮色内搭。避免过度花哨，用统一色系构建和谐感，例如深灰西装配浅蓝衬衫，搭配同色系皮鞋，既显专业又暗藏层次。

2. 用细节传递品位

在鞋袜等配饰上巧下功夫，如深色西装可配带细条纹的袜子增添质感，休闲裤搭配皮质乐福鞋既舒适又不失格调。避免衣物、鞋子、袜子颜色冲突，如黑色皮鞋配白色棉袜这类突兀组合，可用深灰、藏青等过渡色衔接。

3. 平衡个性与得体

用简约单品展现品位，如佩戴细框眼镜呼应衬衫领口设计，或选择有低调刺绣的皮鞋。记住“少而精”原则，通过合身剪裁、质感面料凸显态度，让整体造型既符合职场语境，又暗藏个人风格印记。

（五）具体的搭配建议

1. 男士搭配

（1）西装搭配。

西装套装：选择经典的深色西装套装，如黑色、深蓝色、深灰色等。这些颜色既显得正式又不会过于张扬。西装的面料要选择质地较好的，如羊毛混纺，这样穿着舒适且挺括有型。搭配白色或浅蓝色的衬衫，白色衬衫最为经典，适合各种正式场合；浅蓝色衬衫则稍微带点休闲感，适合不太正式的商务环境。领带可以选择简约的几何图案或纯色，颜色以深蓝、深红、酒红等为主，与西装颜色相协调。

鞋子：搭配黑色或棕色的皮鞋，皮鞋要保持干净、光亮，鞋面无划痕。如果是比较正式的场合，如商务会议、客户拜访等，建议选择系带皮鞋，显得更加庄重。袜子要选择与裤子同色或深色的，长度要适中，避免坐下时露出皮肤。

（2）休闲装搭配。

衬衫 + 休闲裤：可以选择一件淡色系的衬衫，如浅粉色、浅黄色等，搭配深色的休闲裤，如深蓝色牛仔裤或黑色休闲西裤。这种搭配既休闲又不失职业感。如果天气较冷，可以在外面搭配一件深色的毛呢大衣或风衣，增加保暖性的同时，也能提升整体的气质。

T 恤 + 休闲裤：在较为轻松的职场环境，如互联网公司等，可以选择一件简约的纯色 T 恤，搭配休闲裤。T 恤的图案要简洁大方，避免过于花哨或带有不良含义的图案。鞋子可以选择白色运动鞋或休闲皮鞋，袜子选择白色或与裤子同色的袜子。

2. 女士搭配

（1）套装搭配。

西装套装：选择合身的西装套装，颜色可以是经典的黑色、深蓝色、灰色等。套装的剪裁要合体，能够突出身材的线条。搭配白色或浅色的衬衫，衬衫的领口可以选择 V 领或圆领，

根据个人喜好和脸型来定。领带可以选择细长的款式，颜色与西装相协调，也可以用丝巾代替领带，增加女性的柔美感。

鞋子：搭配中跟或低跟的皮鞋，颜色可以选择黑色、棕色等经典颜色。皮鞋的款式要简洁大方，避免过于复杂的装饰。袜子可以选择连裤袜或长筒袜，颜色与鞋子或套装颜色相协调。

（2）裙装搭配。

连衣裙：选择简约的连衣裙，如小黑裙、碎花裙等。小黑裙是最经典的职场裙装，搭配一双高跟鞋和简约的配饰，如珍珠项链、小巧的耳钉等，就能展现出优雅的职业形象。碎花裙则稍微带点休闲感，适合不太正式的商务场合，如日常上班或公司内部的聚会等。鞋子可以选择高跟鞋或平底鞋，根据个人的舒适度和场合来定。

半身裙 + 衬衫：选择一条合身的半身裙，长度以过膝为宜，颜色可以是黑色、深蓝色等。搭配一件白色或浅色的衬衫，衬衫的下摆要塞进裙子里，显得干净利落。外面可以搭配一件深色的针织开衫或西装外套，增加层次感。鞋子可以选择高跟鞋或平底鞋，袜子选择连裤袜或与裙子同色的袜子。

（3）休闲装搭配。

衬衫 + 牛仔裤：选择一件简约的衬衫，搭配深色的牛仔裤。衬衫可以是白色、浅蓝色等颜色，牛仔裤要选择合身的款式，避免过于宽松或紧身。外面可以搭配一件深色的毛呢大衣或风衣，增加保暖性的同时，也能提升整体的气质。鞋子可以选择白色运动鞋或休闲皮鞋，袜子选择白色或与裤子同色的袜子。

T 恤 + 休闲裤：在较为轻松的职场环境，可以选择一件简约的纯色 T 恤，搭配休闲裤。T 恤的图案要简洁大方，避免过于花哨或带有不良含义的图案。鞋子可以选择白色运动鞋或休闲皮鞋，袜子选择白色或与裤子同色的袜子。

3. 通用搭配建议

颜色搭配：整体颜色不宜超过三种，避免过于花哨的颜色组合。可以选择经典的黑白灰、深蓝等颜色作为主色调，再用一些亮色或小面积的图案进行点缀，如领带、丝巾、鞋子等。

层次感：通过不同长度、不同材质的衣物搭配，增加层次感。例如，可以在衬衫外面搭配一件针织开衫或西装外套，再搭配一条围巾或丝巾，增加整体的丰富度。

三、仪容仪表

职场新人的仪容仪表具有极其重要的意义，主要体现在以下几个方面：

（一）塑造第一印象

在职场中，人们往往会在初次见面的短时间内对一个人形成初步印象。良好的仪容仪表能够让职场新人在同事、领导和客户心中留下积极、专业的形象。例如，一个穿着得体、面容整洁的新员工，会让他人觉得他注重细节、有责任心，从而在无形中增加他人对其工作能力的信任度，开启良好的人际关系。第一印象的好坏会直接影响到职场新人与他人的交往。如果新人仪容仪表得体，就容易获得他人的认同和好感，为后续建立良好的人际关系打下基础。比如，在团队协作项目中，仪容仪表出众的新人更容易被同事接纳，大家也更愿意与其合作交流，共同推进工作。

（二）体现职业素养

职场有其特定的着装和仪容要求，这些要求是职场文化的一部分。职场新人遵守这些规范，体现了其对职场规则的尊重和对职业的敬畏。比如，金融行业要求员工着正装，新人按照要求穿着，表明其认同行业文化，愿意遵守行业标准。同时，整洁的仪容和得体的着装能够向他人传达出职场新人的专业态度。它表明新人对待工作认真、严谨，愿意以最佳状态投入工作。例如，一个精心打扮、精神饱满的新人走进办公室，会让人觉得他对待工作充满热情，有积极向上的职业精神，这种态度对于个人职业发展至关重要。

（三）增强自信心

职场新人注重仪容仪表，会发现自己的形象有了很大提升。这种外在形象的改善会反馈到内心，增强职场新人的自我认同感和自信心。例如，一个平时不太注重打扮的职场新人，经过一番精心准备，穿上合身的职业装，整理好发型，站在镜子前看到焕然一新的自己，内心会油然而生一种自信。一个自信的职场新人在面对工作任务、客户沟通、职场竞争等挑战时，能够更加从容不迫，应对职场挑战。良好的仪容仪表给予新人心理上的支持，让他们相信自己有能力胜任工作，从而在工作中发挥出更好的水平。比如，在向客户汇报工作时，自信的仪容仪表能够让新人更加镇定地表达观点，更好地与客户沟通，提高工作成效。

（四）促进职业发展

在职场竞争中，良好的仪容仪表是职场新人脱颖而出的重要因素之一，能获得更多发展机会。当领导在考虑工作任务分配、项目参与人选或者晋升机会时，往往会优先考虑那些形象好、有职业素养的员工。例如，在公司组织的重要商务活动中，领导可能会选择仪容仪表出众的员工来接待重要客户，这为员工提供了展示自己能力的平台，有助于其职业发展。长期注重仪容仪表，有助于职场新人树立良好的职业形象。这种形象会在职场中传播开来，使其在行业内获得良好的口碑。良好的口碑会为职场新人带来更多的合作机会、学习机会和职业晋升机会，为其职业生涯的长远发展奠定坚实基础。比如，一个在行业内以仪容仪表和专业能力著称的员工，更容易被同行认可，有机会参与跨公司的合作项目，拓宽职业发展道路。

保持良好的职业形象，要从以下方面着手：

1. 面部清洁

保持面部干净清爽是基本要求。每天要认真洗脸，去除污垢和油脂。对于有化妆习惯的女性，要选择自然的妆容。例如，淡粉色的腮红可以增添好气色，大地色的眼影搭配自然的睫毛膏可以让眼睛更有神。男性要注意面部的胡须，如果留胡子要定期修剪，保持整齐。

2. 发型打理

合适的发型可以衬托职业形象。女性可以选择简洁的马尾辫、盘发或者利落的短发。长发披肩可能会在工作中带来不便，比如容易沾染灰尘或者在操作电脑时挡住视线。男性发型要保持清爽，长度适中，前不遮眉、侧不掩耳、后不及领，可以定期去理发店修剪，保持发型的整洁。

3. 适度化妆

妆容应清新自然，底妆轻薄透气。职场妆容不需要过于复杂，要突出重点。一般来说，可以重点打造眼部或唇部，但二者不宜同时过于浓重。化妆品种类精简，不需要携带过多的化妆品到职场，化妆步骤要尽量简化，掌握快速上妆的技巧。

（1）妆容要体现出专业、稳重的形象，避免过于夸张或个性的妆容。例如，不要使用过于闪亮的亮片眼影，因为这可能会让人觉得不够成熟稳重；也不要画过于粗浓的眉毛，除非是特定的职业要求，如模特等，否则可能会给人一种过于强势或不专业的印象。

（2）妆容的持久度要高。由于职场工作时间较长，妆容需要有较高的持久度，避免出现脱妆、花妆的情况。

（3）妆容要适合职场环境。不同的职场环境对妆容的要求也有所不同。在较为正式、传统的行业，如金融、法律等，妆容要更加低调、保守，以大地色、棕色系为主；而在一些创意、时尚行业，妆容可以稍微活泼一些，但也要避免过于另类。职场新人要根据所在行业的特点和公司的文化氛围来调整妆容，使自己更好地融入职场环境。

（4）妆容与服饰相协调。职场新人的妆容要与所穿的服饰相搭配。如果穿着较为正式的西装套装，妆容也要相对正式、精致，可以选择深色系的眼影和稍浓的眉形来增加整体的气质；如果穿着休闲装，妆容就可以稍微轻松一些，用浅色系的眼影和自然的眉形即可。

（5）妆容与个人气质相协调。每个人的气质和风格都不同，职场新人的妆容要根据自己的气质来打造。如果气质柔和、甜美，可以选择粉色系的眼影和唇膏，打造出温柔可爱的妆容；如果气质干练、大气，可以选择棕色系或大地色系的眼影，搭配自然的眉形和裸色唇膏，展现出专业、稳重的形象。通过妆容来突出个人气质的优势，使整体形象更加和谐统一。

（6）妆容与发型相协调。发型和妆容也是相互影响的。如果选择了简洁的马尾辫或盘发，妆容可以稍微精致一些，因为发型的简洁会让人更加关注面部妆容；如果选择了较为复杂的发型，如编发等，妆容则要相对简单，避免过于繁复。同时，发型的颜色和妆容的颜色也要相互搭配，例如，染了浅色头发，可以选择稍亮一些的腮红和唇膏颜色，使整体形象更加协调。

任务二 掌握职场交际原则

◆◆◆ 经典案例

小明是 IT 公司的一名程序员，工作中需要与不同部门的同事合作。刚进入公司时，小明就非常注意细节，留心观察不同同事的喜好和工作风格。他充分发挥自己的人际交往能力，经常与同事主动交流项目进展情况，虚心向同事请教，并及时解决问题，有效提升了团队协作效率。小明这种积极主动的工作方式不仅提高了工作效率，还增强了团队凝聚力。

卡耐基说：“成功 =15% 的专业知识 +85% 的人际关系和处世技巧。”该观点强调人脉与处世在成功路上的重要性。

一、良好的职场人际关系的重要意义

（一）良好的交际技巧能让我们更好地熟悉组织文化，融入团队

每个公司都有其独特的组织文化，包括价值观、行为准则、工作风格等。职场新人能够从与老员工的日常交流、行为示范中，深入了解公司不成文的规则和文化精髓。例如，某些公司注重团队协作，员工间频繁的跨部门交流与合作是常态；而有的公司更看重个人独立解决问题的能力。职场新人若能融入同事群体，便能敏锐捕捉这些文化信号，迅速调整自己的行为方式，更好地适应公司的文化氛围。职场新人掌握人际关系技巧，能更快速拉近与同事的距离。比如主动打招呼、真诚赞美他人，能让同事产生好感，可以帮助职场新人融入团队，获取工作中的支持。

（二）良好的职场人际关系，可以使我们获得老员工的指导，解决工作难题

尽管公司会为职场新人提供一定的培训，但实际工作中的流程细节和微妙之处，往往难以在培训中全面涵盖。老员工在长期工作中积累的经验和对工作流程的深刻理解，能成为职场新人宝贵的学习资源。职场新人与老员工建立良好关系后，便可以在遇到问题时，轻松向他们请教。比如，在处理一份复杂的项目文件时，老员工可以分享如何快速找到关键信息、协调不同部门意见以及避免常见错误的技巧，帮助职场新人快速上手工作。职场新人工作经验不足，掌握人际关系技巧，可与老员工、领导建立良好关系，他们会更愿意分享经验，职场新人就能少走弯路，快速提升工作能力与效率。

（三）能更快提升职业声誉

懂得尊重他人、倾听意见、有效沟通的职场新人，会给他人留下良好印象，从而在职场树立积极形象，赢得他人的信任与认可，为未来的职业发展奠定坚实基础。

（四）更容易获得拓展职业的机会

良好的人际关系网络有助于职场新人获取更多职业信息。例如，老员工可能会分享公司内部的晋升机会、项目调动信息，或者推荐外部的优质岗位，为职场新人带来更多的发展可能性。

二、职场新人必知的人际交往原则

初入职场，宛如踏入一片新的江湖，掌握人际交往原则，是站稳脚跟、开启成功职场生涯的关键。职场新人需要掌握以下人际交往原则：

（一）真诚是融入职场的敲门砖

职场新人应抛却伪装，真实展现自己，尤其是在业务方面更不能不懂装懂，夸夸其谈。在分享想法时，秉持诚恳态度，不曲意逢迎，也不标新立异。这种真诚会像镜子一样，换来同事的真心相待，为良好关系奠基。在与同事交往时，微笑是展现真诚的法宝。职场新

人应积极与同事进行日常交流，每天早上以热情的微笑和诚挚的问候开启新的一天，这看似简单的举动，却能如春风化雨般融入团队。在茶水间、休息区等场所，主动与同事打招呼，进行轻松的闲聊，如聊聊当天的天气、最新的时事新闻，分享一些合适的个人趣事等，逐渐拉近彼此的距离。

赏识与赞美、积极支持都能体现出职场新人的真诚。在同事取得成绩时，真诚地表示祝贺和赞美；在团队面临挑战时，给予鼓励和支持，传递正能量，增强团队的凝聚力。

职场新人还要乐于帮助他人。如果自己手头工作不忙，同事有需要帮忙的小事情，比如复印文件、取快递等，可以热情地提供帮助。及时帮助同事也是在向同事传递真诚相处的信号。

（二）尊重差异是赢得他人好感的秘诀

（1）职场中，年龄、背景、观念大相径庭，要尊重每个人的独特之处。比如，老员工倾向传统工作方法，年轻同事热衷创新手段，都应给予理解包容，这不仅体现个人修养，还能营造和谐氛围。对领导上司也要尊重而友好，不要因为领导的职位高就有所畏惧，敬而远之，而是能够正常地与之沟通交流。

（2）尊重同事的工作方式和习惯。不同的人有不同的工作风格，有的同事可能喜欢在安静的环境下工作，有的可能喜欢边听音乐边工作。职场新人要理解这些差异，不要强求别人和自己一样。例如，一个喜欢安静的同事在工位上工作时，职场新人就不要在旁边大声喧哗或者外放音乐。

（3）尊重他人的观点和意见，即使和自己不同。在团队讨论中，可能会出现不同的声音。职场新人要保持开放的心态，认真思考他人的观点，而不是轻易否定。比如在讨论产品定价策略时，有的人认为应该高价定位，有的人认为应该走性价比路线。职场新人可以综合大家的意见，提出自己的见解。

（三）人际交往的理想状态是互利共赢

职场新人不能只盯着自己的利益，而要学会换位思考。项目合作中，积极分享资源，助力同事解决难题，也能收获他人的援手，携手推动项目前行。当大家都能从合作中受益，团队凝聚力和工作效率自然会提升。

（四）保持适度距离，妥善解决矛盾

（1）与同事、领导相处时需保持合适的距离。既不能过于疏远，避免给人留下难以接近、不合群的印象；也不能过于亲密，防止因关系过于亲近而忽视职场中的角色差异和职业规范，引发麻烦。

（2）正确称呼同事和领导。在不同的场合和文化背景下，称呼方式有所不同。一般来说，在正式场合或者和领导交流时，可以使用“姓氏+职务”的方式称呼，如“张经理”“李主任”；和同事交流时，可以根据公司的氛围和彼此的关系，选择使用名字或者昵称。但是要注意，使用昵称要得到对方的同意，不要随意给同事起绰号。

（3）妥善处理矛盾。说话礼貌、谦逊，避免使用冒犯性的语言，尽量与同事友好、融洽相处。但是职场中难免会有与同事产生矛盾或分歧的时候，遇到这种情况，首先要保持冷静，

避免情绪化的反应。冲动之下的言语或行为可能会使矛盾进一步激化，给自己和他人带来麻烦。同时要积极解决问题：主动与对方沟通，了解对方的想法和立场，同时也表达自己的观点。以解决问题为出发点，寻求双方都能接受的解决方案。如果是自己的错误，要勇于承认并及时改正；如果是误解，要及时澄清，消除隔阂。

（五）拓展人际网络，积累自己的人脉资源

（1）公司内部：职场新人要积极参加公司组织的各类活动，如团建、培训、研讨会等。这些活动是结识不同部门同事的好机会，通过交流互动，拓展自己在公司内部的人际网络。此外，还可以加入公司的兴趣小组，与有共同爱好的同事建立更深厚的友谊。

（2）行业交流：利用业余时间参加行业会议、论坛、讲座等活动，结识行业内的其他专业人士。与他们交流经验、分享见解，不仅可以拓宽自己的视野，还可能为未来的职业发展创造更多机会。通过社交媒体平台，如领英等，与行业内的精英建立联系，保持适当的互动，日积月累，提升自己在行业内的知名度，积累自己的人脉资源。

遵循这些人际交往原则，职场新人能更好地融入职场环境，积累人脉资源，为职业发展铺就坚实道路。

知识拓展

小贴士：职场达人给职场新人的 20 个人际关系小建议

（1）打扮不夸张怪异，令人讨厌。如果长相一般，就让自己显得有才气；如果才气也一般，那就记得多微笑。

（2）气质是关键。如果时尚学不好，宁愿朴素大方。

（3）与人握手时，可多握一会儿。真诚是宝。

（4）不必什么都强调“我”的感受，不要刻意强调自我的重要。

（5）不要随便向新同事借钱。

（6）切忌无事找事套近乎，如“逼”同事看你的家庭照片或手机相册等。

（7）与人打车时，请抢先坐在司机旁，将尊位留给前辈。

（8）保持发现美的眼睛，坚持说别人好话，别担心好话传不到当事人耳朵里。

（9）有人在你面前说某人坏话时，注意你只微笑。

（10）自己开小车上班，不要特地停下来和一个骑自行车的同事打招呼。人家会以为你在炫耀。

（11）同事生病时，要去探望。很自然地坐在或站在病床前，嘘寒问暖，真诚地表达关心。

（12）尤其要尊敬那些不喜欢你的人。

（13）坚持应有的原则。对事不对人；或对事很认真，但对人要有温情。

（14）自我批评总能让人相信，自我表扬夸夸其谈则不然。

（15）不要把别人的好视为理所当然。要知道感恩并且懂得表达感恩之情。

（16）平等待人，如尊重传达室里的师傅及搞卫生的阿姨。

（17）及时为每一位上台唱歌的人鼓掌，表现应有的素养。

（18）把未出口的“不”改成“这需要时间”“我尽力”“我不确定”“当我决定后，再给

您打电话”，学会委婉地拒绝……

（19）不要期望所有人都喜欢你，那是不可能的，让大多数人喜欢就是成功的表现。

（20）当然，自己要喜欢自己！请坚信任何时候，自尊自信才能自强！

任务三 不断提升职业能力

◆◆◆ 经典案例

大学生李华刚加入互联网公司时，主动与同事打招呼，热情友好，积极参与团队讨论，倾听他人意见并提出合理的建议，赢得同事信任尊重。在负责一些紧急项目时，她冷静分析需求和时间安排，制订详细计划，积极与团队成员沟通协作，利用管理工具跟踪进度，带领团队在规定时间内高质量完成项目，展现了很强的专业能力和领导才能，促进了跨部门间的良好合作。几年后，李华得到公司领导的赏识，被提升为部门项目经理。同事们也非常信服李华，在她的带领下，公司业务越来越好。

身在职场，每个人都怀揣着升职加薪、实现自我价值的梦想。但在激烈的竞争环境中，实现职业目标并非易事。除了机遇，还需具备多种能力。那么，职业发展究竟应该具备哪些能力？

一、专业能力：筑牢职业大厦的根基

专业能力是立足职场的根本，是职业发展的基石。无论从事何种行业、身处什么岗位，都需掌握扎实的专业知识与技能。医生需精通医学理论，熟练手术操作；律师要熟悉各类法律法规，拥有出色的辩论能力；在科技行业，程序员若不精通编程语言，就无法开发出优质软件；设计师若对设计软件一知半解，也难以创作出吸引人的作品。下面以健康产业为例说明：

1. 从业者需要具备的专业能力

健康产业是一个多元化的领域，从业人员需要具备多种职业能力：

（1）医学知识。了解人体解剖学、生理学、病理学等基础知识至关重要。例如，健康管理师需要依据这些知识评估客户的身体状况。对于从事医疗器械研发的人员，医学知识能够帮助他们更好地理解产品的使用场景和作用原理。

（2）健康评估技能。能够准确地对个体或群体的健康状况进行评估。这包括收集健康信息，如家族病史、生活习惯、身体指标等，并且运用专业工具和方法进行分析。像体检中心的工作人员，要熟练操作各种体检设备，对体检数据进行解读。

（3）健康干预能力。针对不同的健康问题，提供有效的干预措施。比如为患有慢性疾病的患者制订个性化的饮食和运动计划，或者为亚健康人群提供心理调适和生活方式改善的建议。

2. 提升专业能力的途径

健康产业涵盖医疗、保健、康复等多个领域，从业人员进入职场后也要保持终身学习的理念，不断提高自己的专业能力。具体来说，可以通过以下途径不断提升自己的专业能力：

（1）参加专业课程学习。健康产业涉及医学、营养学、心理学等多学科知识，可通过参加线上线下课程系统学习。如医疗岗位人员参加临床技能培训课程，提升诊断和治疗能力。

（2）主动阅读专业文献书籍。专业文献和书籍是获取前沿知识和实践经验的重要途径。健康管理师可阅读《中国慢性病防治工作规划》等政策文件，以及《健康管理师》等专业教材，了解行业最新动态和发展趋势。

（3）在工作中积累丰富实践经验。积极参与实际工作项目，项目是将理论知识应用于实践的重要平台。例如，康复治疗师参与脑卒中患者的康复治疗项目，通过制订个性化的康复治疗方案，帮助患者恢复肢体功能，提高生活自理能力。

（4）积极与同事进行案例分析与讨论。案例分析与讨论是提升实践能力的有效方法。健康产业从业人员可定期组织案例分析会，选取具有代表性的案例进行深入分析和讨论。如营养师对肥胖患者的饮食案例进行分析，讨论如何根据患者的身体状况、饮食习惯和减肥目标，制订科学合理的饮食计划。

（5）与同行加强交流与合作。如参加行业学术会议和研讨会：行业学术会议和研讨会是健康产业领域专家学者、企业代表和从业人员交流最新研究成果、实践经验和行业发展趋势的重要平台。通过参加这些会议和研讨会，健康产业从业人员可以了解行业最新动态和前沿技术，拓宽视野，增长见识。再如加入专业社群和网络平台，是与同行进行交流和合作的便捷途径。通过在这些社群和平台上发布专业知识、经验分享、案例分析等内容，健康产业从业人员可以与同行进行互动交流，共同探讨解决问题的方法和途径。

（6）要学会持续自我提升与反思。如制订详细的个人职业发展规划，明确职业发展目标和方向，制订相应发展策略和措施。定期进行自我评估和反思是健康产业从业人员发现自身存在问题和不足，及时调整和改进自己的工作方法和行为方式的重要手段。可以对自己在专业知识、实践技能、沟通协作、团队管理等方面的表现进行全面客观的评价和分析。

专业能力的提升没有捷径，需要持续学习专业知识，积累实践经验。通过参与项目、完成工作任务，将理论应用于实际，解决实际问题，才能不断提升专业水平。在某一专业领域内持之以恒，刻苦钻研，就一定能夯实专业技能，取得职业长远的发展。

二、沟通能力：搭建职场人脉的桥梁

职场是人与人协作的舞台，良好的沟通能力能让信息传递更顺畅，提高工作效率，避免误解与冲突。在职场中，有效沟通不可或缺，良好的沟通能力对职场新人尤为重要。

（一）了解职场沟通特点

一般职场沟通具有以下特点：

1. 正式性与专业性特点

职场沟通往往比较正式，需要使用规范的语言。例如，在给上级发送工作汇报邮件时，要使用完整的句子，避免使用网络缩写词或过于口语化的表达。同时，沟通内容要具有专业性，准确传达工作相关的数据、概念等。比如在技术岗位，和同事讨论代码问题时，要使用专业的技术术语，确保对方能准确理解你的意思。在工作场合不使用私人称呼，不给人取绰号等。

2. 目的性与效率性

每次沟通都应该有明确的目的。在开会前，要清楚自己想要通过这次会议达成什么目标，是解决一个项目难题，还是协调各部门的工作进度。在沟通时要直奔主题，避免冗长的寒暄和无关内容。例如，在向上级请示工作时，简洁明了地说明需要解决的问题和你自己的想法，让上级能快速作出决策。

（二）要注意沟通对象

1. 与上级沟通时，要表现尊重与主动

对上级要保持尊重，使用礼貌的称呼和语言。在向上级汇报工作时，可以先简单地问候，如“您好，经理，我来向您汇报一下 X 项目的进展情况”。同时，要主动沟通，不要等到上级询问才汇报工作。比如，每周主动向上级汇报工作计划和完成情况，让上级及时了解你的工作动态。突出重点与提供解决方案。在汇报工作时，要突出重点内容。如果项目中遇到了问题，要清晰地说明问题的关键点，如“在 Y 项目的实施过程中，我们发现供应商 A 提供的原材料质量不符合标准，这可能导致产品延期交付”。并且，尽量提供解决方案，而不是把问题抛给上级。可以说“我们正在和供应商沟通，要求他们重新发货，并且也在寻找其他合格的供应商作为备选，预计在一周内能解决这个问题”。

2. 与同事沟通时，要建立良好的合作关系

职场新人要主动融入团队，积极参与团队活动。在日常工作中，可以主动帮助同事，如帮忙处理一些简单的文件整理工作或者解答他们的一些小问题。这样能增进彼此之间的感情，为良好的沟通打下基础。当别人在说话时，要保持眼神接触。这不仅表示你在关注对方，还能帮助你更好地捕捉对方的表情和肢体语言。例如，在和朋友聊天时，看着对方的眼睛，朋友会感受到你对他的重视。同时，避免在对方说话时分心，不要一边玩手机一边听别人讲话。要主动向同事虚心学习，如在新项目启动时，主动向有经验的同事请教项目经验，同时表示自己愿意承担一些基础工作来学习。在和同事讨论工作时，要清晰地表达自己的想法和观点。比如在团队头脑风暴会议上，大胆说出自己的创意，并且用简洁明了的语言解释创意的实施步骤和优势。同时，要积极回应同事的发言，给予肯定或者建设性的意见。例如，当同事提出一个方案时，你可以表示“我觉得你的方案在市场推广方面很有创意，不过在成本控制上可能需要再优化一下，我们可以一起讨论一下怎么降低成本”。

3. 与客户沟通时，要体现你的专业与耐心

作为职场新人，在和客户沟通时要展现出专业性。要熟悉自己公司的产品或服务，能够准确地回答客户的问题。例如，如果客户询问产品的某个功能细节，你要能迅速、准确地给出答案。同时，要保持耐心，因为客户可能对一些内容不太了解，会反复询问。比如客户对产品的使用方法有疑问，你要耐心地多次解释，直到客户明白为止。要关注客户需求与之建立信任。倾听客户的需求是关键，在和客户沟通时，要全神贯注地听他们讲自己的需求和期望。比如客户说“我希望这个产品能有更便捷的操作方式，因为我每天都要使用很多次”，你要抓住这个需求点，并且在后续的沟通中向客户展示你们是如何满足这个需求的。通过满

足客户需求来建立信任，让客户相信你能为他们提供优质的解决方案。

（三）不断提升自己的沟通技巧

1. 使用简洁明了的语言

避免使用过于复杂或专业的词汇，除非你确定对方能够理解。例如，在向非专业人士解释一个科学原理时，尽量用通俗易懂的话，像把“光的折射”解释为“光线在通过不同介质时会弯一下”。

2. 注意语气和语速

语气要友好、诚恳。无论是面对面交流还是电话沟通，温和的语气都能营造良好的氛围。比如在客服工作中，用温和的语气和客户沟通，客户会更愿意配合解决问题。语速要适中。太快对方可能听不清楚，太慢又会耽误时间。可以根据对方的反应适当调整。如果发现对方露出困惑的表情，可能就是语速太快了，这时要放慢语速并解释清楚。

3. 学会适当运用非语言沟通技巧

如恰当的肢体语言。保持良好的姿态，如挺胸抬头，这样显得自信。在演讲或者正式场合，良好的姿态能吸引听众的注意力。同时，适当的手势可以增强表达效果。例如，在讲述一个故事时，用手势来模拟故事中的动作，能让听众更身临其境。了解一些特定场合肢体动作的含义，例如，不要双臂交叉在胸前，这种姿势可能会给人一种防御或者不友好的感觉。相反，双手自然放在身体两侧或者适度地使用手势会显得更开放、友好。

4. 沟通时注意面部表情

如面带微笑可以拉近与他人的距离。微笑能传递出友好和积极的情绪，在社交场合，一个微笑可能就会让你结识新朋友。当然，也要根据情境调整表情。相反，在讨论严肃话题时，表情要庄重一些，以表示对话题的重视。

（四）学会换位思考

在沟通前，试着站在对方的角度考虑问题。比如你要向客户推销产品，先想想客户可能需要什么功能，对价格的敏感度如何。这样在沟通时，你就能更精准地介绍产品的优势，提高沟通效果。当出现沟通分歧时，换位思考也能帮助缓解矛盾。例如，同事对你的工作方式有意见，试着理解他可能是从另一个角度出发考虑问题，这样就能更平和地探讨解决方案。

总而言之，职场沟通能力非常重要，也可以通过不断学习而提升。

（1）多观察公司内部沟通高手的表现。比如，注意那些在会议中发言精彩、能有效说服他人的同事，他们是如何组织语言、使用肢体语言的。同时，也可以向有经验的前辈请教沟通技巧，他们可能会分享一些实用的经验，如“在和难缠的客户沟通时，要先稳定他们的情绪，然后再慢慢解决问题”。

（2）重视沟通实践与反思，抓住各种沟通机会来实践。无论是日常的工作汇报、团队协作还是客户接待，都要积极主动地参与。积极参与各种社交活动和公共演讲机会，在实践中不断尝试新的沟通技巧，如：参加辩论赛，可以锻炼你的逻辑表达和应变能力；参加行业研讨会，在和同行交流中提升专业沟通水平。在每次沟通结束后，及时反思自己的表现。比如，在和上级汇报工作后，回想一下自己的表达是否清晰，上级有没有提出什么问题，这些问题是不是因为自己沟通不到位导致的。通过不断实践和反思，逐步提升沟通能力。

（3）多阅读与沟通技巧相关的书籍，如《高效能人士的七个习惯》《非暴力沟通》等，这些书籍中有许多实用的沟通理念和方法。

三、团队协作能力：凝聚力量的魔法

现代职场，团队协作不可或缺。一个项目往往涉及多个部门、多个岗位，只有团队成员齐心协力，才能顺利推进。团队协作能力强的人，能迅速融入团队，理解他人角色与职责，发挥自身优势，为团队目标努力。

（一）团队协作能力的重要性

在当今竞争激烈的商业环境中，团队协作已成为企业发展的核心驱动力，其重要性体现在多个关键层面。

1. 团队协作能推动业务高效完成

复杂项目常需不同专业知识与技能，比如软件开发，需要程序员编写代码，设计师打造界面，测试人员检测漏洞。各成员发挥专长，紧密配合，能大幅提升工作效率，确保项目按时交付。若各自为战，沟通不畅、工作衔接不顺，项目易陷入混乱，进度严重拖延。

2. 加强合作能促进创新思维碰撞

不同员工的思维方式、工作经验各异，团队协作时，大家可以各抒己见，促进创新思维碰撞。像营销策划讨论，有人从市场趋势出发，有人着眼消费者心理，有人依据过往成功案例，多种想法相互启发，激发创新灵感，为企业在产品研发、营销策略制订等方面带来突破，增强市场竞争力。

3. 团队融洽能增强员工归属感

团队融洽时，成员间沟通顺畅、相互协作，能在工作中彼此支持，分享经验与成果，还能在生活中互相关心。这种温暖互助的氛围，让员工感受到被接纳、被重视，觉得自己是团队不可或缺的一分子，从而大大增强对团队和企业的认同感与归属感。

4. 团队协作让员工感受到自身价值与他人认可

成员相互支持、共同攻克难题，能形成强大凝聚力。如面临紧急任务，团队齐心协力完成，员工会有强烈成就感，更认同企业，愿意长期留任。这样可减少人才流失，为企业稳定发展提供保障。

5. 稳定的团队能提升企业应对风险能力

稳定团队成员默契度高，分工明确且协作流畅，面对风险时能快速响应并高效执行应对策略。成员熟悉业务流程和团队运作，经验可传承，减少因人员变动导致的效率损失，且彼此信任能凝聚共识，降低内耗，集中资源抵御风险，提升企业抗风险能力。

（二）提升团队协作能力的办法

市场环境多变，企业常遇挑战。团队协作使企业能快速响应，成员从不同角度分析问题，制订解决方案。例如面对竞争对手新产品冲击，销售、研发、市场等部门协作，能迅速调整产品策略、优化服务，助力企业在复杂环境中稳健前行。

要培养团队协作能力，需树立团队意识，以团队利益为重，学会尊重他人意见，发挥团队成员的长处。遇到分歧时，通过沟通协商解决，共同寻找最佳方案。

1. 要积极沟通

敢于主动表达，不要害怕分享自己的想法和见解。即使你认为自己的观点可能不够成熟，也要勇于表达。团队成员之间的交流可以促进思想的碰撞，激发更多的创意和解决方案。耐心倾听他人的意见和建议，尊重不同的观点。在团队中，每个人都有自己的专长和经验，通过倾听可以学习到更多的知识和技能，同时也能增进团队成员之间的理解和信任。在工作进展过程中，及时向团队成员反馈自己的工作进度和遇到的问题，这样可以让团队成员了解整体情况，及时调整工作计划和策略，避免出现信息不对称导致的问题。

2. 要明确分工

在团队开始工作之前，要清楚地了解团队的整体目标和任务要求。只有明确了目标，才能更好地进行分工和协作。根据团队成员的能力和特长，合理分配工作任务。确保每个人都能在自己擅长的领域发挥最大的作用，同时也要注意任务的平衡，避免出现某些成员工作量过大而其他成员无所事事的情况。在项目实施过程中，可能会出现一些意外情况，需要及时调整分工。例如，某个成员因故无法按时完成任务，或者某个任务的难度超出了预期，这时就需要团队成员之间相互支持，灵活调整分工，确保项目的顺利进行。

3. 逐步建立信任

在团队中，要言出必行，信守自己的承诺。当你答应了团队成员某件事情，就要尽力去完成，不要轻易食言。这样可以树立自己的信誉，赢得团队成员的信任。在团队成员遇到困难时，要积极给予支持和帮助。无论是工作上的问题还是生活中的困扰，都要伸出援手。通过支持他人，可以增进团队成员之间的情感联系，增强团队的凝聚力。

4. 处事公正公平

（1）在团队决策和利益分配等方面，要保持公正公平的原则。不要偏袒任何一方，要根据实际情况和团队成员的贡献进行合理的决策和分配。这样可以避免团队内部出现矛盾和冲突，维护团队的和谐稳定。

（2）学会妥协，并理解差异。团队成员之间可能存在性格、价值观、工作方式等方面的差异，要学会理解和包容这些差异，不要因为一点小事就产生矛盾和冲突。

（3）努力寻求共识。团队决策过程中，可能会出现不同的意见和观点，这时要善于寻求共识，找到大家都能接受的解决方案。可以通过讨论、协商等方式，让每个人都有机会表达自己的想法，最终达成一致意见。

（4）适当做出让步。在一些非原则性的问题上，要学会适当让步。不要过于固执己见，为了维护团队的整体利益，有时候需要做出一些妥协。通过妥协可以避免不必要的争执，促进团队的和谐发展。

5. 参与团队活动

（1）积极参加团队组织的各种建设活动。如户外拓展、聚餐、团建等活动，可以增进团队成员之间的了解和友谊，增强团队的凝聚力和向心力。再如，在项目结束后，要认真参加项目总结会议，通过总结经验教训，可以更好地了解自己在团队协作中的优点和不足，为今后的工作提供参考和借鉴。

（2）进行跨部门交流。有机会的话，可以参与跨部门的交流和合作，这样可以拓宽自己的视野，了解不同部门的工作内容和流程，提高自己的综合素质和团队协作能力。

6. 展现个人能力

（1）认真完成本职工作，确保工作质量。比如一个文案新人，接到撰写产品宣传文案的任务后，要深入研究产品特点，查阅大量相关资料，然后精心撰写文案。在提交文案时，还要附上一些有创意的宣传点子，如“针对这款新产品，我设计了一个互动式的小游戏文案，可以在社交媒体上吸引用户参与，增加产品的曝光度”。这种认真负责且有创意的工作态度会让领导和同事看到你的能力，从而在人际关系中树立起积极的形象。

（2）主动承担一些额外的任务。当团队有紧急任务需要人手时，职场新人可以主动请缨。比如临近“双 11”大促，在一个电商团队中需要有人帮忙整理客户数据和订单信息，职场新人可以主动说“我来帮忙吧，我对数据处理还挺感兴趣的”。通过承担这些任务，不仅可以提升自己的技能，还能让同事感受到你的积极和乐于助人，增强团队凝聚力。

（3）个人特长发挥。如果你有绘画、摄影等特长，可以在合适的时候展示出来。例如，公司要制作宣传海报，你可以主动提出帮忙设计，用你的绘画或者排版技能制作出精美的海报。或者在公司组织的摄影比赛中，展示你的摄影作品，让大家看到你除工作技能之外的其他才能，从而在同事心中留下独特的印象。

对于一些具有组织协调能力的职场新人，可以主动组织一些小的团队活动，如聚餐、小型的读书分享会等。在组织过程中，要注意细节，比如安排好场地、时间，协调大家的口味等。通过这样的活动，能够让团队成员之间的关系更加融洽，同时也能提升自己在团队中的影响力。

四、学习能力：开启职业发展的钥匙

初入职场，身份从学生转变为职场人，面对新环境与挑战，保持学习能力是实现快速成长与职业发展的关键。如今知识更新换代速度极快，行业趋势不断变化。拥有强大的学习能力，才能跟上时代步伐，不被淘汰。积极主动学习新知识、新技能，是职业发展的动力源泉。

（一）设定清晰目标

1. 拆解职业目标

结合自身职业规划与所在岗位需求确定目标。比如想成为市场营销专家，短期内可设定熟悉公司产品线、掌握市场调研方法的目标。长期则朝着能够独立策划大型营销活动、精准把握市场趋势努力。将大目标细化为可操作的小目标，能让学习更具方向性与可实现性。

2. 设立阶段性里程碑

为每个小目标设置时间节点与评估标准。以学习市场调研方法为例，两周内完成相关书籍阅读，一个月内独立设计一份简单的调研问卷，通过这样明确的阶段性规划，能定期检验学习成果，及时调整学习节奏。

（二）利用多元资源学习

1. 公司内部资源

参加公司组织的培训课程，无论是新员工入职培训，还是专业技能提升培训，都能系统地获取知识；主动向经验丰富的同事请教，他们在实际工作中积累的宝贵经验，能帮助你少走弯路，快速掌握工作技巧；利用公司的知识库和内部网络平台，获取以往项目资料、行业报告等学习素材。

2. 线上学习平台

借助在线课程平台，如网易云课堂、Coursera 等，学习涵盖编程、设计、管理等多领域的专业课程；关注行业知名博主、专家的社交媒体账号，及时获取前沿行业动态、专业见解与实用技巧。学习渠道丰富多样，如在线课程、行业论坛、专业书籍等。

（三）保持积极学习的心态

1. 面对挑战积极应对

把工作中的难题视为提升自己的机会。当遇到技术难题或复杂的业务问题时，不退缩，而是通过查阅资料、请教他人等方式努力解决，在解决问题过程中实现能力提升。

2. 克服学习焦虑

职场学习节奏快，产生焦虑很正常。通过合理安排学习时间、制订科学学习计划，将学习任务分解，再逐步完成，能有效缓解焦虑情绪。同时，要学会自我鼓励，认可自己在学习过程中的每一点进步。

保持好奇心和开放心态，勇于尝试新事物，接受新挑战。将学习融入日常工作，从实践中总结经验教训，不断提升自己。

五、问题解决能力：跨越障碍的利器

初入职场，难题接踵而至，培养强大的问题解决能力，是职场新人站稳脚跟、快速成长的关键。掌握科学方法，持续锻炼思维，能让你在面对问题时游刃有余。工作中问题与挑战无处不在，具备问题解决能力，能冷静分析问题，迅速找到解决方案。

（1）遇到问题时，先明确问题本质，收集相关信息，分析可能原因，再提出多种解决方案并评估，选择最优方案执行。面对复杂情况，切忌盲目行动。以办公软件使用问题为例，若文档格式混乱影响阅读，不要急于调整格式，而是先思考背后原因。是不熟悉操作规范，还是源数据录入错误，抑或是软件版本兼容问题？通过仔细检查操作步骤、对比数据、查询软件更新记录，确定是因版本差异导致部分功能不适用。找准根源，后续解决才更具针对性。

（2）学会多渠道收集信息。只有充分掌握信息，才能更好地解决问题。互联网时代，信息获取途径多样。工作中遇到技术难题，利用专业论坛，如 Stack Overflow（编程领域）、知乎（综合知识问答），搜索相似问题及解决方案，借鉴他人经验。还可查阅官方文档，像 Adobe 软件的官方帮助中心，提供详细功能说明与故障排除指南。同时，公司内部的知识库、过往项目资料也是宝贵资源，能助你了解公司业务处理习惯与常见问题解法。若仍无法解决，直接向经验丰富的同事请教，他们的实战经验能迅速拨开迷雾。

（3）构思并筛选解决方案。基于收集的信息，大胆设想多种解决路径。比如策划一场营销活动，参与人数不足，可考虑增加线上推广渠道、与其他品牌联合宣传、设置更具吸引力的奖品等。列出方案后，从成本、效果、可行性等维度评估，增加线上推广需考虑预算和投放效果，联合宣传要权衡合作方匹配度与协调难度，设置奖品要核算成本与吸引力。

通过对比，筛选出最适合当前情况的方案。

（4）高效执行与及时调整。制订详细执行计划，明确步骤、责任人与时间节点。如实施新的营销方案，确定谁负责联系推广渠道，何时发布内容，怎样监测数据等。执行中密切关注进展，若效果未达预期，迅速分析原因调整策略。若线上推广曝光量低，可能需优化投放关键词、更换平台或调整发布时间，确保方案能有效解决问题。

（5）培养问题解决能力，需锻炼逻辑思维，学会从不同角度思考问题。积累解决问题的经验，遇到类似问题时，就能迅速反应，妥善处理。沉淀经验形成体系，每解决一个问题，都及时复盘。总结成功经验与失误教训，整理成文档，方便日后查阅。定期回顾积累的案例，提炼通用方法与思路，形成自己的问题解决框架。长此以往，面对新问题时，便能迅速从过往经验中找到灵感，灵活运用方法，高效解决问题，实现从新手到问题解决高手的蜕变。

职业发展是一场漫长的旅程，需要不断提升专业能力、沟通能力、团队协作能力、学习能力、问题解决能力，还需要不断提升自己的管理能力、服务意识、营销推广能力、数据分析能力等，只有这样，才能在职场中脱颖而出，实现职业目标。

六、提升管理能力：掌控工作节奏的秘诀

（一）时间管理

学会合理安排时间，提高工作效率。在工作中，时间就是金钱，只有高效地完成自己的任务，才能为团队节省时间，确保项目按时交付。时间是最公平的资源，合理管理时间，能提高工作效率，平衡工作与生活。制订工作计划，明确任务优先级，按重要紧急程度安排时间，避免拖延。运用时间管理工具，如日历软件、任务管理软件等，合理分配时间。同时，学会拒绝不必要的任务，避免时间浪费。

（二）情绪管理

在工作中难免会遇到一些压力和挫折，要学会控制自己的情绪，保持积极乐观的心态。不要因为情绪问题影响自己的工作表现和团队氛围，要以平和的心态面对各种挑战。

（三）服务意识与能力

提升服务意识，以客户为中心，将满足客户健康需求放在首位。例如，在健康养老机构工作的人员，要充分考虑到老年人的特殊需求，为他们提供耐心、细致的服务。这种服务意识不仅体现在提供高质量的健康服务上，还包括对客户情绪的关注和安抚。

服务质量保障，能够确保提供的健康服务达到一定的质量标准。这需要从业人员严格遵守行业规范和操作流程，不断优化服务细节。例如，在健康检测机构，从业人员要保证检测设备的准确性和检测流程的规范性，为客户提供可靠的检测结果。

（四）营销与推广能力

（1）产品或服务营销：如果从业人员涉及健康产品销售或健康服务推广，就需要具备营销能力，包括了解市场需求、制订营销策略、开展市场推广活动等。例如，保健品销售人员

要能够向客户介绍产品的功能、优势和适用人群，并且通过各种营销渠道扩大产品的知名度。

（2）品牌建设意识：树立品牌意识，维护品牌形象。在健康产业中，品牌代表着质量和信誉。从业人员要通过优质的服务和良好的口碑，为品牌建设添砖加瓦。例如，在健康管理机构工作的人员，要通过提供专业、个性化的服务，提升机构的品牌美誉度。

（五）数据分析能力

（1）数据收集与整理：健康产业会产生大量的数据，如客户的健康档案、市场调研数据等。从业人员需要收集和整理这些数据，为后续的分析做准备。例如，在互联网健康平台，工作人员要收集用户的健康咨询记录、使用习惯等数据。

（2）数据分析与应用：对收集的数据进行分析，从中获取有价值的信息。例如，通过分析客户的健康数据，发现疾病的发展趋势和潜在风险，为健康干预提供依据。或者通过市场数据分析，了解消费者对健康产品的需求变化，调整产品策略。

路漫漫其修远兮，吾将上下而求索。职场新人只有不断提升自己的各项能力，才能在漫长的职业发展道路上走得更远、更好！

任务四　努力培养职业道德

◆◆◆ 经典案例

1985 年，一女生大学毕业后进入东京帝国饭店工作，上司安排她做洗厕工，要求每天将马桶擦洗得光洁如新。起初，她难以接受洗厕工作，几欲作呕，甚至想过辞职。这时，酒店里一位老员工出现，他二话不说，拿起工具亲手演示，一遍又一遍地擦洗马桶，直到光洁如新，然后将擦洗干净的马桶装满水，再从马桶中盛出一杯水，连眉头都没皱一下就一饮而尽。老员工的这一举动震撼了她，她认识到工作无贵贱，只要全身心投入，平凡工作也能出彩。从此她暗下决心，即使一辈子洗厕所，也要洗出成绩来。此后，为了检验自己的工作质量，强化自己的敬业心，女生多次喝过自己擦洗过后的马桶里装的水。这段经历塑造了她的工作观，让她无论身处何岗位，都秉持敬业、负责精神，最终在政治领域取得成就。1998 年 7 月，她担任内阁的邮政大臣，成为日本最年轻的阁员。她就是野田圣子。野田圣子对工作极度热爱、专注执着，追求极致完美，这也成为激励年轻人认真对待工作的典型事例。

工作不仅是获取收入的途径，更是实现自我价值的平台。通过努力工作，在岗位上取得成绩，能获得他人的认可和尊重，进而感受到自己的价值。例如，一位教师通过辛勤付出，培养出许多优秀学生，看到学生们在自己的教导下茁壮成长，教师会深感自豪，觉得自己的付出是值得的。当你全身心投入热爱的工作中时，每一次克服困难、完成任务，都会带来强烈的成就感和满足感，这种满足感会让你更加热爱工作，形成良性循环。比如，一位厨师精心烹制出一道美味佳肴，看到顾客品尝后露出满意的笑容，厨师会从中获得极大的满足感，也会更加热爱烹饪事业。员工是企业的形象代言人，他们的言谈举止、工作态度和专业素养都会直接影响企业的形象和声誉。爱岗敬业的员工会以高度的责任感和敬业精神对待工作，努力为客户提供优质的产品和服务，他们的良好表现会赢得客户的信任和好评，从而为企业树立良好的形象和声誉，提高企业的市场竞争力。例如，在一家酒店中，爱岗敬业的员工会热情周到地为客人服务，关注客人的需求和感受，及时解决客人遇到的问题，他们的优质服务会让客人感受到酒店的温馨和舒适，从而对酒店留下深刻的印象，也为酒店赢得良好的口碑。

一、职业道德的主要内容

职业道德的核心内容为爱岗敬业、诚实守信、办事公道、服务群众、奉献社会。

（1）爱岗敬业：爱岗指对自己工作岗位的热爱，全身心投入工作中；敬业是对所从事职业的敬畏和负责，高标准、高质量完成工作任务。例如，医生认真对待每一位患者，教师精心备课、用心教学。

（2）诚实守信：诚实即忠诚老实，做事实事求是，不隐瞒、不欺骗；守信指讲信用，遵守承诺，忠实履行自己应承担的义务。比如，企业真实宣传产品，不虚假夸大，按时向客户交付产品。

（3）办事公道：指从业人员在办事情、处理问题时，要站在公正的立场上，按照同一标准和同一原则办事，不偏袒、不歧视。例如，法官在审判案件时，严格依据法律和事实进行判决。

（4）服务群众：指心怀群众、尊重群众，真心实意地为群众办实事、解难题，提供高质量的服务，满足群众的需求。例如，公务员提高办事效率和服务质量，为民众提供便捷服务。

（5）奉献社会：这是职业道德的最高境界，要求从业人员在自己的工作岗位上，树立奉献社会的职业精神，并通过兢兢业业的工作，自觉为社会和他人作贡献。例如，科学家们为了推动科技进步，日夜钻研，不计个人得失。

二、培养职业道德的重要性

良好的职业道德是职场新人的成功基石。在当今竞争激烈的职场环境中，对于初入职场的新人而言，良好的职业道德犹如一座明亮的灯塔，不仅照亮其前行的道路，更是决定他们在职场中稳步发展、取得成功的关键因素。

（一）赢得他人信任

职场新人秉持诚实守信的职业道德，在与同事、上级和客户交往时，能做到言行一致、信守承诺，这会让他人感到可靠，从而愿意与之建立良好的合作关系。例如，在承诺的时间内高质量完成工作任务，能让领导放心交付更多重要工作，也能获得同事的认可与支持。爱岗敬业、办事公道的职业态度，使职场新人在工作中展现出高度的责任感和专业性。无论是处理日常事务还是应对复杂问题，都能严谨认真、公平公正，给人留下深刻的印象，逐步在行业内树立起良好的口碑。

（二）促进职场新人职业技能提升

（1）激发学习动力：具备良好职业道德的职场新人，往往对工作充满热情，这种内在的驱动力促使他们积极主动地学习新知识、新技能。他们不满足于现状，努力提升自己以更好地完成工作，在不断学习中实现自我价值的提升。例如，一个对工作负责的市场营销新人，会主动学习最新的营销理念和工具，提升自己的业务能力。

（2）提升解决问题的能力：在面对工作中的困难和挑战时，拥有良好职业道德的职场新人不会轻易退缩，而是凭借敬业精神和团队合作精神，积极寻求解决办法。他们勇于承担责任，善于与他人协作，在解决问题的过程中积累宝贵经验，进一步提升自己的职业技能。

（三）拓展职业发展空间

企业通常更倾向于提拔那些职业道德高尚的员工。良好的职业道德意味着职场新人具备更强的责任心、忠诚度和团队协作能力，能够为企业创造更大的价值。因此，他们更容易获得领导的赏识和晋升机会，在职场中实现快速发展。

（四）拓展人脉资源

秉持良好职业道德的职场新人，在与他人交往过程中，能够建立起广泛而优质的人脉关系。这些人脉不仅有助于他们在当前工作中取得更好的成绩，还可能为未来的职业发展提供更多的可能性和选择。

（五）增强职业稳定性

遵守职业道德的职场新人能够更好地适应企业的文化和规章制度，融入团队。他们懂得尊重他人，与同事和谐相处，减少职场冲突，从而在工作中保持良好的心态和工作状态，提高职业稳定性。良好的职业道德能够帮助职场新人远离职场中的不良行为和违规操作，避免因一时的利益诱惑而陷入职业困境，降低职业风险。例如，不参与不正当竞争、不泄露公司机密，从而确保自己的职业生涯健康、稳定地发展。

多维度培养职场新人的职业道德，助力企业稳健发展。在竞争激烈的商业环境中，对职场新人职业道德的培养至关重要，它不仅关乎职场新人的个人职业发展，更对企业的稳定运营、声誉塑造和长远发展有着深远影响。

1. 加强入职培训引导

（1）开展职业道德专题课程：在职场新人入职初期，安排专门的职业道德培训课程，深入讲解职业道德的内涵、重要性以及在工作中的具体体现。通过引用真实的职场案例，包括正面榜样和反面警示，让职场新人直观感受职业道德对个人和企业的重大影响。

（2）融入企业文化与价值观：将职业道德与企业独特的文化、价值观紧密结合进行培训，详细阐述企业的使命、愿景以及核心价值观如何通过日常工作中的职业道德得以践行，使职场新人明白遵循职业道德是融入企业、实现个人与企业共同成长的关键。

2. 建立明确制度规范

（1）制订职业道德准则：企业应制订清晰、详细且具有可操作性的职业道德准则，明确

界定诸如诚实守信、敬业奉献、团队合作、保守机密等职业道德规范的具体要求和行为边界。准则内容要涵盖工作的各个方面，包括与同事、客户、合作伙伴的交往，以及对待工作任务、公司资源的态度和行为。

（2）完善奖惩机制：建立与之相匹配的奖惩机制，对遵守职业道德、表现出色的职场新人给予及时表彰和奖励，如荣誉证书、奖金、晋升机会等，树立正面激励榜样。对于违反职业道德的行为，制订明确且严格的惩罚措施，如警告、罚款、降职甚至辞退等，发挥制度的威慑作用，确保准则的严肃性和权威性。

3. 领导以身作则

（1）发挥榜样示范作用：企业各级领导要以身作则，在日常工作中严格遵守职业道德规范，成为职场新人学习的楷模。无论是在决策制订、与团队成员沟通，还是处理利益冲突等方面，都要展现出高尚的职业道德素养，通过自身言行影响职场新人的价值观和行为方式。

（2）营造良好沟通氛围：建立开放、透明的沟通机制，鼓励职场新人与领导进行交流。领导要认真倾听职场新人的想法和困惑，及时给予指导和建议，帮助他们在工作中作出符合职业道德的选择。同时，在沟通中传递企业对职业道德的重视和坚持，强化职场新人的职业道德意识。

4. 导师悉心指导

（1）实施一对一导师制：为每位职场新人配备经验丰富、职业道德良好的导师，进行一对一的指导。导师在日常工作中，不仅要传授业务知识和技能，更要注重培养职场新人的职业道德。通过言传身教，引导职场新人养成良好的工作习惯和职业操守。

（2）定期沟通反馈：导师要定期与职场新人进行沟通，了解他们工作的进展和遇到的问题，及时给予反馈和纠正。对于职场新人在职业道德方面的良好表现给予肯定和鼓励，对于出现的偏差及时进行引导，帮助他们树立正确的职业价值观。

5. 提供实践机会

（1）安排合适工作任务：根据职场新人的专业背景和能力水平，为他们安排具有一定挑战性但又能承受的工作任务，让他们在实践中体会职业道德的重要性。例如，在项目合作中，让职场新人负责部分关键工作，培养他们的责任心和敬业精神。

（2）组织团队协作项目：通过组织团队协作项目，让职场新人在与不同部门、不同性格的同事合作过程中，锻炼团队合作精神、沟通能力和诚信意识。在项目实施过程中，引导职场新人学会尊重他人意见、遵守团队规则、共同解决问题，培养良好的职业道德素养。

初入职场，满是机遇与挑战。我们的每一次尝试都会有收获，每一次努力都能被看见。在职场中不断锻炼成长，解锁更多技能，收获珍贵的经验与友谊。遇到困难时，勇往直前，相信自己，定能在这片新天地里书写辉煌篇章。开启职场新篇章，快速适应职场节奏，将所学知识运用自如，与同事相处融洽，在工作中找到乐趣与价值，一路繁花相送，收获满满。

◆◆◆ 经典案例

你听懂言外之意了吗？

小李毕业后进入广州一家医药公司。不久之后的一天，部门王经理笑嘻嘻地询问小李："小李，我们这周六要去白云山举行新员工团建，你觉得怎么样？"小李不假思索地说："王经理，我在广州上大学，白云山都去过好几次了，一点意思也没有！干吗要去白云山团建啊？”这时王经理笑容僵住了，冷冷地说：“这是部门新员工团建，你觉得没意思就别去！”说完头也不回地走了。小李一脸茫然，不知道哪里惹王经理不高兴了。

生涯实践

实践活动 1：职场新人穿搭秀活动

将全班同学分为若干小组，每组领取一个具体工作角色，讨论如何塑造这个角色的职业形象，每组根据讨论结果，为该角色设计一个职场形象方案，包括着装、发型、配饰等。每组分享讨论结果和实践活动中的收获。每位同学进行个人反思，总结自己在活动中的表现和需要改进的地方。

实践活动 2：团队协作任务

组织一个团队协作任务，如“团队接力赛”，通过任务培养团队成员之间的沟通和协作能力。每组成员分成两队，分别站在起点和终点。起点的成员需要将一个物品（如接力棒）传递给终点的成员，然后终点的成员再将物品传递回起点，以此类推。在规定时间内完成最多的接力次数，且无失误的一队获胜。这种活动有助于评估团队成员之间的默契和协作能力，以及团队的整体效率，强调团队协作的重要性。

项目九　实践试练：顺势破局，成就职业新篇

在当今全球化与科技变革交织的时代，大学生就业既面临机遇，也遭遇挑战。从人工智能到绿色经济，新兴行业蓬勃发展；从基层服务到乡村振兴，国家战略呼唤青年力量。然而，就业市场的激烈竞争、岗位技能的高要求，以及部分大学生对职业规划的迷茫，使求职之路充满不确定性。本项目以全国大学生职业规划大赛为实践载体，帮助大学生从就业形势分析、政策解读到职业能力提升，系统掌握求职技能。

学习目标

知识目标：

1. 了解我国当前就业形势。
2. 了解我国大学生就业政策与就业手续。
3. 了解大学生职业规划大赛。

能力目标：

1. 能够洞察机遇，化解挑战，开启职场新篇。
2. 能够设定职业目标，掌握信息收集和分析能力。
3. 能够熟练使用大学生职业规划大赛实用工具。

素养目标：

1. 具备主动学习能力与自我提升素养。
2. 拥有提高生涯规划意识、积极进取精神。
3. 以正确就业观驱动校园到职场的顺畅转型。

翱翔之翼

通过了解国家就业形势与政策，读懂政策背后的国家需求与社会导向，树立服务基层的职业信念。在实践中反思不足，以“知不足而改进”的态度持续优化职业规划，实现“知行相长”“知行合一”的职业操守，将职业理想与社会责任相结合。

案例导入

破茧寻途：高职生物医药毕业生的解惑

小悦作为高职生物医药专业应届生，因就业迷茫到校就业指导中心求助。首次咨询时，老师引导其发现自身优势：生物制药课程实验操作娴熟，药企实习对车间生产有热情，社团活动中展现沟通组织能力。

老师分析行业形势指出，生物医药行业受政策扶持发展迅猛，高职生实操优势明显，可

胜任药企生产岗位或小创公司技术岗。建议小悦勿局限研发岗，车间操作晋升或售后技术服务岗均具发展空间，应结合自身实操优势与沟通特长选择方向。

后续咨询中，老师进一步挖掘出小悦沟通能力强、接受药品知识快且对新药品研发有兴趣。小悦决定先应聘中型药企售后技术支持岗，业余学销售技巧，向销售专家转型。最终，小悦凭清晰规划、扎实知识入职心仪企业，工作出色。

任务一　大学生就业形势剖析与策略应对

当今时代机遇与挑战并存，就业市场激烈，行业岗位需求各异，大学生了解就业形势、端正就业观念意义重大。就业风向多变，新兴行业崛起，传统行业升级，大学生紧跟趋势，才能找准兴趣与需求契合点。求职实战中，用人单位标准严苛，专业技能是关键，实习、沟通等综合素养是加分项。大学生假期实习、参加社团、考资格证，能提升竞争力，脱颖而出。就业形势反映国家产业与经济变化，大学生借此融入时代，投身乡村振兴、绿色环保等领域，实现自我价值并助力社会。大学生了解就业形势、端正就业观念是开启职业辉煌、拥抱美好未来的必由之路。

一、大学生面临的就业形势

我国高校自 1999 年实施扩招以来，高校毕业生每年以 15% 的速度增长。从毕业生数量与岗位的关系来看，毕业生数量持续攀升，而就业岗位的增速却难以与之匹配，导致就业市场竞争激烈。2000 年全国仅有 100 万大学毕业生，到 2024 年已增至 1 179 万，2025 年更是达到 1 222 万，如此庞大的毕业生群体给就业市场带来了巨大压力。经济环境也对就业产生了影响。中央和国有企业趋于饱和，主要靠填补退休空缺维持；民营企业因经济形势不佳，倒闭和裁员频繁，提供的就业机会减少。产业结构调整也是重要因素。随着人工智能等新兴科技的发展，传统行业加速转型，许多岗位被自动化设备取代，新兴产业虽发展迅速但尚未完全成熟，导致毕业生的知识结构与市场需求脱节，技能供需存在巨大差距。在就业选择倾向上，大部分毕业生倾向于选择私人企业或小微企业，但重点高校或热门学科的毕业生更倾向于进入大型集团或国企。高校毕业生就业形势严峻，呈现以下特点：

（一）竞争激烈

毕业生数量庞大，大量毕业生涌入就业市场，岗位竞争压力剧增。高校扩招使毕业生增多，而全球经济、国内产业结构调整致岗位增速慢，热门岗如互联网竞争白热化，冷门专业及新兴前沿领域岗位需求挖掘不足，供需失衡显著。

（二）就业选择多元化

科技与产业变革推动就业版图变化，除传统制造业、服务业基础岗位外，人工智能等

新兴行业崛起，为毕业生开拓新职业路径，拓宽发展空间。就业形式灵活，互联网普及让大学生就业思维转变，自由职业、兼职、创业成热门，借助自媒体、电商，他们通过短视频、直播带货、开网店等实现就业，途径多样。

（三）就业期望与现实差距

大学生期望凭借知识技能获取高薪，可因就业市场竞争激烈，经济欠发达地区或中小企业因自身局限，给出的薪资远低于预期，大学生心理落差大。当代大学生对工作环境、晋升、企业文化等有高期望，然而许多企业受发展阶段、理念、成本限制，难满足要求，双方易陷入僵局。

（四）不同专业、学历差异大

理工类专业就业形势好，如计算机专业细分领域岗位需求旺；人文社科类就业难，但文旅、新媒体等新业态兴起，为相关专业大学生提供机会。研究生学历在高端科研、教育领域有优势，受科研机构、高校青睐；普通本科和专科生学历低，就业压力大，需苦学技能、积累经验，以提升竞争力。

（五）区域就业差异明显

毕业季，毕业生倾向一线与新一线城市，因其产业、企业、交通、文化等资源丰富，就业、薪资、晋升机会多，但生活成本高、竞争大；二三线城市岗位少、产业单一，生活成本与竞争压力小，适合追求安稳生活者。东部沿海地区凭借政策、地理优势，经济发达、岗位多，是就业高地；中西部地区发展滞后、岗位少，近年随着国家战略推进，就业环境改善，吸引人才前往。

（六）企业对大学生的要求提高

当下商业竞争激烈，企业要求大学生掌握专业核心知识与实操技能，入职即创造效益，且看重实习、项目参与等实践经验，有此经验者求职更易脱颖而出。除了专业技能，企业还看重大学生的沟通、团队协作、创新、学习能力，这些能力助其在职场发挥优势、推动企业发展。大学生需兼具专业知识与综合素质，才能开启辉煌职业生涯。

知识拓展

高等教育发展的三个阶段

美国教育社会学家马丁·特罗根据适龄青年入学率的不同，将高等教育的发展过程划分为“英才”“大众”“普及”三个阶段，并提出了具体的量化指标。高等教育入学率在15%以下时，称为英才教育阶段。当高等教育入学率为15%～50%时，称为大众化教育阶段。在大众化教育阶段，高等学校的功能虽然仍是为了培养精英，但这是一种更广泛意义上的精英，包括所有经济和技术组织中的领导阶层；教育的重心也从塑造人格转向传授更为具体的技能。当高等教育入学率超过50%时，称为普及化教育阶段。此时，高等教育越来越成为一种义务。对于那些社会中上阶层的子女来讲，只要没有智力障碍，都能进入大学。而且，随着更多的人接受高等教育，好的工作机会和经济报酬将以获得大学学士学位作为前提。高等教育机构开始关心为大多数人在发达工业化社会中的生活做准备，教育的首要目的不再为了培养精英，而是面向全体公民。它关注的焦点是尽可能地提高人们的适应能力，以适应社会发展。

（资料来源：中华文本库 https//www.chinawenbe.om/file/xoasiaosiras6ii6tstiwe3o1.html）

二、影响大学生就业的因素

我国经济进入高质量发展新常态，高校毕业生需求总体平稳。但毕业生供给增速与经济增长不同步，市场吸纳能力受限，就业压力增大。传统行业如制造业面临变革，不再扩招甚至裁员，岗位负增长。与此同时，新兴产业如高新技术产业成为新引擎，对人才要求更高，注重实践经验和创新能力。这给高校人才培养带来挑战，理论知识为主的大学生难以满足需求，加剧了就业市场供需矛盾。解决大学就业问题需要多方合作，共同寻找解决方案，促进就业市场平衡，帮助毕业生高质量就业。

（一）经济波动与适配的双重挑战

全球经济问题影响我国，导致企业削减招聘和裁员，特别是出口制造业岗位减少，大学生就业机会受限。经济周期变化导致毕业季与经济衰退重叠，岗位稀缺，竞争加剧。大学生缺乏预判经验，且偏好热门岗位，导致供需失衡。传统产业变革和科技升级导致劳动密集型岗位减少，相关专业大学生就业空间缩小。同时，传统产业升级需要复合型人才，但大学生技能难以满足需求，造成供需错配。新兴产业虽有前景，但因产业链不完善、企业规模小和岗位不稳定，对人才要求高，大学生技能难以适应，导致“招人难”与“就业难”并存。面对经济发展和结构调整带来的挑战，高校、政府、企业和大学生需共同努力，平衡就业市场。

（二）就业区域的选择考量

我国地域广阔，人口和经济发展不均，导致人才需求地区差异明显。中西部地区难以形成对大学生的规模需求，而东部沿海地区因经济基础雄厚、产业体系成熟，对大学生产生较大吸引力。尽管西部大开发战略促进了部分大学生回流，但人才供求矛盾依然存在。大中城市作为经济文化中心，提供更多就业机会，但竞争激烈。大学生在选择就业区域时，重视晋升空间，一线及新一线城市的大企业提供了更多机会。二、三线城市虽管理传统、晋升机会有限，但生活成本低，宜居环境吸引追求生活质量的大学生。一线城市工作压力大、成本高，促使一些大学生重新考虑就业区域，选择与生活理念相契合的城市。

（三）高等教育的人才培养与就业

高等教育旨在培养学生适应职业需求的基本素质和能力，通过各类课程和教育活动，使学生具备解决专业问题的理论、技术和能力，形成专业特长。专业教育直接决定大学生的职业适应范围和就业影响。高校专业设置需适应市场需求，增设前沿专业，减少难就业专业招生。传统教育模式重理论轻实践，需推进产教融合，提升学生实践能力，鼓励科研和竞赛参与。教师教法需更新，高校应强化师资培训，优化教学质量。评价机制应多元化，考量学生的知识、实践、创新和协作能力，以促进学生全面发展和就业。全方位优化机制，提升大学生就业力，促进就业市场良性发展。

（四）高校毕业生的就业能力

高校毕业生的就业能力，特别是专业知识技能，是求职成功的关键。一些大学生专业知识不扎实，缺乏实践经验，导致求职困难。企业偏好那些能快速适应岗位、具备实践动手能力的大学生。沟通协作能力在职场中同样重要，缺乏此能力的大学生可能在团队合作中遇到障碍。创新应变能力是企业寻求的另一项重要技能，能为企业带来活力。此外，明确的职业规划有助于大学生找到合适的工作方向，减少求职的盲目性。高校和大学生都应重视提升这些就业能力，以增强就业竞争力，实现顺利就业。

（五）优化就业信息传播

毕业生就业市场正在完善，但人才需求预测机制和毕业生供需信息交流仍存在问题。信息渠道不畅、信息不对称，导致企业招聘信息难以广泛传播，优质岗位可能被忽视。大型企业校招信息主要集中在重点高校，偏远或非重点院校学生可能错失机会。网络信息真伪难辨，正规渠道信息不完整，增加了大学生求职的盲目性。大学生在求职时往往被动，缺乏主动探索机会的意识。信息匹配精准度不高，高校就业指导中心虽收集了大量信息，但缺乏精准分类和个性化推送，招聘平台算法推荐也不够智能。为了改善就业信息传播，需要企业、高校和社会平台的协同合作，拓宽信息渠道，确保信息真实完整，激发大学生主动性，并提高信息匹配的精准度，以帮助大学生更好地就业。

三、我国大学生就业政策与就业手续

为深入学习领会习近平新时代中国特色社会主义思想，全面贯彻党的二十届三中全会精神和全国教育大会精神，加快构建高校毕业生高质量就业服务体系，完善高校学科设置调整机制和人才培养模式，促进高校毕业生高质量充分就业，教育部决定实施2025届全国普通高校毕业生就业创业促进和服务体系建设行动，值得同学们关注的内容如下：

（一）促进人才培养与经济社会发展供需适配

1. 加强就业市场需求分析

高校和行业就业指导委员会应定期调查毕业生就业市场需求，收集人才供求信息，掌握市场变化。鼓励建立就业市场需求分析机制，协同预测人才需求，发布人才需求报告和紧缺目录，优化人才配置。

2. 加强学科专业动态调整优化

各高校应结合区域发展，以科技进步和国家战略为导向，积极发展新兴学科，增加紧缺专业，提升学科设置对高质量发展的适应性，促进供需匹配。同时，对就业质量低的专业实施红黄牌预警，及时调整或升级不适应社会需求的学科。

3. 加强就业与招生、培养联动

高校需将毕业生就业情况作为资源配置、教学质量评估和招生计划的重要依据。考虑办

学质量和就业状况，优化招生计划。对接社会需求，优化人才培养方案，提升毕业生的专业素养、创新思维和就业能力。

（二）充分发挥促就业政策的引领作用

1. 加力落实助企稳岗促就业政策

各高校需配合部门落实税收优惠、社保补贴等政策，激发经营主体吸纳毕业生就业。加大就业政策宣传，组织宣传月活动，梳理本地毕业生就业创业政策，制作政策地图、海报、汇编，推进政策进园区、企业、高校、社区，确保政策快速落地生效。

2. 优化规范招聘安排和秩序

各高校和地方应遵循“尽早”和“尽扩”的原则，协调党政机关、事业单位、国企招聘及升学考试时间，确保8月底前完成。推动职业资格考试时间合理安排，扩大政策性岗位招录。畅通入伍通道，配合兵役机关征兵工作。高校需统筹教学与就业工作，为毕业生求职留出时间。发挥国企示范作用，办好“国聘行动”。

3. 支持灵活就业和自主创业

各地各高校要挖掘新产业等潜力，引导毕业生在数字经济、绿色经济、银发经济等领域灵活就业，落实灵活就业社会保障政策。发挥创业带动就业作用，落实减税降费政策，向高校毕业生创业者倾斜资金场地，提供孵化转化服务。

4. 强化高校毕业生就业相关支持政策研究

鼓励高校根据国家战略和地方政策，研究就业新动向，采取促进毕业生就业的措施。关注毕业生就业问题，进行供需适配和政策评估研究，以揭示就业规律并加强政策支持。

（三）开发更多有利于发挥所学所长的就业岗位

1. 深入开展“访企拓岗”行动

各地各高校要按照“秋季校园招聘月”“寒假暖心行动”“春季攻坚行动”“百日冲刺行动”安排，持续不断开拓就业岗位。各高校要认真落实“两个100”和“不少于10家”要求，调动高校全员力量，用好校友资源优势，密切联系合作企业，持续深入开展“高校书记校长访企拓岗促就业专项行动”，足质足量开拓就业岗位。各地要加强统筹协调，指导高校与相关地方政府、行业企业、产业园区等建立常态化就业合作，发掘一批吸纳毕业生稳定就业的优质企业和单位。鼓励引导群团组织、慈善组织、社会组织和社会招聘服务机构等开发岗位资源，提供面向高校毕业生的专业化就业服务。

2. 充分用好校园招聘主渠道

各地各高校要拓展实施“万企进校园”计划，主动邀请用人单位进校招聘，鼓励联合公共就业创业服务机构开展校园招聘活动，在活动现场设置政策咨询、就业指导、直播带岗等专区，丰富校园招聘活动形式。支持二级院系积极开展小而精、专而优的小型专场招聘活动，提高校园招聘活动实效。鼓励各地加强与政府部门沟通合作，充分发挥全国普通高校毕业生就业创业指导委员会和行业协会作用，归集分行业、分区域、分领域就业岗位，组织用人单位组团进校招聘，共建一批区域性、行业性、联盟性就业市场。要重点关注就业工作基础薄弱的高校，加大招聘活动支持力度，加密招聘活动频次，定向送资源、送岗位、送服务。

3. 支持中小企业吸纳就业

开展民营企业招聘高校毕业生专项行动。鼓励主动服务本地区科技领军企业、瞪羚企业、专精特新中小企业等重点企业人才需求，支持民营企业、中小企业进校宣讲，加大宣传推介力度，主动提供多元化就业服务。配合相关部门落实鼓励民营企业、中小企业稳岗拓岗支持政策，办好"'百城千校万企'民企高校携手促就业行动""中小企业网上百日招聘高校毕业生""民营企业服务月"等活动，汇聚更多岗位资源。

4. 创新挖掘基层就业空间

各地各高校要配合有关部门组织实施好"特岗计划""三支一扶""西部计划""大学生乡村医生专项计划"等基层项目，加大科研助理岗位开发力度。支持各地围绕乡村振兴、基层治理、产业发展，用好现有各类资金和政策渠道，开发城乡社区、养老服务、农业科技等岗位。鼓励结合地方实际和高校办学特色，创新实施基层就业项目，出台配套支持政策，为毕业生提供更多基层就业渠道。

5. 全面推广使用国家大学生就业服务平台

依托平台建立就业信息归集机制，推进国家、省级、高校三级毕业生就业服务网络互联共享，实时对接社会招聘机构岗位信息，持续举办网络招聘活动。加快就业服务智慧化升级，优化完善平台功能，实现高校毕业生就业服务一体化办理、精准化服务、智能化管理。主动精准向毕业生推送就业指南、岗位资源。各地各高校要主动与平台共享岗位信息，组织就业工作人员、毕业班辅导员和有就业意愿的高校毕业生及时注册使用。

（四）做实做细就业指导帮扶

1. 强化生涯教育与就业指导

各地各高校要将职业生涯教育融入高校人才培养全过程，完善生涯教育与就业指导课程体系，把相关课程作为必修课列入人才培养方案，给予学时学分保障。打造一批名师金课及精品教材，鼓励培育教学成果。办好第二届全国大学生职业规划大赛，将大赛与各类就业指导、实习实践、校园招聘等活动统筹组织，引导大学生科学合理规划学业与职业发展，提升就业竞争力。聚焦社会需求、产业变化，探索面向高年级学生开设专业微课程、职业培训课程，提升学生综合素养。

2. 加强就业育人与观念引导

各地各高校要把就业教育作为全员全过程全方位育人的重要内容，推动与思想政治教育、专业教育深度融合。加强就业心理健康教育，推进个性化求职心理疏导。开展"永远跟党走、到祖国需要的地方去""高校毕业生基层就业卓越奖学（教）金"推荐宣传等活动，营造劳动光荣的社会风尚，激励高校毕业生到新疆、西藏等西部地区就业，引导高校毕业生投身重点领域、重点行业、城乡基层和中小微企业就业创业，以择业新观念打开就业新天地。

3. 健全重点群体就业帮扶机制

各地各高校要重点关注脱贫家庭、低保家庭、零就业家庭以及残疾等就业困难毕业生群体，建立帮扶台账，落实"一人一档""一人一策"精准帮扶要求，优先提供指导咨询、优先推荐岗位、优先组织培训和就业实习实践。高校和院系领导班子成员、专任教师、就业指导教师、辅导员等落实帮扶责任，与困难毕业生开展"一对一"结对帮扶。组织实施好"宏志助航计划"，有序扩大培训覆盖面，提升培训帮扶实效。配合人力资源社会保障部门做好离校未就业毕业生服务接续，帮助他们及时享受公共就业服务。

4. 完善就业实习实践制度

各地各高校要将就业实习实践作为促就业重要举措，纳入人才培养方案，做好政策制度保障。统筹就业实习与教学实习、社会实践，推动大学生利用寒暑假开展实习实践活动。强化实习责任保险保障，做好就业实习安全教育。持续发挥教育部供需对接就业育人项目作用，深化政校企合作，协同建设一批大学生就业实习实践基地，有组织地开展就业实习实践活动，推动更多毕业生通过实习实践实现就业。鼓励支持更多高校毕业生到国际组织实习任职。

（五）持续推进就业监测与综合评价改革

1. 加强就业进展监测

各地各高校要认真落实毕业去向登记制度，准确把握就业监测指标，严格审核毕业生就业材料和去向信息，规范做好毕业去向登记，确保数据真实准确。各地要不断健全完善就业监测机制，加强就业监测工作业务培训，切实提高就业监测工作质量。各地各高校要严格执行“四不准”“三不得”规定，分级开展就业监测数据自查，对违反相关规定的单位和人员，依法依规严肃追责处理。

2. 深入推进就业评价改革

各地要探索开展就业工作综合评价，建立健全科学高效的就业评价体系，破除就业工作单一评价导向。坚持分类评价，突出质量导向，探索长周期评价，以就业评价赋能高校就业工作转型，促进高校就业工作制度化、规范化。全面开展高校毕业生就业状况跟踪调查，加强与有关部门政务数据比对分析，将就业状况纳入综合研判，为教育教学评估、就业工作质量评价提供参考。

（六）提升高校毕业生就业工作保障水平

1. 压实工作责任

各地各高校要把高校毕业生就业作为民生头等大事、摆在突出重要位置，纳入领导班子重要议事日程和绩效考核重要内容，建立健全主要负责同志亲自部署、亲自指导，分管负责同志靠前指挥、统筹协调的工作机制，推动逐级压实工作责任。各高校要把就业工作列入学校党委常委会重要议题，定期研究推进，充分发挥“校—院（系）”两级就业工作领导小组作用，调动全校力量形成工作合力。各省级教育部门要牵头成立高校毕业生就业工作专班，制订工作方案，推进任务落实。各地各高校要加强与组织、人力资源社会保障、财政等部门沟通联系，协调各方资源支持高校毕业生就业，强化风险防控，完善各类突发事件应急处置工作预案，确保高校毕业生就业安全稳定。

2. 强化工作保障

各地各高校要按规定落实高校毕业生就业工作“四到位”要求，加强就业部门和服务机构工作力量，给予必要的人员、经费保障。配齐配强校级专职就业指导教师和专职就业工作人员，畅通就业指导教师职业发展路径，鼓励生涯教育与就业指导人员按要求参加相关职称评审。健全校外专家担任兼职就业指导教师的保障机制。

3. 加强权益维护

各地各高校要严格落实校园招聘“三严禁”要求，积极营造公平就业环境。配合有关部门维护人力资源市场秩序，及时处置各类恶意解约等损害毕业生就业权益的事件，依法打击招聘欺诈、泄露隐私等涉就业违法违规行为。加强就业安全教育，发布招聘求职陷阱提示，加大防电信诈骗宣传，帮助毕业生提升防范就业风险意识。加大校园招聘审核力度，严格规范招聘信息采集，及时清除各类虚假信息。

4. 开展总结宣传

各地各高校要运用新闻媒体、微博微信、广播电视等渠道，开展形式多样、内容丰富的宣传活动。大力宣传党和政府对毕业生的关心关爱、对就业工作的高度重视，加大宣传地方、用人单位和高校全力拓资源、优指导、强帮扶、促就业的举措和成效。持续开展就业典型案例和毕业生就业创业典型人物总结宣传，积极营造全社会关心支持高校毕业生就业的良好氛围。各地各高校毕业生就业工作进展情况要及时上报教育部。

知识拓展

为进一步加大就业创业政策宣传力度，帮助更多毕业生和用人单位充分知晓并用足用好各项促就业政策，推动各项政策加快落地显效，教育部在部官网和国家大学生就业服务平台发布《高校毕业生等青年就业创业政策汇编》、高校毕业生就业“政策公告”，组织编绘省、市两级促就业“政策地图”，重点宣传党中央、国务院关于高校毕业生就业创业部署要求，宣传中央有关部门和各地方在促进高校毕业生基层就业、自主创业、参军入伍、权益保障等方面的政策举措（如图 9–1 和图 9–2 所示）。同时，通过国家大学生就业服务平台推出“互联网 + 就业指导”公益直播课，组织全国高校毕业生就业创业指导委员会 19 个分行业就指委委员进园区、进企业、进高校、进社区宣讲。通过就业指导课、形势政策课、专题培训沙龙等多种方式，面向不同群体，有针对性地开展就业创业政策解读。

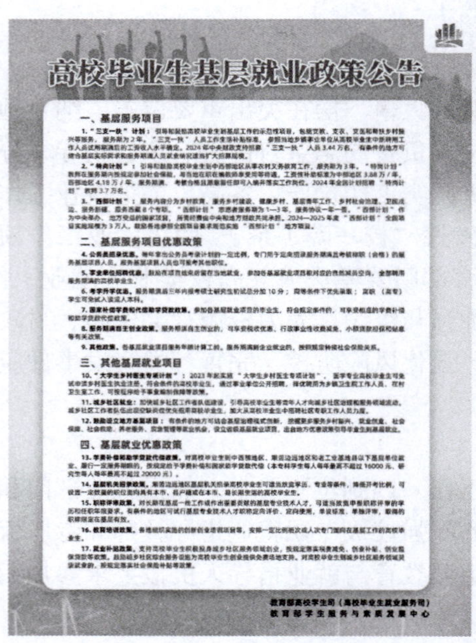
高校毕业生基层就业政策公告

一、基层服务项目

二、基层服务项目优惠政策

三、其他基层就业项目

四、基层就业优惠政策

教育部高校学生司（高校毕业生就业服务司）
教育部学生服务与素质发展中心

图 9–1　高校毕业生就业基层就业政策公告

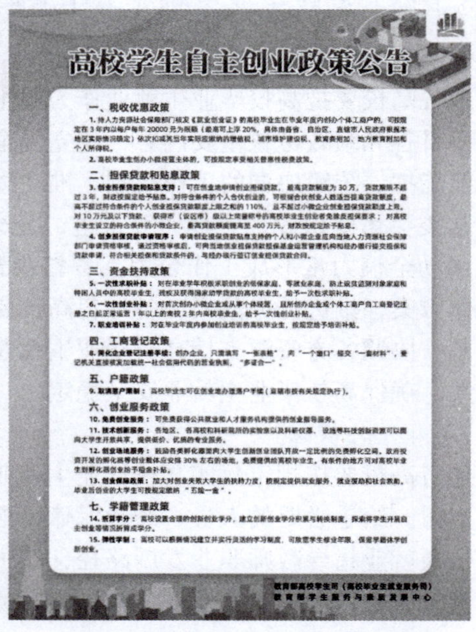
高校学生自主创业政策公告

一、税收优惠政策

二、担保贷款和贴息政策

三、资金扶持政策

四、工商登记政策

五、户籍政策

六、创业服务政策

七、学籍管理政策

教育部高校学生司（高校毕业生就业服务司）
教育部学生服务与素质发展中心

图 9–2　高校学生自主创业政策公告

生涯人物

“95后”护士劳颖炫扎根基层，为医疗卫生献力

广东食品药品职业学院2017届护理专业毕业生劳颖炫凭借其在基层工作的优异表现、吃苦耐劳扎根基层的先进事迹脱颖而出，荣获2023—2024年度“全国高校毕业生基层就业卓越奖”（如图9-3所示）。

图9-3　2023—2024年度全国高校毕业生基层就业卓越奖获得者劳颖炫

劳颖炫于1995年3月生于佛山禅城，现是中山市东区街道社区卫生服务中心妇儿保健门诊的护师。

思想上，她积极向党组织靠拢，是中共中山市东区街道卫健支部党员，还加入了创文突击队，参与五四青年节宣传视频拍摄，投身于“全国文明城市”创建、人口普查、百姓宣讲、“我为群众办实事”等志愿服务，立足岗位传承爱国精神。

求学时，广东食品药品职业学院的生活启发了她服务基层的意愿，2013年她注册成为广东省志愿者，大学时任学院青年志愿者协会宣传部部长，开展了许多公益活动。因专业与志愿经历，她报考了“三支一扶”乡村支医项目，在条件艰苦的基层卫生院，负责录入医嘱、配药、临床护理、急诊结算收费、救护车出诊转运等工作，还学会用方言服务老人。台风灾害时，全镇停电、村民受伤，她坚守一线救治伤者。

抗疫中，她勇于担当，2020年年初主动照顾确诊家属隔离的4岁小孩，后又照顾3岁8个月的小女孩，陪住隔离酒店，悉心照料、监测体征，遇体温异常及时处理。她还多次支援隔离酒店医务组，参与疫苗接种、核酸检测、社区“三人小组”入户采样等工作。

日常工作里，她在社区妇儿保健门诊为居民提供儿童体检、妇女保健等多样服务，积极支援登革热防控、精防体检、义诊宣传等。

劳颖炫表示在基层工作，也是不断努力学习的过程，通过培训和学习夯实自身的业务能力，在工作中勤于总结，与时俱进，不断提高自身的政治素养、业务水平和综合能力。作为一名基层医务工作者，劳颖炫希望日后在工作中，切实牢固树立服务意识，急群众所急，想群众所想，为群众提供安全、优质的医疗服务。

（七）简化优化求职就业手续

1. 稳妥有序推动取消就业报到证

从2023年起，不再发放“全国普通高等学校本专科毕业生就业报到证”和“全国毕业研究生就业报到证”（以下统称“就业报到证”），取消就业报到证补办、改派手续，不再将就业报到证作为办理高校毕业生招聘录用、落户、档案接收转递等手续的必需材料。（中央组织部、教育部、公安部、人力资源社会保障部等按职责分工负责）

2. 提供求职就业便利

取消高校毕业生离校前公共就业人才服务机构在就业协议书上签章环节，取消高校毕业生离校后到公共就业人才服务机构办理报到手续。应届高校毕业生可凭普通高等教育学历证书、与用人单位签订的劳动（聘用）合同或就业协议书，在就业地办理落户手续（超大城市按现有规定执行）；可凭普通高等教育学历证书，在原户籍地办理落户手续。教育部门要健全高校毕业生网上签约系统，方便用人单位与高校毕业生网上签约。对延迟离校的应届高校毕业生，相应延长报到入职、档案转递、落户办理时限。（教育部、公安部、人力资源社会保障部等按职责分工负责）

3. 积极稳妥转递档案

高校要及时将毕业生登记表、成绩单等重要材料归入学生档案，按照有关规定有序传递。到机关、国有企事业单位就业或定向招生就业的，转递至就业单位或定向单位；到非公单位就业的，转递至就业地或户籍地公共就业人才服务机构；暂未就业的，转递至户籍地公共就业人才服务机构。档案涉密的应通过机要通信或派专人转递。公共就业人才服务机构要主动加强与高校的沟通衔接，动态更新机构服务信息，积极推进档案政策宣传服务进校园，及时接收符合转递规定的学生档案。档案管理部门要及时向社会公布服务机构名录和联系方式。（中央组织部、教育部、人力资源社会保障部、国家邮政局等按职责分工负责）

4. 完善毕业去向登记

从2023年起，教育部门建立高校毕业生毕业去向登记制度，作为高校为毕业生办理离校手续的必要环节。高校要指导毕业生（含结业生）及时完成毕业去向登记，核实信息后及时报省级教育部门备案。实行定向招生就业办法的高校毕业生，省级教育部门和高校要指导其严格按照定向协议就业并登记去向信息。高校毕业生到户籍和档案接收管理部门办理相关手续时，教育部门应根据有关部门需要和毕业生本人授权，提供毕业生离校时相应去向登记信息查询核验服务。（教育部、人力资源社会保障部等按职责分工负责）

5. 推进体检结果互认

指导用人单位根据工作岗位实际，合理确定入职体检项目，不得违法违规开展乙肝、孕检等检测。对外科、内科、胸透X线片等基本健康体检项目，高校毕业生近6个月内已在合规医疗机构进行体检的，用人单位应当认可其结果，原则上不得要求其重复体检，法律法规另有规定的从其规定。用人单位或高校毕业生对体检结果有疑问的，经协商可提出复检、补检要求。高校可不再组织毕业体检。（教育部、人力资源社会保障部、国家卫生健康委等按职责分工负责）

任务二　全国大学生职业规划大赛点亮职业路成就青春梦

如今社会竞争激烈，职业规划对大学生至关重要。大学阶段，许多学生对自身了解模糊，大赛促使他们运用工具剖析自我、回顾经历，明确优势劣势，找准适配职业，以防盲目求职。参赛还需调研目标职业领域，了解行业动态与人才需求，这有助于大学生突破校园局限，知晓职场变化，针对性提升技能。大学生参加职业规划大赛是一次全方位提升自我、规划未来的宝贵契机，能为职业发展之路点亮明灯，助力其乘风破浪，驶向理想彼岸。

一、全国大学生职业规划大赛介绍

为贯彻落实党中央、国务院关于高校毕业生就业工作的决策部署，加强高校生涯教育和就业指导，增强大学生生涯规划意识，指导其及早做好就业准备，促进高校毕业生高质量充分就业，2023 年 9 月至 2024 年 5 月教育部举办首届全国大学生职业规划大赛。2024 年 10 月至 2025 年 4 月举办第二届全国大学生职业规划大赛。大赛由教育部、湖南省人民政府共同主办。

大赛主题是“筑梦青春志在四方，规划启航职引未来”。努力将大赛打造成强化生涯教育的大课堂、促进人才供需对接的大平台、服务毕业生就业的大市场。通过举办大赛，更好实现以赛促学，引导大学生树立正确的成长成才观和择业就业观，科学合理规划学业与职业发展，提升就业竞争力；以赛促教，促进高校强化生涯教育，做实做细就业指导服务；以赛促就，广泛发动行业企业和高校参与赛事活动，推动人才供需有效对接，全力促进高校毕业生高质量充分就业。

大赛包括学生成长赛道和就业赛道。成长赛道设高教组和职教组，就业赛道设高教本科生组、高教研究生组和职教组。成长赛道主要面向本、专科中低年级学生，考察其树立生涯发展理念并合理设定职业目标、围绕实现目标持续行动并不断调整的成长过程，通过学习实践提升综合素质和专业能力，体现正确的择业就业观念。参赛学生可获得实习机会。就业赛道面向本、专科高年级计划求职学生（不含已通过推免等确定升学的毕业年级学生）和研究生，考察其求职实战能力，对照目标职业及岗位要求，个人综合素质和专业能力等方面的契合度，个人发展路径与就业市场需求的适应度。参赛学生可获得岗位录用意向。全国总决赛期间将举办校企供需对接、职业体验、课程教学研讨交流等系列活动，在湖南举办“以创促就”专项活动。各地各高校参照总决赛系列同期活动，围绕主体赛事精心设计并广泛开展内容丰富、形式多样的同期活动。

校赛由各高校负责组织，省赛由各地负责组织。各地各高校参照大赛成长、就业赛道方案，自主确定参赛名额、分组设置、比赛环节、评审方式和奖项设置等。各地完成省赛选拔后，择优推荐全国总决赛参赛选手（本科生、研究生、专科生须保持合适比例）。第二届大赛全国总决赛参赛学生选手约 700 人，其中成长赛道约 350 人，就业赛道约 350 人，结合参赛选手专业背景、目标职业及所属行业等划分赛场。成长赛道、就业赛道各组别每所高校入围选手不超过 1 人。大赛组委会将综合考虑各地参赛人数、就业指导和招聘活动情况、用人单位参与数量等因素分配全国总决赛参赛名额，赛前发布大赛提供的实习和就业岗位信息。全国总决赛设金奖、银奖、铜奖，以及地方和高校优秀组织奖、优秀指导教师奖等奖项。

大赛自 2023 年 8 月启动以来，全国高校师生踊跃参与。据统计，累计报名学生 952 万人，覆盖高校 2 740 所，占全国普通高校总数的 98.6%。其中，学生成长赛道报名 744 万人，学生就业赛道报名 208 万人。课程教学赛道有 3 707 名就业指导教师参赛，覆盖 1 565 所高校、1 921 个课程教学团队。大赛期间各地各高校同期开展促就业活动，累计举办就业指导和校园招聘活动 8.17 万场，参与人数 885 万，提供岗位超百万个。经过激烈角逐，600 余名大学生和 80 余名教师晋级总决赛。总决赛决出金奖、银奖、铜奖，以及单项奖、优秀组织奖、优秀指导教师奖等奖项。总决赛过程中，共有近 500 家用人单位组成心选团，现场为学生发放实习、就业录用通知书。

为进一步发挥全国大学生职业规划大赛“以赛促学、以赛促教、以赛促就”的育人功能，持续扩大生涯教育覆盖面，中央广播电视总台、教育部、上海市人民政府、复旦大学联合录制了“青春的方向——首届全国大学生职业规划大赛风采展示”节目。节目于 2024 年 9 月 6 日在中央电视台科教频道（CCTV-10）晚间 8：30 档首播。节目首播后，由“央视频”客户端等平台网络转播。节目共包括序章、风采、荣光、启航四个篇章，重点选取部分首届大赛金奖选手代表，集中展示多样化的职业规划与行动，并由高校和企业导师作出点评。基层就业毕业生代表集体宣誓，坚定为社会发展贡献青春力量。

扫码观看视频“青春的方向——首届全国大学生职业规划大赛风采展示”节目

二、大学生职业规划大赛实用工具

在竞争激烈的大学生职业规划大赛舞台上，巧妙且精准地运用各类工具，就如同为选手们插上了腾飞的翅膀，能够助力他们一路过关斩将，清晰勾勒出未来职业发展的蓝图。

（一）自我评估工具

1. 职业测评软件

其中广为人知的 MBTI 性格测试，宛如一把精准的钥匙，依据个人独特的性格偏好，将纷繁复杂的性格特质条理分明地归纳为十六种类型。这使参赛选手们能够深入洞察自身性格的奥秘，清晰判断自己究竟是善于在社交场合长袖善舞、沟通无碍的外向型选手，还是更倾向于在安静环境中潜心钻研、专注探索的内向型人才。进而，选手们可以依据这些性格特质，与各行各业所需的性格特点进行巧妙匹配。举例来说，外向型选手凭借其出色的沟通与社交才能，往往在市场营销、公关等领域能够如鱼得水，充分施展拳脚；而内向型选手凭借他们沉稳专注的特性，在编程、数据分析这类需要深度钻研的岗位上更容易崭露头角，发挥出自身的最大优势。同样备受瞩目的霍兰德职业兴趣测评，则像是一位贴心的职业导航员，通过对兴趣细致入微的分类，精准地揭示出选手们内心深处的兴趣倾向。它帮助选手们全方位了解自己对于艺术创作的热爱程度、对技术难题钻研的执着劲头，以及投身社会服务的热忱等各个方向的喜好偏向，从而为职业选择稳稳地锚定兴趣基点，让未来的职业道路从一开始就与兴趣紧密相连。

2. 360 度评估反馈表

这是一款极具综合性的自我认知“神器”。选手们可以精心设计一份涵盖多元维度的评价表格，将老师、同学、家人、朋友以及实习同事等各方关键人物统统囊括其中。老师能够凭借平日里对学生学习态度的细致观察以及对专业知识掌握程度的精准判断，给出极具针对性的评价；同学们则可以从团队协作的默契配合、日常沟通交流的顺畅与否等角度反馈选手的表现；家人作为最亲近的人，熟知选手的性格脾气、抗压能力的强弱；实习同事身处职场一线，亲眼见证选手在职场实操中的真实水平。当选手们将这些来自不同角度、不同层面的信息进行有机整合时，一幅全面、立体、鲜活的自我画像便跃然纸上，为后续的职业规划奠定坚实基础。

（二）职业探索工具

1. 行业报告网站

诸如艾瑞咨询、前瞻产业研究院这类在行业内声名远扬的专业平台，简直就是一座蕴藏无尽宝藏的信息金矿，汇聚了海量且极具深度的行业报告。无论是代表着科技前沿的人工智能、生物医药、新能源领域，还是有着深厚底蕴的传统制造业、金融、教育等行业，在这里都能找到关于其行业规模的翔实数据、发展趋势的精准预判以及竞争格局的透彻剖析等一手权威信息。对于那些怀揣着不同职业梦想的选手来说，这些平台无疑是他们了解目标职业所处行业“前世今生”的时光隧道，凭借从中获取的信息，他们能够以高瞻远瞩的视角预判行业未来走向。就拿有志于投身电商行业的选手举例，通过这些平台，他们可以清晰知晓电商行业近年来的增速如何、头部企业在市场中所占的份额比例，进而敏锐洞察行业当下的发展热点，提前布局，抢占先机。

2. 企业官网与招聘平台

企业官网宛如一扇展示企业灵魂与实力的窗口，在这里，企业文化的独特魅力得以彰显，组织架构的严谨布局清晰呈现，业务范畴的广度与深度一目了然，更为关键的是，人才发展路径如同一条指引未来的光明大道铺展开来。而招聘平台则像是一位精准的岗位“翻译官”，将岗位详情、任职要求毫无保留地呈现给选手们。二者相得益彰，选手们借此良机，能够深入明晰目标企业对于人才的具体需求。当查看互联网大厂的官网时，他们便能精准了解到企业对于技术研发岗位在学历层次、专业技能、项目实践经验等方面的偏好与侧重；再通过对比不同企业发布的招聘信息，选手们就能迅速锁定自身与理想岗位之间的契合点，有的放矢地提升自己，向着目标奋勇前进。

3. 社交媒体与专业论坛

在当今数字化浪潮下，领英、知乎等社交媒体以及各类专业领域论坛，已然成为选手们与业内“大咖”云端互动的绝佳桥梁。选手们可以毫无顾忌地在这些平台上抛出自己在职业发展过程中遇到的种种困惑，而那些在行业内摸爬滚打多年、经验丰富的前辈则会慷慨分享自己的宝贵经验，为迷茫中的选手照亮前行的道路。不仅如此，参与热门话题讨论更是拓宽视野的捷径，就像程序员们在专业论坛里热烈交流当下热门编程语言的学习路径、探讨行业最新技术的前沿应用，设计师们在专属的交流社区里探寻创意灵感的神秘来源，切磋作品展示的精妙技巧。通过这样的互动与交流，选手们仿佛置身于行业的最前沿，时刻感受着行业的脉搏跳动，为职业规划注入源源不断的活力与新意。

（三）规划呈现工具

1. 思维导图软件

像 XMind、MindManager 这类思维导图软件，仿若一位神奇的画师，以可视化的树形结构将原本错综复杂的职业规划脉络梳理得井井有条。选手们可以借助它的魔力，将宏大的职业目标巧妙拆解为短期、中期、长期等阶段性子目标，再进一步细化为一个个具体可操作的行动步骤以及明确清晰的时间节点。例如，一位志在毕业后五年成为资深广告策划人的选手，就能利用思维导图软件，将这五年的时光逐年细化，清晰呈现出每年需要掌握的专业技能、参与的重点项目以及必须考取的相关证书等关键信息，让整个职业规划逻辑严谨、条理清晰，一眼望去便能了然于心。

2. 演示文稿软件

PowerPoint 无疑是大赛成果展示环节的“超级利器”。选手们宛如一位位技艺精湛的导演，运用图文并茂的展示方式、精准直观的图表解析以及引人入胜的动画效果，将精心构思的职业规划从自我剖析的深刻洞察、职业探索的艰辛历程到实施路径的详细规划，生动鲜活地呈现在评委与观众面前。他们精心雕琢每一页的排版设计，巧妙搭配色彩，力求以简洁美观的 PPT 页面迅速吸引评委的目光，再配合上流畅自然、富有激情的演讲，便能高效精准地传递出职业规划的核心要点，在大赛舞台上绽放属于自己的光芒。

◆◆◆ 经典案例（一）

逐梦“药”析：高职药学专业学子的职业规划大赛成长之路

1. 迷茫寻路：起点的困惑

张悦是高职药学大二学生，对于毕业后职业发展迷茫，虽有实操技能，但在药企生产、医药代表、药物分析岗之间犹豫，怕理论不足，学习常出错、走神，成绩中等。

2. 求助导师：指引方向的灯塔

张悦向陈老师求助，倾诉困惑。陈老师耐心倾听、记录，告知专业就业面广，以药物分析员为例，强调企业重实操与态度，列举学长学姐入职质检、负责核心项目案例，让张悦有憧憬。

3. 大赛契机：点亮希望之光

学校举办大学生职业规划大赛，她暗自思忖：“大赛高手多，我能行吗？上台忘词出丑咋办？”忆起课堂汇报时双腿颤抖、声音发颤，遭同学审视的窘迫，又想到大赛要面对全校师生与专业评委，目光定更犀利。陈老师鼓励张悦参赛，称是了解自我、规划未来良机，张悦忐忑报名，开启改变之旅。

4. 自我探索：剖析专业与兴趣的契合点

在陈老师指导下，张悦用测评工具剖析自己，发现逻辑思维与细节把控能力契合药物分析要求，她比较擅长复杂药物成分检测实验，于是坚定选择此方向。

5. 职业探索：聚焦药物分析前沿

明确目标后遇调研难题，陈老师定制方案，教她用专业数据库等收集资料、准备访谈提纲与模拟练习。张悦走访药企质检部门，了解到行业对药物分析员要求升高，需精通仪器、熟悉法规、有问题解决能力。她访谈了一位同专业的师姐，又跟指导老师走访了一个药企，了解了更多关于这个岗位的信息。

6. 规划制订：步步为营筑梦未来

张悦根据自己的实际情况制订了计划。短期，提升成绩、参赛获奖、去药企实习、参加培训考证；中期，进知名药企从助理做起，两年内晋升，关注行业动态、参加学术交流；长期，成药企质检骨干，带团队攻克难题、护航药品质量，争取参与标准制定。

7. 成长蜕变：赛场内外展风采

备赛时，陈老师帮张悦打造PPT、打磨演讲，全方位优化。决赛时，张悦自信登台，PPT展示工作、交流画面与数据，演讲绘职业蓝图，获认可。

8. 显著收获：梦想腾飞的基石

虽未摘得冠军桂冠，但此次大赛成为张悦人生的转折点，为她带来诸多收获。学业上，成绩突飞猛进，知识体系不断完善，实操技能愈发精湛；实践中，凭借大赛积累的丰富经验与人脉，顺利斩获一家大型药企的实习机会，得以深度参与重要药物质量检测项目，将理论与实践紧密融合；心态更是实现华丽转身，从曾经的迷茫无措蜕变为如今的坚定自信，昂首阔步朝着药物分析梦想全力迈进。这一路的成长让张悦深知，职业规划不仅是一份蓝图，更是开启精彩未来的金钥匙，她将凭借这份笃定，在药学领域绽放属于自己的光芒。

◆◆◆ 经典案例（二）

逐梦“食”界：高职食品营养检测专业学生的荣耀征程

1. 迷茫开篇：十字路口的徘徊

林晓是高职食品营养检测专业大三应届毕业生，临近毕业，对职业抉择迷茫焦虑。大学三年所学让她有扎实理论与实操技能，可在进大型食品企业质检、第三方检测机构、食品营养咨询领域之间犹豫，求职时简历投递乱，面试回答职业规划时十分含糊，错过机会。

2. 导师领航：指引曙光初绽

迷茫的林晓求助就业指导赵老师，赵老师安抚倾听、记录要点。听完指出专业机遇多，林晓课程成绩优、操作熟练是优势，还介绍毕业生在食品企业、检测机构的发展，提及兴起的食品营养咨询领域，为林晓拓宽思路。

3. 实习启航：积累实战经验

经赵老师点拨，林晓获中型食品企业质检实习机会。初入企业虽对复杂流程、高标准手忙脚乱，但凭借基本功快速适应。在零食微生物检测项目中，她凭借严谨操作、敏锐观察发现问题上报，防止不合格品流入市场，获企业认可，也让她体会到这份工作责任重大。

4. 大赛契机：点亮希望之光

学校选拔职业规划大赛就业赛道，赵老师鼓励林晓参赛，让她融入实习感悟与未来思考。林晓受鼓舞，决定报名开启逐梦之旅。

5. 自我剖析：深挖自身潜能

报名后，林晓在赵老师指导下剖析自我。性格测试显示细心、沉稳、有责任心，契合食品检测；兴趣在钻研食品成分与营养搭配，利于涉足营养咨询；技能有检测实操、数据分析、沟通协作能力；价值观是保障食品安全、指引健康饮食，坚定方向。

6. 职业洞察：聚焦行业前沿

确定食品营养检测综合发展方向后，林晓对行业信息把握不准，赵老师教她找权威报告，关注科研动态与法规变化。她发现行业朝智能化检测、个性化营养定制发展，通过走访企业、咨询机构、访谈六位从业者，明确了岗位技能与晋升路径，夯实了规划基础。

7. 规划锚定：绘制成长蓝图

基于探索，林晓在赵老师护航下规划职业。短期（毕业1年），实习转正，熟悉检测流程，积累经验，考高级证书；中期（2～3年），晋升组长，带团队检测，学营养知识，参与企业营养咨询试点；长期（3～5年），成领域专家，为企业新品、消费者服务，推动行业发展。

8. 赛场亮剑：绽放青春风采

备赛时，赵老师全程指导林晓做PPT与演讲，精细打磨展示逻辑、图表设计、语速、情感。决赛时，林晓着职业装自信登台，PPT展示实习、行业数据，演讲含热爱憧憬，获雷鸣般掌声。林晓凭出色表现获校赛一等奖，赛后实习转正，凭经验人脉参与校企食品营养创新项目，笃定迈向未来。

拓展训练

全国大学生职业规划大赛成长赛道职业发展报告撰写指引

一、生涯发展报告内容

生涯发展报告包括：封面、目录、引言、职业发展规划—职业认知、职业发展规划—自我认知、职业发展规划—职业决策、行动计划、成果、结束语、封底（如表9-1所示）。生涯发展报告中职业规划首先要明确职业目标，可结合国家就业政策环境、市场需求及行业分析，根据行业典型企业，定位具体职业（行业+职业），并结合岗位工作内容进行能力分析。自我认知部分着重从兴趣、能力、价值观等维度（如增加性格维度可略写），分析目前自身各方面能力，通过行动计划（精细化时间分析）来描述基于目标的成长过程，并体现阶段性成果或成果预期。

表9-1 职业发展报告主要内容

格式	具体内容
1. 封皮	主题及个人基本信息
2. 目录	结合报告概括整体内容
3. 引言	职业发展综述（200字以内）
4. 职业发展规划—职业认知	详见后续内容
5. 职业发展规划—自我认知	详见后续内容

续表

格式	具体内容
6．职业发展规划—职业决策	详见后续内容（略写）
7．行动计划及成果 ※	详见后续内容（重点写）
8．结束语	对职业的展望
9．封底	

二、职业发展规划—职业认知

1. 你的职业目标是什么

职业目标是规范的职业名称，如心理咨询师、药剂师等；工作内容不等于职业目标，行业不等于职业目标（如银行从业人员），实现路径不等于职业目标（如研究生）。在确定职业目标时，最好选定某行业，描述为行业＋职业。

2. 进行职业探索

（1）职业发展前景。结合就业政策环境、目标职业行业现状、就业需求等内容描述职业发展前景。

（2）职业认知。从职业招人标准、工作内容（职责）、胜任力体系、薪资待遇等进行深度探索。职业探索方法：生涯人物访谈、网络资料搜集、实习实践等。可利用应届生求职网、24365 校园招聘服务平台、学校就业网等搜集招聘信息。针对目标职业能力进行分析，列举 5～8 个与岗位匹配的能力，简要阐述。相关内容可参考表 9-2～表 9-4。

表 9-2　目标职业能力需求

企业较看重的能力（可选）	学科知识能力
	心理素质、抗压能力
	吃苦耐劳
	积极主动
	责任意识
	思维能力
	沟通与语言表达能力
	创新能力
	执行能力
	学习能力
	团队协作能力

表 9-3　职位调查分析

职位	调查信息（包括工作职责、所需资质和知识技能、薪酬福利、工作环境等）
A	
B	
C	

表 9-4 行业调查分析

行业	调查信息（包括行业概况、入行资质、发展展望等）
A	
B	
C	

三、职业发展规划—自我认知（价值观、能力、兴趣等）

自我认知要结合个人特质，从价值观、能力、职业兴趣等维度进行探索，也可适当加入 MBTI 性格测试。结合个人特质、专业对应的主要职业、家庭资源等，通过获奖情况、实习实践经历等证明自身能力与目标职业能力的匹配度，从而作出合理的职业抉择。相关内容可参考“项目三”。

四、职业发展规划—职业决策

职业决策可采纳 SWOT 分析、生涯决策平衡单等，结合个人特质、家庭资源、专业对应职业、对职业的了解，作出个人未来职业发展的选择。相关内容可参考“项目四”。

五、行动计划及成果

行动方案以实现职业目标岗位为总目标，运用 SMART 原则制订具有针对性的行动计划。

以时间为维度，设定长期、中期、短期目标，长期计划具有导向性，中期计划清晰具有灵活性，短期计划操作性强。

行动方案要结合能力提升计划，包括四年（三年）总方案、年度计划和学期计划、周计划，具体计划支撑总计划。

实证阶段性成果，要突显与岗位的匹配度，包括已有成果和预期成果。相关内容可参考表 9–5。

表 9–5　大学期间的学业规划（可按学期续表）

时间	计划项目	总目标	阶段目标（成果）	行动方案（任务 + 策略）
第　学期				
第　学期				

参考文献

［1］才晓茹．职业规划与就业指导［M］．北京：人民卫生出版社，2024．

［2］胡苏姝，罗旭，贺玉兰．高职大学生职业生涯规划［M］．北京：人民邮电出版社，2020．

［3］刘少华，马明亮，戴丽梅．大学生职业生涯规划与就业指导［M］．北京：北京大学出版社，2020．

［4］高亮，邹琴．大学生职业生涯规划［M］．北京：北京理工大学出版社：2023．

［5］王妍，闫洪雨，孙韬．职业生涯规划与就业指导［M］．苏州：苏州大学出版社：2022．

［6］甘海燕．大学生职业生涯规划与就业指导研究［M］．北京：文化发展出版社，2023．

［7］李国章，覃聪，彭莉霞．大学生职业生涯规划与就业指导［M］．成都：成都电子科技大学出版社，2023．

［8］帕顿，麦克马洪．职业发展与系统理论［M］．北京：人民邮电出版社，2018．

［9］斯特劳瑟．职业发展、就业与康复中的残疾问题［M］．2 版．北京：教育科学出版社，2015．

［10］张翔．大学生职业发展与就业指导·就业指导篇［M］．苏州：苏州大学出版社，2022．

［11］李震．大学生就业指导［M］．北京：北京理工大学出版社，2021．

［12］李莉．大学生就业指导实训教程［M］．北京：北京理工大学出版社，2021．

［13］丛立，陈伟．大学生就业指导［M］．北京：北京理工大学出版社，2021

［14］聂强，陈兴国，张铁力．大学生职业生涯规划与就业指导［M］．重庆：重庆大学出版社，2022．

［15］汪丽华，李靖．大学生就业指导［M］．北京：北京理工大学出版社，2021．

［16］才晓茹．职业规划与就业指导［M］．北京：人民卫生出版社，2024．

［17］胡苏姝，罗旭，贺玉兰．高职大学生职业生涯规划［M］．北京：人民邮电出版社，2020．